旅游信息化：
理论与实务

Information Technology in Tourism: Theory and Practice

钟栎娜◎编著

知识产权出版社

全国百佳图书出版单位

图书在版编目（CIP）数据

旅游信息化：理论与实务/钟栎娜编著. —北京：知识产权出版社，2013.5
ISBN 978-7-5130-2047-3

Ⅰ. ①旅…　Ⅱ. ①钟…　Ⅲ. ①旅游业发展—信息化—研究　Ⅳ. ①F590.3

中国版本图书馆 CIP 数据核字（2013）第 092936 号

内容提要

《旅游信息化：理论与实务》从理论和实践领域介绍了旅游信息化的理论体系以及具体的实践应用。全书共分 7 章，第 1 章为导论，介绍了旅游信息化的概念、发展以及现状。第 2 章介绍了国内外先进的旅游信息化研究动态与理论。第 3 章到第 5 章分别从旅游信息化产业的消费者、供应者以及中介 3 个角度去阐述旅游信息化发展的理论和实践，其中第 3 章介绍了信息化时代旅游者的消费行为，第 4 章介绍了旅游产业信息化发展的模式，第 5 章介绍了前沿的旅游信息化技术。第 6 章和第 7 章从旅游企业以及旅游目的地的角度出发介绍了旅游信息化的实践运用，其中第 6 章介绍了旅游企业的信息化道路，第 7 章介绍了旅游目的地智慧旅游的理论和实践。

责任编辑：甄晓玲　　　　　　责任出版：谷　洋

旅游信息化：理论与实务
LÜYOU XINXI HUA：LILUN YU SHIWU

钟栎娜　编著

出版发行：知识产权出版社有限责任公司		网　　址：http：//www.ipph.cn	
社　　址：北京市海淀区马甸南村 1 号		邮　　编：100088	
责编电话：010-82000860 转 8393		责编邮箱：flywinda@163.com	
发行电话：010-82000860 转 8101/8102		发行传真：010-82000893/82005070/82000270	
印　　刷：北京中献拓方科技发展有限公司		经　　销：各大网上书店、新华书店及相关专业书店	
开　　本：787mm×1092mm　1/16		印　　张：17.5	
版　　次：2014 年 7 月第 1 版		印　　次：2014 年 7 月第 1 次印刷	
字　　数：328 千字		定　　价：48.00 元	

ISBN 978-7-5130-2047-3

目 录

1 导 论

1.1 信息化

从 20 世纪初第一台计算机的发明，到 20 世纪 90 年代计算机、互联网的迅速发展，人类社会进入了信息时代。微电子技术发展越来越快，芯片的运算能力和性能价格比呈几何级数增长，功能日益强大。软件技术迅猛发展，成倍地扩大了信息技术的应用范围和功能。宽带移动通信、卫星通信技术等也取得了突破性进展。IP 技术及其他网络技术的发展，使网上信息流量的增长每 9 个月就翻一番。通信技术与计算机技术的融合，促使数字化电子信息产品不断涌现，传统电信网也开始向新一代综合信息网演进。2011 年，全球 7 亿个家庭拥有家庭电脑，6 亿个家庭在使用互联网，全球互联网用户达到 24.5 亿，已经占到总人口数的 35%。根据中国互联网络信息中心 2012 年发布的中国互联网络发展状况统计报告[1]，截至 2011 年 12 月底，中国网民规模达到 5.13 亿，互联网普及率达到 38.3%，中国手机网民规模达到 3.56 亿，3.67 亿中国人使用网络新闻，1.94 亿人使用网络购物，1.67 亿人使用网上支付，1.66 亿人使用网上银行，3.25 亿人使用网络视频，有 48.7% 的网民使用微博，47.9% 的网民使用电子邮件，62.1% 的网民使用博客或者个人空间[1]。由此可见，信息技术已经延伸到了社会的各个角落，深刻地影响着我们的工作和生活方式，社会已经进入了信息化的时代。

1.1.1 信息化的由来

信息化是 20 世纪末期以来，中文中使用频率非常高的概念之一，英文中信息化一般对应 "Informatization" 或 "Informatisation"。1962 年，美国社会学家丹尼·贝尔提出了 "后工业社会" 说。后工业社会是指工业化以后的社会，其突出特点是智力、技术和科学在社会变革中具有决定性作用，将对决策产生重大影响。1966 年，他又提出工业化以后的社会已经从产品生产的社会转变成服务性的社会。1963 年，日本学者柳卓忠夫发表了《论信息产业》一文，最早提出信息化的概念，他认为信息化是通信现代化、计算机化和行为合理化的总称。[2]其中，通信现代化是指社会活动中的信息交流基于现代通信技术基础进行的过程；计算机化是社会组织和组织间信息的产生、存储、处理（或控制）、传递等广泛采用先进的计算机技术和设备管理的过程，而现代通信技术是在计算机控制与管理下实现的；行为合理化是指人类按公认的合理准则与规范进行各种活动，文中描绘了"信息革命"和"信息化社会"的前景，预见到信息科学技术的发展和应用将会引起一场全面的社会变革，说明信息产业高度发达且在社会经济系统中占主导地位的一种社会现象，并将人类社会推入"信息化社会"。丹尼·贝尔和柳卓忠夫的相同之处是用阶段发展理论去解释国民经济产业发展史和未来发展趋势。

1967 年，日本政府的一个科学、技术、经济研究小组在研究经济发展问题时，依照"工业化"概念，正式提出了"信息化"（日语为 Johoka）概念，并从经济学角度给出定义："信息化是向信息产业高度发达且在产业结构中占优势地位的社会——信息社会前进的动态过程，它反映了由可触摸的物质产品起主导作用向难以捉摸的信息产品起主导作用的根本性转变。"1970 年，日本学者第一次把在日本广泛使用的 Joho Shakai 翻译为英文 Information Society[3]。

1977 年，Simon Nora 和 Alain Minc 在他们发表的报告《L'Informatisation de la société：Rapport à M. le Président de la République》[3]（计算机化协会：给法国总统的报告）中创造了术语"Informatisation"。1980 年，这份报告被译成了英文，即《The Computerization of Society：A report to the President of France》。然而，Alain Minc 在其 1987 年发表的一篇文章中则倾向于采用"Informatisation"，而不是"computerization（计算机化）"。随后，"Information"被广泛传播并被各国所普遍使用，法语、德语和英语的主题文献之中就采纳了这一概念，并且将其拓展到包括更多的方面，而不仅仅是计算机和通信领域[3]。

在信息化的概念提出后，很快就出现了信息化时代的概念。"信息化时代"一词源于 Marc Porat 对于人类文明时代类别的划分：农业时代、工业时代（工业革命）以及信息时代（1978）。信息化相对于信息时代，相当于工业化相对于工业时代。对于时代类别的划分，Flor 曾经作出这样描述："农业时代为我们的世界带来了农业化。工业时代的作用之一是引起了农业的工业化。信息时代则是导致了农业的信息化。"[4]

信息化概念传入中国是在 1986 年 12 月，"信息化"一词的广泛使用是在实行改革开放、确立现代化目标这一大背景下发生的。当时"首届中国信息化问题学术讨论会"在北京举行，与会专家讨论了信息化的重要性和中国研究发展信息化的迫切要求，指出中国只有大力推进信息化才能加速现代化的进程。会后编辑出版了论文集《信息化历史的使命》一书，该书认为信息化是"描述国民经济中信息部门不断壮大的过程"；是"国民经济和社会结构框架重心从物理性空间向信息和知识性空间转移的过程"。信息化同工业化、现代化一样，是具有特定内容的发展过程，尽管反映其水平、程度的指标可以作为目标去争取，但信息化本身绝不是目的，使人类社会从工业社会或准工业社会最终发展成为信息社会，才是信息化的目的。

1.1.2 信息化的概念

"信息化"用作名词，通常指现代信息技术应用，特别是促成应用对象或领域（如企业或社会）发生转变的过程。例如，"企业信息化"不仅指在企业中应用信息技术，更重要的是深入应用信息技术所促成或能够达成的业务模式、组织架构乃至经营战略转变。"信息化"用作形容词时，常指对象或领域因信息技术的深入应用所达成的新形态或状态。例如，"信息化社会"指信息技术应用到一定程度后达成的社会形态，它包含许多只有在充分应用现代信息技术才能达成的新特征。作为对发展状况的一种描述，信息化是指一个地理区域、经济体或社会不断发展为以信息为基础（或者说，基于信息）的程度，也就是说在其信息劳动力规模方面的提升程度。

Everett Rogers（2000）[5]将信息化定义为：以新的通信技术为手段，进一步推动一个国家的发展，使其逐渐变为信息社会的过程。

林毅夫（2003）[6]认为，信息化是指建立在 IT 产业发展与 IT 在社会经济各部门扩散的基础之上，运用 IT 改造传统的经济、社会结果的过程。

最近，在信息化方面，技术决定论观点得到了突出强调。德州农工大学的 Randy Kluver[7]将信息化定义为：万维网及其他通信技术等已经改变了经济关系和社会关系，以至最大限度地减少了文化和经济方面存在的种种障碍的过程。目前，Kluver 还将这一概念扩展并涵盖了公民和文化领域。他认为，信息化是一个由信息与通信技术塑造文化和公民领域的过程。G. Wang[8]将她所谓"信息化"的同一现象（1994）描述为一种变化的过程，且该过程具有如下两个特点：一是对于信息化和信息技术加以运用，以至它们成为控制政治、经济、社会及文化方面发展的主导力量；二是信息生产和传播在其速度、数量和普及程度方面史无前例地增长。

关于信息化的表述，中国学术界和政府内部曾有过较长时间的研讨。有的认为，信息化就是计算机、通信和网络技术的现代化；有的认为，信息化就是从物质生产占主导地位的社会向信息产业占主导地位的社会转变的发展过程；还有的认为，信息化就是从工业社会向信息社会演进的过程等。1997 年召开的首届全国信息化工作会议，将信息化和国家信息化定义为："信息化是指培育、发展以智能化工具为代表的新的生产力并使之造福于社会的历史过程。国家信息化就是在国家的统一规划和组织下，在农业、工业、科学技术、国防及社会生活各个方面应用现代信息技术，深入开发、广泛利用信息资源，加速实现国家现代化进程。"会议还进一步指明，实现信息化就要构筑和完善由 6 个要素构成的国家信息化体系。这 6 个要素是：开发利用信息资源，建设国家信息网络，推进信息技术应用，发展信息技术和产业，培育信息化人才，制定和完善信息化政策。

在中国对"信息化"较为正式的界定，可参考中共中央办公厅、国务院办公厅印发的《2006～2020 年国家信息化发展战略》，其叙述如下：信息化是充分利用信息技术，开发利用信息资源，促进信息交流和知识共享，提高经济增长质量，推动经济社会发展转型的历史进程。另外，《国民经济和社会发展第十个五年计划信息化重点专项规划》对"信息化"也做了详细的界定：信息化是以信息技术广泛应用为主导，信息资源为核心，信息网络为基础，信息产业为支撑，信息人才为依托，法规、政策、标准为保障的综合体系。这一界定更准确地表达了应用、资源、网络、产业、人才、法规政策标准在信息化体系中的位置以及相互之间的关系，其中，应用是信息化的主导和目的，其他的工作围绕应用的主导方向展开，与需求紧密结合。

在学术领域，关于信息化，至今尚没有一个统一的定义。不同的学者从不同的角度对其内涵和外延进行了探讨，其中较有代表性的观点主要有以下几个。

"信息化"是指在国民经济和人们生活中最广泛地应用先进的信息技术，以提高社会生产力，促进国民经济的发展。

"信息化"是指在经济和社会活动中，通过普遍地采用信息技术和电子信息装备，更有效地开发和利用信息资源，推动经济发展和社会进步，使由于利用了信息资源而创造的劳动价值（信息经济增加值）在国内生产总值中的比重逐步上升直至占主导地位的过程。

"信息化"是指从事信息获取、传输、处理、提供的部门及各部门的生产活动（包括信息的生产、传播和利用）的规模相对扩大及在国民经济中的作用相对扩大，最终超过农业、工业、服务业的全过程。

"信息化"是指国民经济发展从以物质与能源为基础向以知识和信息为基础的转变过程；或者说，是指国民经济发展的结构框架重心从物理性空间向知识性空间转化的过程。

综上所述，尽管人们的表述方式不尽相同，但对"信息化"内涵的认识趋近一致，因此，可以得出：信息化就是在国家的统一规划和领导下，在国民经济和社会发展的方方面面广泛应用信息技术，大力开发信息资源，全面提高社会生产力，实现社会形态从工业化社会向信息化社会转化的发展过程。"信息化"的这一概念至少包括了以下几个要点：第一，信息化的组织者是国家；第二，信息化的实施范围包括国民经济和社会发展的方方面面；第三，信息化的手段是信息技术；第四，信息化的任务是开发信息资源；第五，信息化的目的是提高社会生产力，实现社会形态从工业化社会向信息化社会的转变。

"信息化"的关键是一个"化"。"化"是一个过程，从起点到终点，渐进地变化。从技术层次来看，信息化就是信息技术的推广和应用过程。这是从扩散传播过程来理解的。从知识方面来看，信息化是信息资源的开发和利用过程。这是从知识生产和发展角度来理解的，强调的是知识化、智能化。从产业层面来看，以产业结构的高级化为视角，信息化是信息产业的成长和发展过程，因为随着社会生产力的发展和人类文明的进步，产业结构中信息产业的比重越来越大，随之而来的是经济结构中信息经济比重的提高，同时产品的信息含量也会提高，产品成本中的信息费用也在不断增加。从宏观视角来看，信息化使国民经济增加值中信息产业的贡献更显著，对经济的实际增长贡献更显著，就业人员中从事信息产业活动人员的比重更大。从政府角度来看，信息化是在国家的统一规划和组织下，在农业、工业、科学技术、国防及社会生活的各个方面应用信息技术，深入开发，广泛利用信息资源，加速国家实现现代化的进程。综上所述，有一点是显而易见的，就是信息化最终都会在经济发展和社会进步方面得到反映。它是信息产业创造的价值在国民生产总值中的比例不断增加的过程，是从事信息产业活动的劳动力数量不断增加的过程，是信息技术在各个领域不断渗透并提高社会信息应用和共享程度的过程。同时，信息化也是社会生产过程和劳动过程中信息资源投入越来越多、生产过程越来越智能化的过程，更是产品的价值构成中信息价值不断增加的过程。所以，信息化就是以信息共享为核心的知识的生产、分配、利用和再生过程，也就是以知识生产带动物质生产的过程。因此，信息化不仅要实现信息网络化，还要实现信息产业化，更要实现产业信息化。

信息化的任务十分广泛，涉及许多方面。

第一，在社会经济的各种活动中，如在政府、企业、组织的决策管理与公众的日常生活中，信息和信息处理的作用大大提高，从而使全社会的工作效率与管理水平达到一个全新的水平。

第二，提供满足各种需求的信息资源、信息产品和信息服务，建立各种不同规模、不同类型的信息处理系统使之稳定、正常地运行，并成为社会生活中基本的、不可缺少的组成部分。

第三，完善和全面发展遍及全社会的通信及其他有关的基础设施（如计算机网络、数据交换中心、个人计算机等）并且使之投入正常的运行之中。

第四，优先发展相关的信息技术和相应的设备制造产业，为信息处理系统和通信系统的正常运行提供设备和技术保证。

第五，经过一定时期的探索，逐步健全完善与经济生活的变化相适应的法规、制度等，并为全社会成员所了解和遵守。

第六，加强信息安全保障工作，促进社会稳定和信息化健康发展。

总体而论，信息化就是国民经济各部门和社会活动各领域普遍采用现代信息技术，充分、有效地开发和利用各种信息资源，使社会各单位和全体公众能在任何时间、任何地点，通过各种媒体（声音、数据、图像或影像）享用和相互传递所需要的任何信息，以提高各级政府的宏观调控和决策能力，提高单位和个人的工作效率，促进社会生产力和现代化的发展，提高人们的文化教育与生活质量，增强综合国力和国际竞争力。

1.1.3 信息化的内容

信息化的内容非常丰富，从构成要素来看，主要有信息资源、信息网络、信息技术、信息设备、信息产业、信息管理、信息政策、信息标准、信息应用、信息人才等；从内容层次看，信息化包括核心层、支撑层、应用层与边缘层等；从行业发展来看，信息化包含以下主要内容。

(1) 信息设备装备化。即各级组织、机构、团体、单位主动地将越来越多的计算机设备、通信设备、网络设备等应用于作业系统，辅助作业顺利完成。

(2) 信息技术利用化。如利用信息获取技术（传感技术、遥测技术）、信息传输技术（光纤技术、红外技术、激光技术）、信息处理技术（计算机技术、控制技术、自动化技术）等，改进作业流程，提高作业质量。

(3) 信息内容数字化。一方面将设计信息、生产信息、经营信息、管理信息等各类作业系统信息生成和整理出来；另一方面使上述各类信息规范化、标准化或知识化，最后进行数字化，以利于查询和管理。

(4) 信息服务完善化。即建立起信息服务体系，如联机服务、咨询服务、系统集成等。通过信息服务将信息设备、信息技术、信息内容形成一个整体，并使其发挥出"整体大于部分之和"的功效。

(5) 信息人才递增化。加强对各类信息人才的培养与重视，使信息人才的比重日益增加。信息人才的形成有两种途径：一是原有的信息工作人员通过自我能力的提升，快速掌握现代信息知识，如计算机操作、联机检索、上网查询等；二是投入资金直接培训新手，同时给全体人员普及信息知识，使人们能逐渐适应信息社会的需求。

(6) 信息投资倾斜化。政府的财务计划和发展政策对信息化的投资给予了一定的倾斜，即重点支持信息人才的培养、信息设备的装备、信息技术的利用、信息内容的开发和信息服务体系的完善，有目的、有计划地快速推进信息化建设。

(7) 信息政策封闭化。尽快制定各项规章、制度、条例，并使这些政策日益完善，不留漏洞，为各项信息工作提供指导和规范。这样，既可引导信息化建设的发展方向，又可确保信息安全，杜绝虚假、有害信息的传播。

信息设备装备化、信息技术利用化、信息内容数字化、信息服务完善化这四化，一方面由信息投资倾斜化、信息人才递增化所推动、所实现；另一方面通过自身的发展不断实现产业化，即信息产业化。而信息政策封闭化则为上述六化的实现与完成提供了良好的约束机制和外部环境。

1.1.4 信息化的层次

信息化层次包括产品信息化、企业信息化、产业信息化、国民经济信息化、社会信息化。

（1）产品信息化。产品信息化是信息化的基础，包含两层意思：一是产品所含各类信息的比重日益增大、物质比重日益降低，产品日益由物质产品的特征向信息产品的特征迈进；二是越来越多的产品中嵌入了智能化元器件，使产品具有越来越强的信息处理功能。

（2）企业信息化。企业信息化是国民经济信息化的基础，是指企业在产品的设计、开发、生产、管理、经营等多个环节中广泛利用信息技术，并大力培养信息人才，完善信息服务，加速建设企业信息系统。

（3）产业信息化。产业信息化是指农业、工业、服务业等传统产业广泛利用信息技术，大力开发和利用信息资源，建立各种类型的数据库和网络，实现产业内各种资源、要素的优化与重组，从而实现产业的升级。

（4）国民经济信息化。国民经济信息化是指在经济大系统内实现统一的信息大流动，使金融、贸易、投资、计划、通关、营销等组成一个信息大系统，使经济的生产、流通、分配、消费四个环节通过信息进一步连成一个整体。国民经济信息化是各国急需实现的近期目标。

（5）社会生活信息化。社会生活信息化是指包括经济、科技、教育、军事、政务、日常生活等在内的整个社会体系采用先进的信息技术，建立各种信息网络，大力开发有关人们日常生活的信息内容，丰富人们的精神生活，拓展人们的活动时空。待社会生活极大程度信息化以后，人们也就进入了信息社会。

1.1.5 信息化的重要作用

信息化对经济发展的作用是信息经济学研究的一个重要课题。很多学者都对此进行了尝试。比较有代表性的论述有两种：一种是将信息化的作用概括为支柱作用与改造作用两个方面；另一种是将信息化的作用概括为先导作用、软化作用、替代作用、增值作用与优化作用五个方面。这些观点对充分认识信息化的经济功能（或作用）具有一定的参考价值，对此不可忽视。信息化对促进中国经济发展具有不可替代的作用，这种作用主要通过信息产业的经济作用予以体现。

信息产业是国民经济的支柱产业。其支柱作用体现在两个方面：①信息产业是国民经济新的增长点。近年来，信息产业以 3 倍于国民经济的速度发展，增加值在国内生产总值（GDP）中的比重不断攀升，对国民经济的直接贡献率不断提高，间接贡献率稳步提高。②信息产业在国民经济各产业中位居前列，将发展成为最大的产业。

信息产业是关系国家经济命脉和国家安全的基础性、战略性产业。这一作用体现在两个方面：①通信网络是国民经济的基础设施，网络与信息安全是国家安全的重要内容；强大的电子信息产品制造业和软件业是网络与信息安全的根本保障。②信息技术和装备是国防现代化建设的重要保障；信息产业已经成为各国争夺科技、经济、军事主导权和制高点的战略性产业。

信息产业是国家经济的先导产业。这一作用体现在 4 个方面：①信息产业的发展已经成为世界各国经济发展的主要动力和社会再生产的基础；②信息产业作为高新技术产业群的主要组成部分，是带动其他高新技术产业腾飞的龙头产业；③信息产业的不断拓展，信息技术向国民经济各领域的不断渗透，将创造出新的产业门类；④信息技术的广泛应用，将缩短技术创新的周期，极大地提高国家的知识创新能力。

信息产业是推进国家信息化、促进国民经济增长方式转变的核心产业。这一作用体现在 3 个方面：①通信网络和信息技术装备是国家信息化的物资基础和主要动力；②信息技术的普及和信息产品的广泛应用，将推动社会生产、生活方式的转型；③信息产业的发展大幅度降低了物资消耗和交易成本，对实现我国经济增长方式向节约资源、保护环境、促进可持续发展的内涵集约型方式转变具有重要推动作用。

1.2 旅游信息化的产生

1.2.1 世界旅游业的发展

旅游业早在 20 世纪 90 年代初就已发展成为超过石油工业、汽车工业的世界第一大产业，也是世界经济中持续高速稳定增长的重要战略性、支柱性、综合性产业。当今，在经济全球化和世界经济一体化深入发展的大力推动下，世界旅游业更是进入了快速发展的黄金时期。2011 年 3 月 3 日，世界旅游及旅行理事会发布的《2011~2021 旅游业经济影响报告》认为，尽管目前世界经济增长遇到了很多挑战和不确定因素的影响，但旅游业却一直是增长速度最快的行业之一，而且成为推动经济和就业增长的主要力量。预计未来 10 年里，世界旅游业对全球国内生产总值的贡献每年将达到 4.2%，总额为 9.2 万亿美元，并创造 6500 万个就业机会。

过去的 60 年中，世界旅游业发展一直长盛不衰，期间虽然有波动，但总体上呈现高速增长态势。推动世界旅游业迅速发展的关键因素有三个：一是各国经济快速增长及与其相关的国民收入稳步提高，使人们有能力支付价格不菲的旅游费用。例如，目前在欧洲，每人每次旅行的平均费用大约为 2000 欧元，月收入 4000 ~ 6000 欧元的中等收入家庭完全有能力支付这笔旅游费用。现在一些欧美家庭每年都会出境旅游。二是交通运输技术的巨大进步，使长途旅行发生了革命性的变化，特别是宽体喷气式飞机的发明、家用小汽车的普及和高速铁路的广泛运用，大大缩短了国家与国家之间的距离，使"地球村"的理念成为现实。三是劳动生产率的大幅度提高和人权、民生状况的不断改善，使人们可以有大量的闲暇时间用于旅游。以发达国家中每周工时最短、一年带薪假期最长的国家法国为例，从 1919 年起每周法定劳动时间为 48 小时，1936 年起减为 40 小时，2000年起实行每周 35 小时工作制；除了每年法定的节假日，一年的带薪假期在 1936年是两周，1956 年增加到 3 周，1968 年为 4 周，1981 年为 5 周。也就是说，法国人每年大约有 5 个月不用工作。北欧其他一些国家也是大同小异。美国人每年有 1/3 的时间用于休闲，2/3 的收入用于休闲，1/3 的土地面积用于休闲。我国于 2013 年发布的《国民休闲纲要》中明确提出："到 2020 年，职工带薪年休假制度基本得到落实，城乡居民旅游休闲消费水平大幅增长，健康、文明、环保的旅游休闲理念成为全社会的共识，国民旅游休闲质量显著提高，与小康社会相适应的现代国民旅游休闲体系基本建成。"可见，休闲度假已成为现代社会人们的重要生活方式，休闲经济成为经济社会发展的重要经济形态。

1.2.2 旅游信息化的产生

未来社会是信息社会，当今全球正席卷着一场信息化浪潮。信息已经成为生产力发展的重要核心和国家战略资源，信息技术是当代最先进生产力的代表。奈斯比特在《大趋势》中曾预言："电信通讯、信息技术和旅游业将成为 21 世纪服务行业中经济发展的原动力。"实际的发展中，因为旅游业对于电讯和信息技术的天然适应性，科技进步和技术创新已成为世界旅游业发展的主要推动力，这三者在旅游业中的结合也越来越紧密。

1.2.2.1 信息技术催生了旅游业的革新

信息技术已经渗透到社会生活的各个领域，所有行业都自主地通过信息技术来促进整个行业的发展进步，其中旅游业受到的信息化的浸润是较为深刻的。信息技术、网络技术、交通技术的快速发展，促进了旅游需求多样化、旅游管理信息化、旅游装备科技化的发展。在线旅游预订业务、电子旅游信息、电子签证和电子商务等正在改变旅游业的市场环境，社交网络的广泛应用也在改变旅游业的面貌。有关研究表明，目前全球旅游产品的在线销售额约占总旅游销售额的15%，未来5年，这个比例将上升到25%。普遍意义的电子商务模式的兴起和发展迅速延伸到旅游领域，并且在旅游业中得以飞速发展。电子商务模式的产生时间远远早于互联网的出现。20世纪90年代后期，全球化的互联网商业应用在世界范围内兴起，使得全球电子商务在各个领域快速发展。随着互联网的飞速发展和计算机技术的日臻成熟，电子商务应用的成本降低，以往只有实力强大的大企业使用的快捷方式，现在大量的中小企业也在跃跃欲试。在20世纪90年代中期，访问量最大的是ISP（网络服务提供商）、搜索器和大学网站。而8年后情况发生了变化，现在最流行的是信息服务网站以及电子商务网站。Com Score说，在线旅游服务是最大的受益者，1996年这个行业的收入几乎为零，而2007年达到了770亿美元。

1.2.2.2 旅游业信息化发展的必然性和重要性

（1）旅游业是信息密集型产业（Information Intensive Industry）

旅游业是一个开放性的大系统，信息是其得以生存和运转的基础，它贯穿了旅游活动的全过程，因而信息是旅游系统的灵魂。信息既影响人们对目的地的了解和选择，还影响他们对旅游体验的满意程度。随着人们生活水平的提高和旅游经历的增多，旅游者的旅游方式由过去的求量型开始转向求质型，即旅游者对信息提出了更高的要求。此外，无论是旅游景点的开发、规划、设计，还是客源市场目标的确定、市场竞争战略的制订和旅游统计的进行，都对迅速准确获取、加工、利用信息提出了较高要求。总之，信息技术的使用已渗透到现代旅游业的各个环节。任何企业和个人若想在充满机遇和挑战的旅游业中赢得一席之地，必须充分利用现代信息技术带来的巨大益处。

（2）信息化是保证旅游业可持续发展的重要支持力量

现代信息技术的发展和广泛运用给旅游业带来了新的机遇，使旅游业的深度、广度和高度都有长足的发展。科学技术的不断进步可以有效地为可持续发展的决策提供依据和手段，促进可持续发展管理水平的提高，加深人类对自然规律的理解，开拓新的可利用的旅游资源领域，提高资源综合利用效率和经济效益，提供保护旅游资源和生态环境的有效手段，这些作用对于提高旅游质量、保护旅游目的地生态环境、实现旅游业可持续发展的战略尤为重要。可持续发展是一个没有终止的过程，需要随时获取信息并作出必要的反馈和调控。因此，建立健全规范、高效、有序的旅游信息化架构，充分发挥信息引导作用，这对实现旅游业可持续发展有着特殊的意义。

（3）信息化是实现旅游经营管理现代化的重要途径

现代化科技的发展，特别是信息技术和网络技术等的发展，使旅游管理手段、思维和方式都发生了革命性的变化。旅游业信息化的一个重要内容就是要构建旅游管理信息系统，它不仅可以提高劳动效率，节省人力，而且可以使管理工作快速、科学，是旅游业管理高技术化、最优化的实现途径。

（4）信息化拓展了现代旅游业的市场化、国际化功能

现代旅游业就其性质来看，是一种自愿和自发的消费活动，无法依靠指令性计划强制进行，因此，它具有天然的市场经济个性，旅游业信息化能为旅游市场体制的完善创造良好的信息环境，使信息导向下的旅游市场的发展有通畅的旅游信息网络和优质的旅游信息服务的支持，能够满足科学决策的要求和游客的信息消费，完善旅游业的市场经济个性。旅游活动的国际化、资本流向的国际化使得世界各国的旅游业相互依赖、联系越来越紧密，旅游产品和旅游服务也越来越趋于标准化，呈现出一体化的无国界旅游状态。

旅游业和信息化将融合为一种更大的驱动力，不仅给电信通讯、信息技术等提供了更广阔的舞台，同时也赋予了旅游业发展以无限的生机和活力。作为未来国民经济中的一项重要支柱产业，旅游业要与这股信息化浪潮相适应，促使中国在 21 世纪前叶成为世界首位旅游大国，就无可避免地面临这样一个机遇和挑战：加快中国旅游产业的信息化建设，增强旅游业可持续发展能力，实现高效优质型的集约化经营。

1.2.3 信息化对于旅游业的影响

1.2.3.1 信息时代影响了旅游业的信息格局

信息时代对旅游业的影响，首先表现为对信息媒介格局的影响上。网络不仅提供了新的信息传播手段，还悄然改变着整个社会的信息形态。在信息技术与经济发展、社会进步互动的过程中，信息创造者和信息源的社会结构发生了变化，信息传播媒介格局转移，并将随着信息技术的发展而持续变革；公众的信息消费习惯和信息观念也与过去有了较大差别。

多项实地调查表明，互联网已超过传统媒介成为人们获取旅游信息的首选媒介。信息受众尤其是年轻人正在向互联网转移，对电视、报刊和人际信息渠道的依赖逐渐减少。旅游者出游前在网站、论坛获取旅游信息的比例已经占到一半左右。网络时代的到来颠覆了以往的信息传播主体格局，使得旅游信息源的社会结构发生了深刻变革。过去，政府和官方媒体拥有大部分信息发布权，来自社会的信息要经过严格的审定和复杂的程序，才能进入大众传播。而如今，信息交互时

代开启了一个用户贡献内容的时代，每个人都是传播者。互联网上的大部分旅游信息，并不是官方网站传播的结果，而是旅游者自身、商业或者非商业机构等贡献的。例如，新浪微博用户 2011 年上半年增长率高达 208.9%，截至 2011 年 6 月用户数量达到 1.95 亿人，已经成为互联网上最热门的信息来源，人们开始愿意用更多元的视角来接受信息，开始逐渐习惯用自己的方式去海量的互联网信息中寻找需要的信息，互联网上的网友评价和推荐已经成为用户重要的信息来源。互联网上的多元信息正在引导着消费者对旅游方式和旅游目的地的选择。在某种意义上，一个信息的世界正左右着人们在"物理"世界的选择和行为。

同时，信息技术因其传播速度快、辐射范围广，在一定程度上可弥补旅游时空的限制，并利于旅游业的内联外引，扩大旅游市场，从而提升旅游业整体形象。以信息化为依托，构建全国性的旅游公共信息服务平台，构成立体化、网络化的旅游信息服务体系，不仅是旅游产业保持活力的动力源泉，而且有助于提升旅游产业的形象和地位。

1.2.3.2 信息化时代影响了旅游业运营的模式

信息化是旅游业现代化的重要标志，有助于旅游业为游客提供更便捷、周到和个性化的服务，是提升中国旅游业整体竞争力的必然需求，截止到 2012 年年底，网络旅行预订的使用率已达 19.8%，与 2011 年相比，旅行预订用户规模显著扩大。世界旅游组织商务理事会（WTOBC）预计，今后几年间世界主要旅游客源地约 1/4 的旅游产品订购都将通过互联网进行。信息化推动了旅游产业发展模式的改变，提升了旅游企业的竞争力，也是旅游业体制创新、机制创新和市场创新的有效保障。

首先，信息化时代极大地改变了旅游业运营的模式，优化了旅游业体系。以信息技术为推力，可大大改善旅游业各相关要素效能的发挥，优化旅游业体系结构，提高旅游业运行的效率。信息技术可为以信息流为主导的旅游业及其运行体系提供完整的解决方案，并促进旅游业结构的优化和系统的升级。旅游业构成的多元性、旅游业体系的复杂性，使得旅游业体系的优化有赖于信息技术所带来的流程优化和系统创新。旅游供给者开始利用信息系统以提高生产的效率。企业内部利用业务管理信息系统、旅行社管理系统、饭店管理系统等各类信息系统进行企业信息管理、整合与规范内部具体管理流程以及客户关系管理。目的地也开始利用信息系统对目的地进行资源管理和规划。大部分目的地信息管理系统都能够实现资源信息的录入、信息查询、空间分析与数据输出，便于旅游管理部门科学地对目的地资源信息进行管理和规划。互联网的即时双向互动，时空限制的消失，网上信息的交流共享、自由、非干扰性等特点，对传统的营销理论和营销管理产生了重要的影响和冲击，改变了旅游营销的模式。网络信息的"互动式"

运作方式缩短了旅游企业和旅游者之间的距离，网络信息经过计算机多媒体技术处理变得丰富多彩和立体化，引人入胜，同时随着计算机技术与网络的进一步发展，还出现了一些全新的网上促销方式，如虚拟现实旅游和在线网络游戏营销，使旅游者实现畅游的体验。同时，网络销售可以缩短销售的渠道，并且及时对销售结果进行分析和反馈，因此更多的旅游企业开始采用网站、网络广告、社交网络、目的地营销系统等网络平台进行营销。

其次，信息化技术使旅游业交易过程得以优化。旅游业社会化程度高、关联性强、依托和带动作用明显，信息技术的应用可优化旅游产品生产过程，提高旅游产业链中不同主体之间信息沟通的质量和效率，从而使旅游业的运行走向更高的层次和水平。信息化扩展了旅游消费传播渠道，改变了旅游者的旅游交易方式，促进了潜在的旅游消费者数量的增长，促使旅游市场在交易成本的变化、不同交易渠道成本的对比和各种力量的此消彼长中演化和发展；信息化创造了虚拟市场空间，为旅游产业开拓了发展空间，有利于形成规模适度、竞争有序的旅游市场。

最后，信息化技术提升了旅游业发展的可持续性。粗放式的旅游开发模式，特别是重开发、轻保护等掠夺式的旅游资源开发模式已经不能适应经济发展的需要。信息技术在旅游业中的应用，可增加旅游经济中的知识含量、科技含量，实现旅游业从依赖大量投入物质资源的粗放式发展，到提高投入要素使用效率的集约式发展方式的转变，从而更好地实现产业的可持续发展。

1.2.3.3 信息化时代增强了旅游业竞争力

随着社会经济的发展，个性化消费日益成为人们追求的目标，消费者的行为正在从静态的信息准备转向动态的信息准备，他们期望最好的选择、市场透明和个性化的产品服务。旅游业新的游戏规则不是试图向尽可能多的人出售产品，而是满足每一个消费者的需求。互联网的出现为企业提供了一个崭新的高效率、低成本的市场调研途径，同时为企业建立日常与双向交互的运作机制创造了最有利的条件。在旅游消费者进行网上交易时，计算机可记录其身份信息及消费细节，这样收集的数据尽管杂乱且量大，但是准确全面，通过完善的软件处理即可形成一个综合性的、有关旅游消费者的资料库。从这一资料库，公司可以确定旅游消费者的爱好、旅游记录、财政状况和其他的相关资料，同时弥补了传统价值链中灵活性差、效率低下的不足，使价值链上各环节间的联系更加通畅，促进了价值链向动态、虚拟、全球化、网络化的方向发展，并且能够使一连串的相关企业更好地了解旅游消费者，为旅游消费者提供个性化的产品和服务，提高整个产业竞争力。而旅游消费者也可以从互联网获取海量的信息，查询各种感兴趣的旅游产品要素信息，并根据自己的情况进行组合，设计适合于自己的旅游产品。个性化产品与正在出现的"一对一（one to one）"经济体系的标准相匹配，这种体系最终可能将替代以大规模标准化生产、大规模媒体和市场为特点的旧体系。

由此可见，利用现代化的新技术、新装备改造和提升旅游业，正在成为新时期旅游业发展的新趋势。在这一进程中，科学技术不仅创造出大量新的旅游业态和新的旅游需求，引导着新的旅游消费，还极大地推动了服务方式和商业模式的创新。

1.2.3.4 旅游业产业模式转变

从企业的角度来看，信息化与旅游业的结合促进了旅游企业推出新产品、新管理方法和新流程，必将提升旅游企业的核心竞争力。

首先，能优化旅游产品结构。信息技术可为消费者提供量身定制的个性化产品与服务，可满足旅游企业建立强大应用系统的需求，使企业在以追求快速、新颖、持久性、虚拟性和低成本为主要目标的竞争环境中，显示出新的竞争优势。信息技术能针对每个旅游消费者的要求提供特殊的差别的产品，通过把旅游产品拆包，让消费者加入一切个人需求要素，重新组合产品；信息化能使企业的一对一服务模式得以真正实现，能够改变传统旅游服务的方式和增值化方向。

其次，会提升企业管理效率。信息技术的发展使旅游管理理念、手段和方式都发生了根本性的变化，即不仅使劳动效率得以提高，还使管理工作变得迅速、准确。信息化是实现旅游管理最优化的重要途径，能够使企业更有效地控制信息资源。由于传统的旅行社客户资源一般都掌握在优秀的经理人手里，为避免辞职事件而带走客户，各种旅行社的管理软件应运而生，同程网的"六合一"就是其中的代表。信息化使旅游企业与饭店之间可结成营销预订联盟，共享客户数据，实施优惠组合和消费累积计划，并联合开发网络预订平台，实现高效的信息化旅游管理服务。例如，分时度假利用的网络分时度假交换系统具有网络外部性，其拥有的度假村或度假饭店资源越多，消费者的参与度越广，整个系统的价值就越大，从而提高企业的效益。

再次，会提高经营效益。旅游信息化在旅游信息收集、处理和使用的时间性上优势明显，信息化能使旅游企业有效控制成本，特别是分销和促销成本。信息化促使企业进行流程重新设计以减少重复劳动，从而压缩了人力成本。旅游相关企业通过网上交易或电子中介，大大减少了中介佣金成本。信息化能使旅游企业的功能发生根本变化，结算方式将更简便快速，如在网上为游客预订客房、机票、车票、船票等，既可以提高工作效率，又可以节省人力、物力和财力投入，从而降低经营成本，提高旅游企业效益。

最后，还会提升企业形象。信息化的广泛运用可整合旅游目的地信息的收集、存储、加工和传递，丰富完善旅游企业营销模式，打造现代化的旅游目的地形象；可实现网络营销和异地出版，使旅游者在出行前能通过各种途径了解所向往的目的地；使到达目的地的游客通过旅游信息中心、公共场所的触摸屏幕和移动网络通信工具等方便地获取信息；游客的旅游活动结束后，还能收集他们的意见和反馈。利用网络进行旅游业的促销，是信息时代旅游宣传促销的新课题和新选择，其不但成本低廉且营销形式多样，还可以通过对数据的监测有效控制投入与回报之间的比例。

1.2.4 旅游信息化的概念及内涵

1.2.4.1 旅游信息化的概念

陈小春、陈志辉[2]从广义层面认为旅游信息化是指充分利用信息技术、数据库技术和网络技术，对旅游有关的实体资源、信息资源、生产要素资源进行深层次的分配、组合、加工、传播、销售，以便促进传统旅游业向现代旅游业的转化，加快旅游业的发展速度，提高旅游业的生产效率。

胡云[9]从狭义层面认为旅游信息化就是把景点、景区、饭店、旅行社、交通、气候等与地理位置和空间分布有关的旅游信息，通过技术手段采集、编辑、处理转换成用文字、数字、图形、图像、声音、动画等，来表示它们的内容或特征。

博细三[10]指出旅游信息化的内容主要包括旅游企业信息化、旅游电子商务、旅游电子政务三项。旅游企业信息化主要指企业内部的信息化，通过建设信息网络和信息系统，调整和重组企业组织结构和业务模式，提高企业的竞争能力；旅游电子商务是指旅游企业外部的电子商务活动，旨在利用现代信息技术手段宣传旅游目的地、旅游企业和旅游产品，加强旅游市场主体间的信息交流与沟通，提高旅游市场运行效率和服务水平；旅游电子政务是指各级旅游管理机关，通过构建旅游管理网络和业务数据库，建立一个旅游系统内部信息上传下达的渠道和公共信息的发布平台，实现各项旅游管理业务处理和公共信息服务。其中，旅游电子商务是旅游企业借助于互联网和信息技术开展商务活动的一种经营方式。它改变的不是旅游企业的业务范围，而是开展业务的具体手段。旅游电子商务是旅游、商务和信息技术的交集。

黎巎[11]则指出，目前我国旅游信息化已经进入"智慧旅游"阶段，主要是以新一代信息技术以及传统信息技术的集成与应用创新为手段与动力，重构旅游行业管理模式和旅游产业体系，实现将旅游业建设成为现代服务业的跨越。

目前，国外文献中更多将旅游信息化解释为"信息技术在旅游中的运用（Information and Communication Technologies in Tourism）"，如 Buhalis 等[12]人在综述国外旅游信息化研究时认为，旅游信息化是信息技术（ICTs）为整个旅游产业提供信息设施，为旅游营销和管理提供工具，重新建构整个开发、管理和营销旅游产品与旅游目的地的过程。

综上所述，旅游信息化是充分利用各类分析、设计、应用信息技术，对旅游业的各类生产资源、信息资源重组，为旅游业发展提供更好解决路径的过程。

1.2.4.2 旅游信息化的内涵

要理解旅游信息化的内涵，必须从旅游企业信息化、旅游服务信息化、旅游网络营销、旅游电子商务以及旅游电子政务和旅游信息化法律法规几个方面展开。

（1）旅游企业信息化——旅游信息化的基础

旅游企业信息化是整个旅游信息化工作的基础，从旅游产业链的角度分析，旅游企业主要分为旅游供应企业、旅游服务企业、新兴旅游服务企业和旅游信息传播企业，这些企业是旅游信息内容的主要创造者和维护者。

第一，旅游供应企业，包括旅游目的地、交通、酒店、购物、餐饮各类企业。如果这些旅游供应企业的信息化工作没有做好，那么，出游的所有相关信息都将无法获取，无论是旅游服务商还是旅游媒介，或是旅游管理机构，都很难用人工或技术手段去采集这些基础信息。

第二，旅游服务企业，包括旅行社、票务代理企业、酒店预订企业。旅游服务企业在长期的发展历程中，已经形成了完整的批零体系，是旅游者行程的承担方和保障方。如果旅游服务商企业内部信息化工作的水平低下，那就有可能出现旅游接待水平不高和旅游服务质量低劣的问题；而针对外部市场的信息化工作的不足，将大大影响旅游资源和产品的推广与销售。若是如此，则既不能满足旅游者的需求，也会伤害旅游资源方的利益。

第三，新兴旅游服务企业，多是以信息技术为基础的企业。它们在信息技术的应用上，具有先天的优势。它们的企业信息化工作，主要是与传统旅游企业之间的信息衔接系统的建设与完善、对旅游产品信息的再次整理和调整以及维护和发展自身的在线销售平台。

第四，旅游信息传播企业，包括传统媒体、在线媒体和行业活动组织机构。旅游媒介企业的信息化工作，包括对旅游类信息的编辑、策划、表现形式创新、功能设置等多个方面的内容。它们是旅游类信息的载体，其运营能力直接关系到其他旅游企业的利益。

（2）旅游服务信息化——旅游信息化的核心

旅游行业是信息密集型行业，旅游信息贯穿于旅游活动的各个环节，旅游者从产生旅游需求，到完成旅游行程，都离不开对旅游信息的依赖。调查显示，旅游者的思维和行为具有规律性的逻辑顺序，在旅游需求产生后，旅游者就需要寻找旅游目的地，需要相关的旅游目的地信息作为参考。在选定旅游目的地后，旅游者需要了解和制订自己的旅游计划，在这个过程中，依然需要旅游信息的支持。接下来，旅游者就需要考虑完成相关的旅游产品采购，如交通、住宿、服务商等内容。这些内容也是旅游类信息服务的范围。即使在旅游行程中，旅游者依然需要大量的旅游信息帮助，包括目的地的交通情况、景区的游览线路、当地的旅游纪念品等。因此，旅游信息和所对应的旅游信息服务，是旅游信息化工作中的核心内容。

（3）旅游网络营销——旅游信息化的推动力

旅游网络营销是旅游企业和旅游城市整体营销战略的一个组成部分，是为实现企业总体经营目标所进行的，以互联网为基本手段营造网上经营环境的各种活动。旅游网络营销是旅游企业通过互联网对旅游产品和旅游服务类信息进行传播的一种方式。网络营销是旅游企业获得在线旅游市场竞争地位的一种直接手段，由于信息化改变着旅游消费者的生活与行为习惯，在线旅游市场的发展非常迅速，自然也就成为旅游企业新的竞争领域。

与传统营销方式相比，网络营销不但具有成本低廉、营销形式多样的特点，同时可以通过对数据的监测，有效地控制投入与回报之间的比例。目前，旅游网络营销的渠道，主要是通过搜索引擎、在线社区、门户类网站、专业旅游网站和其他旅游者经常访问的生活消费类网站购买流量。而旅游网络营销的形式主要包括竞价排名、点击付费、流量付费和效果付费等。

（4）旅游电子商务——旅游信息化的手段和工具

电子商务通常是指在全球各地广泛的商业贸易活动中，在互联网开放的网络环境下，基于浏览器/服务器应用方式，买卖双方不用面对面地进行各种商贸活动，而实现消费者的网上购物、商户之间的网上交易和在线电子支付以及各种商务活动、交易活动、金融活动和相关的综合服务活动的一种新型的商业运营模式。事实证明，电子商务技术已经是一种成熟的信息技术，并被广泛地应用在众多的消费领域中。旅游电子商务是旅游信息化工作的重要组成部分，是旅游企业应用信息化技术实现盈利的手段。旅游企业掌握信息化技术的直接目的是提高企业在在线旅游市场中的份额，并最终获得可观的利润。因此，旅游电子商务是对旅游信息化工作效果的最好检验。

（5）旅游电子政务与旅游信息化法律法规——旅游信息化的保障

旅游电子政务是指政府机构应用现代信息管理模式和数字通信技术，对旅游政务内容进行处理和集成，在网络上实现部门结构、工作流程的优化，向社会提供便捷优质的旅游信息服务。旅游电子政务不仅是衡量旅游管理水平和效率的重要标志，也是实现旅游业跨越式发展的助推器和提高旅游业竞争力的有效途径。

当然，旅游信息化的发展离不开政府部门制定的相关法律法规，即使在发达的市场经济环境中，如果失去了宏观的调控和监管，也会产生灾难性的后果。我国旅游行业在抵抗市场风险方面，与发达国家还有一定的差距。旅游信息化工作也是刚刚起步，尽管起点较高，可以学习和借鉴的经验较多，但必须认识到，即使是别人的成功经验，也并不是可以全盘照搬的。因此，在发展旅游信息化工作的同时，既要推动企业对信息化的应用，也要加快电子政务工作的建设，为我国旅游信息化的发展保驾护航。

1.2.5 旅游信息化的发展状况

1.2.5.1 从旅游数字化到旅游智慧化

旅游信息化是旅游业发展的全局变革，旅游产业作为与体验息息相关的行业，面临着网络化和数字化的快速变革，以计算机技术和网络化技术应用为主要手段的信息化已成为全球经济的发展趋势。旅游业的信息化是现代化经济和技术发展的需求和必然，也是旅游业自身发展的需要，旅游信息化成为推动旅游业发展新的增长点。旅游信息化发展已经历四个阶段，即从数字化到网络化、智能化再到智慧化。第一阶段是数字化，由于计算机的出现，通过将信息转化为数据成为计算资源，由计算机进行计算处理，使其成为有用的旅游信息。第二阶段是网络化，由于互联网的出现，旅游信息可以在网络中互联互通，通过通信传输，将分散的旅游信息转化为集成的信息，从而得以更好地应用。第三阶段是智能化，即旅游业应用中由现代通信与信息技术、计算机网络技术、行业技术、智能控制技术汇集而成的智能集合。第四阶段是智慧化，由于物联网的出现，使物体与物体在网络中互联互通，根据需求将感知信息进行加工，并建立智慧系统以实现智慧化应用，智慧化是旅游信息化发展的最新阶段。

（1）旅游数字化阶段

旅游数字化是旅游信息化建设较早的阶段，主要是利用互联网技术简化旅游从业人员的工作流程，提高其工作效率。对旅游行业主管部门来说，旅游数字化包括以下内容。

构建旅游信息数据库。即有组织地规划和设计旅游信息资源库，统一管理基础数据和专题数据。旅游数字化主要是应用互联网等技术实现信息的集成共享、分布式异构数据集成管理，建立共享和服务机制，实现从单一功能到专题综合应用；将数字化作为一种手段，这种手段的主要功能是整合覆盖各个方面的旅游信息资源，解决旅游服务的效能问题，通过旅游数字化的建设，实现旅游信息资源的共享，极大地提高旅游市场中政府监管的运作效能，降低旅游企业和政府的运营成本。

构建城市/区域性旅游信息服务终端。旅游数字化建设不仅需要看不见的软件的集成组合，也需要通过一些数字终端来展现。基础设施是数字化建设的基础支撑，尤其是在旅游公共服务建设方面，旅游数字化在构建城市/区域性旅游信息服务终端中发挥着重要作用，如"数字信息亭"等。

构建旅游网站与旅游呼叫中心的协同发展模式。旅游网站不可能全面满足旅游者在旅游过程中的旅游信息咨询要求，因此，客观上旅游者还是比较依赖旅游呼叫中心的服务。传统的旅游呼叫中心主要有114、12580等综合性服务热线，然而，由于其涉及内容庞杂，服务的精细化程度远远不够，因此，由国家旅游局牵头实施的12301呼叫中心系统工程建设得到很好的发展。12301呼叫中心系统是一个定位于多媒体技术、整合各种旅游资源、支持多种接入方式、全面服务公众的旅游信息公共服务平台。旅游网站与旅游呼叫中心的协同发展能为旅游者带来更便捷的服务。

旅游数字化能在一定时期内实现旅游劳动力的大解放，为旅游信息化继续向前发展奠定良好的硬件和软件基础。旅游数字化建设推动着先进的技术融入旅游业，数字景区、数字酒店等旅游接待服务设施的数字化建设成果提升了旅游业的整体服务水平，为旅游信息化的建设提供了良好的基础支撑平台；另外，旅游数字化建设带动着旅游服务质量的改善和提升，促进着先进的旅游管理理念的普及，为旅游信息化的深入建设提供了良好的思想环境。

（2）旅游网络化阶段

网络已经成为人们日常生活、工作中的重要组成部分，由此使传统的社会系统、经济结构、人类的生活方式发生了深刻的变化。因此，网络的介入与发展，不仅使传统旅游业加快了信息化的步伐，更为重要的是，使传统旅游业的概念得到了新的诠释，网络旅游新概念开始深入人心，由此使得旅游资源所构成的地理空间概念得到深化和发展，网络旅游空间这一新的空间形态概念开始形成，并展示出网络旅游特有的价值取向。

随着网络在全球的发展，网络服务已进入旅游业的方方面面，不但为旅游者提供着空前快捷的服务，也为旅游业提高效率、提高服务质量和降低成本等提供着日益便利的条件。大量的旅游企业或目的地设立了自己的网站，既可以宣传旅游目的地以及旅游企业，也可以进行网络分销和中介交易的旅游电子商务活动。这类网站的不断普及和改善，既能吸引更多的客户，为旅游者提供更多便利，也能不断推动全球旅游业的整体完善和发展。旅行者通过网站选择旅行路线和景点，可获得充足资料。网络预订机票、旅店、汽车等各类与旅游相关的项目，为航空公司、旅店等节省了大量的人力开支，这类企业再把节约的成本让利给旅游者。

（3）旅游智能化

时代在发展，科技无止境。旅游数字化随着科学技术的向前发展不断深入，尤其是面对旅游者需求层次的大幅度提高，旅游智能化建设应运而生。智能化是一个方向，旅游智能化主要解决有效配置和运行的问题，为旅游业的发展提供全面的解决方案，增强核心竞争力。首先是解决资源的整合问题，其次是在资源的整合过程中有效配置。旅游智能化主要解决的是旅游业中各个要素之间的结构和关系的问题。

旅游智能化是智能化系统应用于旅游业产生的作用和效果，是旅游信息化发展的高级阶段。随着现代通信技术、计算机网络技术以及现场总线控制技术的飞速发展，数字化、网络化和信息化正日益融入人们的生活。在生活水平、居住条件不断提升与改善的基础上，人们对生活质量提出了更高的要求，随着其需求日益增加，智能化的内容也不断有所更新和扩充。

第一，旅游的智能化是对于信息科技革命的智能应用。较之以往的数字化，旅游智能化对于科技革命的理解和应用更为深刻和全面。旅游智能化是面向应用、面向旅游产业升级，把新一代 IT 技术充分运用在旅游产业链的各个环节之中，把"智能"嵌入和装备到各类旅游资源中，是对信息技术的透彻解释。

第二，旅游的智能化由于过分强调信息技术革命在旅游业中的应用，即从技术到技术的发展，往往忽视旅游者的需求。对于一项技术成果，不是考虑旅游者对其是否有需求，而是一味思考其能够应用在旅游业的什么方面。当然，其产生的市场效益也不会高。

（4）旅游智慧化阶段

早在 20 世纪 90 年代，外出旅行买机票往往还要跑旅行公司。今天，只要确定了行程，不出家门就可在网上凭信用卡预订机票、汽车、旅馆以及景点的旅游船票等。在美国，上网预租汽车，不但便捷，而且可通过比较拿到最实惠的价格。事先预租好车辆，一下飞机，就可直接搭乘租车公司的机场班车，少则两三分钟，多则五六分钟就可抵达该公司的车场。如果租的是本人会员公司的汽车，班车上的电视屏幕就会显示出自己的名字及停车位，司机会把班车停在自己已租到的车位前。车钥匙已经插在车上，只需检查一下该车有无明显磕碰等问题，就可开车走人。到了车场门口，有专人核对驾照，核对无误后，就可放行上路，这大约只需半分钟即可完成。出差结束，只要把车开回租车场，工作人员手持小型信息机，一两分钟的检查后就可当场打出收据放行，并会指引你乘坐旁边的班车到所乘坐航班的柜台前。这类成熟的机制，不但为经常出差的人们免去乘坐出租车的费用，而且解决了在出差地点的交通工具问题，既省时省钱，又非常便利。

从旅游智能化到旅游智慧化，不仅要实现技术上的变革，更重要的是旅游信息化定位的变革，将旅游信息化建设的出发点和落脚点从强调科技的职能，转移到强调科技带给用户体验的提升，真正做到以旅游者的满意为重点[13]。

智慧旅游依托智能旅游的技术基础，凭借先进的智能化手段，将物联网、云计算、射频技术等最新科技信息革命的成果注入为旅游者服务中去，通过超级计算机和云计算将物联网整合起来，实现人与旅游资源、旅游信息的整合，以更加精细和动态的方式管理旅游景区，从而达到"智慧"状态。智慧旅游强调以人的需求为主题，而不是一味地追求科技的最先进、最尖端、最智能。智慧旅游贯穿于旅游者旅游活动的始终，从旅游需求的产生到旅游实践，再到旅游心情的分享可以做一个闭环的智慧旅游范例。

旅游智能化强调的是技术上与旅游相关的一种能力，使人能够更好地享受便利、高效的旅游服务（将有形的产品看做整个服务的一部分），也可以被认为是旅游体验，但这种体验中的人是出于被动地位的，即只能不同程度地获得服务；而旅游智慧化对信息（数据）集成技术的依赖程度更高，旅游智慧化强调的是通过技术手段（设备）的主动感知和数据积累，可以主动发现人的需求而推送服务，从而使人可以被动地获得准确的服务。

旅游信息化实现从智能化到智慧化的飞跃，不仅仅是技术手段上的变革，更是应用效果上的变革。智能是技术范畴，而智慧更多地强调技术对人们产生的效果。智能旅游营造的旅游是一种机械的、智能的、孤立的服务，智慧旅游主要在于面向旅游需求的各种智能技术手段和技术能力的高效整合、快速呈现、迅速传播。旅游智能化向旅游智慧化的过渡，是旅游发展的必然规律。

虽然旅游智慧化建设不是盲目地追求科技的先进化，而是如何合理配置资源，让游客体验无缝旅游的舒适感，但是旅游智慧化也是需要借助旅游智能化的基础平台，利用先进的技术设备和手段来实现的。旅游智能化是旅游智慧化的基础，具体包括思想基础、技术基础和基础设施基础。

首先，旅游智能化深化了人们利用信息极速发展旅游业的认知，为旅游智慧化奠定了思想基础。旅游智能化向旅游者、旅游企业和旅游监管部门展示出信息技术为旅游业带来的巨大变革，促使更多的人相信信息化是实现旅游产业转型升级的重要路径之一，也逐渐成为一条必然之路。这为旅游的智慧化建设奠定了很好的认知基础，使得智慧旅游容易被更多人接受和肯定。

其次，旅游智能化提升了旅游信息化水平，为迎接旅游智慧化的到来准备好了技术条件。旅游智能化建设不仅带动了旅游业的迅速发展，而且带动了信息技术的应用成熟，证明了信息技术在旅游业中的强大生命力和效力，为推动信息技术的继续突破式发展夯实技术层面的基础。

最后，旅游智能化提高了城市整体基础设施的智能化水平，为旅游智慧化营造良好的环境。如果说思想认知上的基础是"软"实力，那么基础设施方面的基础就是"硬"实力。

旅游智慧化是智能化的发展目标，代表着旅游信息化领域的最新成果和必然趋势。

首先，从词义本身看，智慧生活、智慧旅游、智慧城市等词语强调的是技术的进步使人们的生活得到改善而变得更加便利。智慧化和智能化的主要差异在"智"的结果上——"能"是"智"的基本效用，而"慧"是"智"的升华。

其次，从发展阶段看，旅游的智能化在前，智慧化在后。沿着信息技术的发展趋势，旅游智慧化凭借的技术手段要比智能化更加高端和人性化。科技在不断进步，旅游信息化在向更先进的方向发展，旅游智慧化是智能化不断发展的结果。

最后，从实践价值和目标看，旅游智能化为智慧化奠定实践的基础，而智能化发展的终极目标是智慧化。智能旅游实现的是旅游媒介的高端化和智能化，忽视了旅游者的需求，完成的是从技术到技术的循环；而智慧旅游以融合的通信与信息技术为基础，以旅游者互动体验为中心，以一体化的行业信息管理为保障，以激励产业创新、促进产业结构升级为特色，其实践的切入点和核心价值是旅游者互相体验。

1.2.5.2 国外旅游信息化发展

从世界范围来看，旅游业在几十年内经历了几次大变革。

第一次是1978年美国推出航空价格管制取消法案（Deregu-Lation），强烈冲击了北美与欧洲航空业；第二次是代理人分销系统（Computer Reservations Systems，CRS）的兴起与普及，并首先运用于航空客运预订系统，再到饭店销售预订系统，最终影响了处于旅游产品组合与销售终端环节的旅行商（旅游经营商、批发商及其代理人）；第三次是旅行社银行结账（Bank Settlement Plan，BSP）的实行，旅行社代理航空公司出售机票，通过自动转账系统与有关航空公司结账，资金进出造成的时间空档使中型旅行社的资金周转更为艰难。这三次变革都体现了以信息技术为核心的信息化浪潮对旅游业产生的巨大影响。

国外旅游信息化起源于航空定位系统的开发。当时，信息技术已经给国际航空、旅游和酒店业市场带来了翻天覆地的变化。1959年，美利坚航空公司和IBM公司联合开发了世界上第一个计算机定位系统（SABRE系统），由此揭开了旅游信息化的序幕。随着1978年航空价格管制取消法案的颁布，游客可以自由地选择购买机票的地方，旅行代理商也开始使用计算机预订系统来销售机票。到20世纪80年代中期，游客已经可以方便地使用计算机预订系统来订购机票、预订客房、租车等，很多旅行社也建立了专门的银行结账法来完成支付结算。随着互联网的进一步发展，很多旅游相关企业（航空公司、旅行社、酒店等）利用互联网来方便用户查询、预订和支付，用户可以一站式地完成旅游预订。

尔后，信息技术在旅游营销、信息化管理等方面迅速发展，支持着旅游企业向集体化、智能化和管理优化的方向迈进，随后的"电子机票"、酒店管理信息系统、目的地营销系统等都改变着旅游者的出游和旅游企业的经营方式。例如，酒店营销出现了集团化和战略合作的方式，通过酒店管理信息系统可以管理遍布全球各地的连锁分店；航空公司、酒店、邮轮公司、租车俱乐部等可以通过网络结成同盟，从而能够给消费者带来更大的便利和更多的优惠。随着信息技术的应用和互联网的进一步发展，企业可以通过网络更好地与消费者进行一对一的沟通，通过互动能够帮助旅游企业更好地了解消费者的个性需求与喜好，通过对客源市场的统计分析，旅游企业能够更好地进行宣传并采取针对性的措施。随着旅游目的地营销系统的建立，旅游目的地城市可以利用系统为消费者提供旅游各要素（食、住、行、游、购、娱）的相关信息，消费者可以通过系统搜索、查询和预订相关服务。

国外旅游信息化行业最新的发展可以从三个方面来概括，一是为游客提供的新的服务，二是新的技术在旅游领域的应用，三是信息化对于旅游产业带来的变革。

从旅游者的角度，国外旅游行业的发展已经进入以消费者为中心的时代。信息化技术为全面掌握旅游者需求提供了更多的可能，因此主要的旅游信息化应用都是如何更好地为旅游者提供更为个性和精细化的服务，主要集中在以下几种模式。

（1）信息搜索。通过垂直搜索（又称专业或纵深搜索），如 Google shopping 等，在专门的旅游领域里为旅游者提供更具针对性的信息。

（2）旅游者与供应商直接接触。众多的产品供应商都通过互联网或者社交媒体渠道直接和旅游者进行联系，不仅可以更好地掌握旅游者信息，因为中间环节的缺少，也可以为旅游者提供更为低价的旅游服务。

（3）支付安全。使用具有较好安全性和适用性的第三方支付工具，如 paypal、Google check 等为游客完成网络交易。

（4）同类人信息。互联网的信息聚合功能，使每一个人都可以成为信息的来源和发布者，基于对同类人的更大信任，形成了一些专门提供同类人消费信息的网络组织，如 tripadvisor 等。

（5）定时直销。通过网络渠道实时地发布最新的直销信息，主要是 Last minute 最后一秒的产品销售，包括机票和酒店，其中航空公司提供了大量的这类服务，如 easyJet（易捷航空）、Ryanair（瑞安航空公司）等。

（6）一站到底。由于极大改善了使用性和交互设计，可为旅游者提供一站到底的购物方式，如 Expedia、Orbitz, Opodo 和 Travelocity。

（7）网上抱怨（Word-Of-Mouth，WOM）。通过网站、聊天室和消费者论坛，Word-Of-Mouth 是发表对某一品牌不满的很有用的工具。

（8）细分市场推送。对旅游者进行网上个性分析和得到代表个人偏爱的个人数据会帮助旅游企业、机构提供更好的服务。

（9）个人识别和更好服务的交换。通过语义识别和聚合分析旅游者的购买记录或者网络习惯，可以更好地总结消费者的消费习惯，为旅游者提供更好的产品推荐和服务，如 travelzoo 提供的信息推送服务。

（10）旅行计划。通过社交媒体，在网络发布和分享旅行计划已经成为国外旅游信息化发展的一个新兴模式，目前比较重要的旅行计划网站都获得了资本市场很大的认可，如 Gogobot 融资了 1500 万美元，Trippy 融资了 175 万美元。

（11）社交媒体。亚洲航空利用社交媒体的力量，在 48 小时内销售了超过 80 万张机票。Expedia 网站在 60 天内获得了 7 万个增量预订，这主要得益于它们的 Facebook 页面和推广活动。智能数字营销公司 Compete 提供的数据显示，用户在 Expedia 网站平均花费的时间增加了 156%。

从新兴技术的角度，新一轮的技术革命和越来越多的人工智能为旅游信息化的发展提供了强大的发展原动力。从国外的发展来看，影响旅游信息化的主要技术思潮主要有以下几个。

（1）互操作性和本体建设。以本体论为基础的电子旅游，应使使用者用一个简单的基于语义网络技术建立的智能工具应用程序，就可以创造旅行路线。

（2）虚拟多媒体。通过虚拟技术，可以实现足不出户的虚拟旅游，如目前国外退出的虚拟瑞典和第二人生网络社区。

（3）移动无线电技术。3G/4G 移动手机在国外的普及，使得大数据的实时传送成为可能。红外线发射器、环境智能、无线局域网（WLAN）可以更好地提供基于位置的服务，将人、物、地区本土化；寻找临近的餐馆、商店、旅馆、景观等；传送旅游相关如交通等的信息。

回顾国外旅游企业的信息化应用，最新的进展主要体现在以下几点。

（1）重组功能与过程。帮助企业进行成本管理，重构操作方式。企业通过网络缩小转换成本、彻底改变分销渠道、促进价格透明度和竞争来提高生产效率的同时，也改变了企业结构。

（2）营销。网络的灵活性和可针对不同目标市场的能力，使旅游机构可开发针对每个目标市场的新的营销主张，并且能创造出针对每个市场需要的目的地主题和路线。这样，消费者就成了市场营销者提供促销信息的动态目标。

（3）分销智能运用到电子市场上，实现了信息渠道的普及，提高了供给者与顾客的互动性。由于网络使企业能够将处于不同地区的合适的市场作为一个大规模的目标，这大大改善了旅游产品的大规模定制。

（4）新的商业模式与反应。Expedia 和 Lastminute.com 现在都在挑战 Thomson 和 Thomas Cook 的业务模型，迫使它们重新考虑自己的操作和策略。拍卖网站，如 eBay.com；价格比较网站，如 Kelkoo 和 Kayak.com；价格逆转网站，如 Priceline.com；价格预测网站，如 farecast.com，同样是供给者和中间商面临的极大挑战。此外，Web 2.0 和 Travel 2.0 供给者，如 Tripadvisor.com、IGOUGO.com 和 Wayn.com，使旅游者能相互影响，向同类旅游者提供建议。

（5）网络学习。全世界的旅游业教育工作者都可以使用网上学习平台（VLES）来帮助他们进行课堂教学、分发笔记、链接资源、刺激讨论、打分和课程管理。网络和计算机模仿技术也被用来模仿课堂讨论，来增强学生对所学理论的理解和记忆。

1.2.5.3 国内旅游信息化发展

我国旅游信息化的发展起源于酒店预订系统。随着信息技术的快速发展，信息化在旅游业中的应用越来越广泛。进入 21 世纪之后，国家已经将信息化工作纳入国民经济和社会发展规划中。2001 年，国家旅游局正式启动"金旅工程"建设，旅游信息化在政府的支持下得到快速发展，"金旅工程"是旅游信息化发展的标志。"金旅工程"主要是"三网一库"工程，一是提高旅游相关政府部门利用信息技术和网络系统进行旅游相关的行政管理；二是旅游企业或旅游城市利用电子商务提升公司和城市的旅游竞争力。当前，旅游政务网也就是国家旅游局网站，包括政务公开、正常法规、公众信息服务、国家旅游局官方信息、行业管理等主要内容。通过政务网和商务网的联合宣传，旅游信息可以及时传递。例如，旅游企业可以通过网上办公系统年检、上报、查询，旅游统计资料的网上发布为旅游研究人员提供了权威、便捷的专业资料。旅游目的地营销系统是一种将旅游目的地通过互联网进行网络营销的方式。我国已经按照国家—省—市—旅游景区、企业等多层结构进行建设，各个层次的旅游目的地信息系统由低到高逐渐录入，并逐级向上汇总，包括目的地网络形象设计、目的地旅游网建设、旅游电子地图系统、旅游企业黄页系统、旅游行程规划系统、旅游营销系统、电子邮件营销系统、三位实景系统等，通过这些功能的有效组合形成旅游目的地网上宣传平台。旅游目的地营销系统的建立使旅游景区（目的地）达到了低成本、高效率的品牌宣传效果。此外，互联网可对品牌宣传效果进行实时监测，互联网数据统计方便、准确，有利于景区对宣传效果进行判断。例如，互联网可以对访问页面的数量、停留时间、来源渠道和地域分类等进行统计和分析，判断宣传的效果，从而可以及时对宣传内容、手段、渠道进行调整和完善，提高旅游景区（目的地）品牌的认知度和认可度。

与国际旅游业在信息化方面达到的程度相比，我国旅游业信息化的水平落后国际旅游业 10~15 年，目前尚处于起步和发展阶段。依据信息技术在旅游业应用程度的高低，可以将我国旅游信息化的发展历程大致划分为 3 个阶段。

（1）萌芽阶段

从信息技术的应用来看，计算机技术真正应用于我国旅游企业是在 20 世纪 80 年代初期。1981 年，中国国际旅行社引进美国 PRIME550 型超级小型计算机系统，用于旅游团数据处理、财务管理、数据统计；1984 年，上海锦江饭店引入美国 Conic 公司的电脑管理系统，用于饭店的预排房、查询、客账处理。在此之后，航空公司的电脑订票网络系统、旅游企业办公室自动化系统等适用于旅游企业的计算机系统开始得到逐步推广。

（2）发展阶段

20 世纪 90 年代是我国旅游信息化的发展阶段。为了适应旅游业的迅速发展与国际旅游信息化发展的趋势，国家旅游局从 1990 年起开始抓信息化管理并筹建信息中心，先后投资了 1000 多万元用于机房改造和设备的配置，并根据客观实际与发展的可能性，建设了一些旅游信息网络及信息传递系统。1994 年，信息中心独立出来，专门为国家旅游局和旅游行业的信息化管理提供服务和管理技术。在旅游信息服务方面，信息中心为国家旅游局驻新加坡、洛杉矶等 10 余个办事处安装了语音咨询服务系统。此外，信息中心还培训了大量的计算机人才，以适应旅游业信息化建设的需要。在"三金"（"金桥"、"金关"、"金卡"）工程建设中，国家旅游局作为全国经济工作信息化联席会议的成员单位，参加了"金卡"工程的建设。这些有益的实践，为我国旅游业信息化的发展作出了积极的探索。在国际市场的促销方面，不少旅游企业开始注意应用现代信息技术，如 CD-ROM 光盘、多媒体技术和 Internet。在国内旅游业务网络化方面，上海春秋国际旅游集团进行了有益的探索。在旅游信息查询和咨询方面，最早是 ChinaNet 之下出现的一些旅游信息服务网。为响应政府上网工程的倡议，国家旅游局于 1997 年开通了中国旅游网（www. cnta. gov. cn），涉及旅游各要素（食、住、行、游、购、娱）的多方面旅游信息，分中文、英文两个版本，计 400 万字和 2000 余张图片，对中国的旅游须知和旅游资源进行了全方位的宣传，也为国办 36 号文件中"三网一库"的公众信息网的建设打下了基础。

（3）全面建设阶段

从 2000 年起，我国旅游信息化建设全面开花，并且取得了不俗的战绩。2000 年，我国大陆综合旅游网站达 502 家，旅行企业网站达 22 家，饭店企业网站达 34 家，旅游相关网站达 60 家。2000 年 4 月召开的全国旅游行业管理工作会议上将发展旅游信息化建设确定为提高我国旅游业国际竞争力的 4 个主要战役之一。同年 12 月，国家旅游局发文正式推进全行业信息化建设——"金旅工程"，并开始制订完善各项标准、规范、规则、条例。"金旅工程"的实施，标志着我国旅游信息化进入全面建设的新阶段。2001 年，初步建立起了全国旅游部门的四级计算机网络，即国家—省（自治区、直辖市）—重点旅游城市—旅游企业；初步建立起了面向全国旅游部门，包含旅游业的业务处理、信息管理和执法管理的现代化信息系统，并已初步形成了旅游电子政务的基本骨架。

经过几年的发展，我国旅游信息化以国家"金旅工程"为主要工作目标，以"三网一库"（办公自动化网络、业务管理网络、公众服务网络和综合旅游信息库）为中心工作内容，在旅游电子政务的发展、旅游目的地营销系统建设和旅游企业信息化应用等方面取得了显著成绩。主要表现在以下几个方面：①旅游目的地营销系统成效显著。②旅游企业的信息化应用逐步普及。③国家旅游局官方网站——中国旅游网的功能不断强化。④电子政务系统应用全面普及。⑤各地政府旅游网站和旅游企业网站建设加快。截至目前，我国旅游相关单位中，约有一半建立了网站，尤其是旅游资源优势地区和旅游业较发达地区，如上海、北京、广东、湖北、山西、陕西等地。在我国 32 个地方旅游局中，31 个有单独的政务网站（贵州省没有），占 96.88%；20 个有单独的资讯（信息）网，占 62.50%；7 个有公共商务网站，分别为广东、山东、上海、四川、天津、云南、西安。大部分旅游网站均有信息发布、公众服务和业务平台。⑥积极开展旅游信息化跨行业合作，如 2007 年 3 月 13 日与中国农业银行合作推出旅游一卡通"金穗中国旅游卡"。⑦积极推进 12301 旅游服务热线建设工作。

综上可以看出，旅游信息化推广的发展历程之久，它推动着旅游产业的开发，也推动着社会文明的进步。然而，我国旅游信息化发展也被一些因素所制约。

信息分散、共享性差。我国的旅游网站数量众多，提供了大量的出游信息，但分散的信息多，实现共享的信息少。

网络交易的电子支付问题。旅游业的信息化进程中，旅游电子商务的发展是其中至关重要的一部分；而在旅游电子商务中，网络交易的实现是以电子支付的成功为基本前提的。然而，受传统消费方式的影响，相当一部分旅游者仍然选择传统支付方式，从而不能实现完全意义上的在线交易。

消费者接受程度低，法律保障不完善。在缺乏法律保障的情况下，旅游者并不完全信赖网络交易方式，大多采用线上查询、线下交易的方式。

人力资源制约。既精通信息化技术，又精通旅游业务的复合型人才严重缺乏。

2 国内外旅游信息化研究综述

2.1 国外旅游信息化研究综述

旅游业是一个信息高度密集的产业[14]，其较少依赖物流的特性以及旅游业运行的一些特点，使旅游业与信息技术产业具有优越的适应性，使旅游成为传统产业与信息技术相结合的一个代表性领域[15]。20世纪80年代以后，信息交流技术（Information Communication Technologies）一直对旅游业进行着全球性的改变。毫无疑问，信息交流技术的进步改变了商业管理、商业策略和产业结构。20世纪70年代代理人分销系统（CRS）的建立，80年代全球分销系统（Global Distribution Systems，GDS）的建立，紧接着90年代互联网的发展，这些给产业的操作和战略实用带来了戏剧性的改变。如果说这20年已经凸显了信息技术的作用，那么进入21世纪，我们就见证了信息技术带来的质的改变。它为全世界的操作者互动带来了在技术和服务方面更大范围的发展空间。

世界旅游发达国家在资源整合、市场开拓、企业管理、营销模式、咨询服务、电子交易等领域已广泛应用信息技术，这引发了旅游发展战略、经营理念和产业格局的创新，从产业链上根本改变了旅游产业的发展方式。UNWTO认为信息技术给旅游机构和旅游目的地以及整个产业带来了深远的影响[4]。旅游者可以通过搜索引擎和遍布全球的网络来计划自己的旅行，旅游组织也可通过信息技术的运用提高效率。Buhalis[12]认为旅游企业通过信息技术不但改变了自己的运营方式，也改变了与顾客交流的方式。信息技术还改变了旅游业原有的权力结构，出现了很多新的盈利点，信息技术帮助消费者了解、定制以及购买旅游产品，帮助供应商在全世界范围内提供开发、管理和分销旅游产品，从而促进了旅游产业的全球化进程。

2.1.1 综述文献搜集

在2010年10月，用Science Direct的数据库、EBSCOHost的旅游数据库和Google Scholar的搜索引擎搜寻最近发表的关于旅游信息化的文章，使用不同的关于旅游的关键字，搜索旅游信息化文献、来自主流期刊的关键参考文献和相关会议论文，如"tourism+information"、"tourism+website"、"tourism+theology"超过

6500 篇文献和旅游信息化相关。

2.1.2 信息化研究阶段

2.1.2.1 萌芽阶段

20 世纪 90 年代以前，很少有关于旅游技术的书籍。进入 20 世纪 90 年代，这一研究领域开始萌芽。1991 年，相关研究者齐聚阿西西的佩鲁贾大学参加会议。1994 年，在奥地利因斯布鲁克大学举行的年度会议上，正式确立了旅游信息化的研究群体，使网络旅游业成为研究关键区域。1998 年，JITT（the Journal of Information Technology & Tourism）建立了有多学科兴趣的研究员组成的研究小组，并定期发表关于旅游和信息技术的作品。许多小组参与者成为 Hannes Werthner 教授领导下的 IFITI（Information Technology for Tavel and Tourism）的核心成员。

2.1.2.2 兴旺阶段

20 世纪 90 年代之后，有关旅游信息化的研究成果逐渐增多。Frew（2000）在 1980～1999 年这 20 年间有 665 篇论文发表。无线电通信技术和国家国际水平合作的快速发展，实质上促使出版物的发表量分别在这两个十年增加了 154% 和 275%。据 Leung 和 Law（2007）的报告，1986～2005 年，有 4140 篇论文在 6 个具有领导地位的研究期刊发表。这 6 个期刊名称是：Annals of Tourism Research（ATR，《旅游研究年刊》），Journal of Travel Research（JTR，《旅行研究杂志》），Tourism Management（TM，《旅游管理》），International Journal of Hospitality Management（IJHM，《国际接待业管理杂志》），Cornell Hotel and Restaurant Administration Quarterly（CQ），Journal of Hospitality & Tourism Research（JHTR）。其中有 195 篇是关于信息化技术，66 篇出现在 CQ 上，5 篇发表在 ATR 上。这 195 篇文章，有 137 篇（占 70.26%）文章的作者中至少有一位附属于北美学院。O'Connor 和 Murphy（2004）审视了最近对酒店业信息技术的调查，将它们分成三大领域：互联网在分销上的作用、互联网在定价上的作用和互联网在消费者互动上的作用。

2.1.3 旅游信息化研究的主要领域

对国外期刊，特别是主流期刊中与旅游信息化相关的文献进行分析发现，旅游信息化的主要研究领域集中在以下三个方面：消费者和需求维度、技术革命以及企业和业务功能。这三个主题分别指向需求、供给和技术方面的利益相关者。

2.1.3.1 消费者和需求维度

旅游和度假被全世界的家庭认为是最贵的购买项目，它占据了个人年度预算的很大比例。网络极大地改变了旅游消费者的行为。未来的旅游者可直接获得大量的由旅游机构、私人企业和其他越来越多的消费者提供的信息。从信息搜寻，到产品消费，再到获得经历，信息化技术提供了大量的工具来推动这个进程。顾客搜寻信息、订购飞机票、预订房间或进行其他项目的网上购买，不用再依靠传统的旅游机构，可以由自己完成。由于网络应用越来越流行，大多数的旅游组织如旅馆、航空公司和旅游机构等，都将信息技术作为它们的市场战略和沟通战略的一部分。

信息搜寻是购买决策过程中一个非常重要的部分。信息化技术能减少不确定因素，预测风险和确保旅行质量。旅游者找到越多的信息并进行关于旅行的研究，越有助于明确自己需求，并使自己的需求得到满足。一个消息灵通的消费者，能通过与当地的资源和文化进行良好互动，来找到满足自己要求的产品，并充分利用当地特别提供的、更低价格的产品和服务。

Snepenger、Meged、Snelling 和 Worrall（1990）认为，影响信息搜寻的 4 个主要因素是假期组产品的组合、位于目的地的亲人和朋友、原来在目的地的体验、目的地新颖程度。Gursoy 和 McCleary 建立了一个综合的理论模型，这个模型综合了心理、经济和能理解旅游者信息搜寻行为的整体处理方法。

Jang（2004）进一步提议未来的研究应该注重探寻潜在旅游者在使用网络计划旅行和购买旅行产品时产生的焦虑和困难，这可以通过对网上旅游者信息搜寻行为中信息搜寻和交叉文化作用的关系，进行深入的分析来实现。Buhalis（1998）认为潜在顾客在使用一系列工具安排自己的行程方面，已经越来越独立。这些工具包括研究系统和网上旅游机构、搜索引擎和数据搜索引擎、目的地管理系统、社会网络和 Web 2.0 门户、价格比较网站、个人提供者和中间机构网站。由于许多机构使用信息化技术而直接在网络平台上进行交流和推出打折活动，定价也成为主要的网络旅游课题。研究发现在线旅行社提供的美国国内机票实质上低于传统旅游代理机构提供的（Brynjolfsson & Smith，2000；Clemons，Hann & Hitt，2002）。而且，顾客将时间越来越多地花费在对不同旅游网站所提供价格的比较上，搜寻综合的产品来减少旅游花费。研究表明，通过降低数据更新的成本会减少电子市场搜寻花费。这样，消费者便更容易找到满足自己需求的产品。

互联网是改变旅游者行为的最有影响力的技术。研究表明，在网上搜寻信息的旅游者与从其他渠道搜寻信息的旅游者相比，在目的地的花费趋向于更多（Bonn，Furr & Susskind，1998；Luo，Feng & Cai，2004）。互联网使消费者直接与供应者接触，这对中间商是一个不小的挑战。消费者可以通过和供给者与目的地进行互动要求其生产满足自己需要的产品。目前，从酒店网站直接搜寻信息进行比较研究的消费者越来越多（Jeong，Oh & Gregoire，2003）。由于网络数据更新加快，机构回应顾客的时间大大减少，这必然会影响顾客的满意度。因此，中小型旅游企业必须注意自己对顾客的回应质量，而且网站满意度对顾客的组织活动和网站忠诚度有积极作用。根据 Wolfe，Hsu 和 Kang（2004）的研究，消费者对旅游产品不满意的地方主要是缺少个性化服务，存在安全问题，缺少经验和消费时间过多。Weber 和 Roehl（1999）发现购买网上产品的消费者多是有网上经验至少4年的消费者，说明顾客和网上经营商之间的信任能通过过去积极的经历来建立（Bai，Hu，Elsworth & Countryman，2004；Bieger，Beritelli，Weinert & Wittmer，2005）。在发展中地区，像中国，网络已经对消费者的行为产生影响，使消费者有更多的选择（Li & Buhalis，2005）。

虽然网上有大量的商品可供消费者选择，但是心理上的障碍经常使顾客的网上交易无法完成，最终仍会网下购买物品。如果能花很少的时间去安排和等待，消费者肯定愿意在家研究一下旅游网站，从而有更多的时间去享受。（O'Connor & Frew，2001）。而且，电子购物使消费者足不出户就可以挑选来自各区域的商品及其组合（Peterson，Balasubramanian & Bronnenberg，1997）。Werthner 和 Ricci（2004）发现旅游业正引领着电子商务的应用。然而，由于支付是电子商务中最重要的一个环节，消费者总是看重支付的安全问题。消费者这种焦虑的产生是网络犯罪造成的，它是阻止消费者提供信用卡信息的一个重要因素。Mills，Ismail，Werner 和 Hackshaw（2002）列举了几个诈骗的例子，如拍卖骗局、度假骗局、赌博骗局、垃圾邮件和盗取个人信息等。因此，商业组织必须把更多的注意力用在保护他们自己及他们的客户免受网络犯罪的损失。然而，仅仅依靠法律是难以做到的（Mills et al.，2002）。此外，隐私问题也是许多消费者焦虑的主要问题之一，这导致很多人网上搜寻信息但网下购买产品，隐私问题也是抑制其购买网上相关旅游产品的重要因素（Kolsaker，Lee-Kelley & Choy，2004）。因此，网站所有者在做相关设计时，应该尽量使自己的顾客在进行预订时感到舒服安全，提高他们对网络环境的信任。

由于消费者会越来越相信他们的同类人而不是市场消息，虚拟社区将逐步对旅游业产生令人难以置信的影响力。被引用的最多的虚拟社区的定义是 Rheingold（1993）给出的，虚拟社区是由一群彼此见面认识或不认识，但通过网络平台能彼此相互交换信息和想法的人组成的。一个虚拟旅游社区（A Virtual TraveL Community）可使人们获得信息，保持联系，发展关系，最终能很容易地就制订出旅游相关决策（Stepchenkova，Mills & Jiang，2007）。Vogt 和 Fesenmaier（1998）阐明参与和态度是消费者虚拟社区行为的主要量度。由于许多消费者喜欢分享他们的旅游经历并且推荐其他人去他们认为好的旅游目的地，虚拟旅游社区便成为他们发表日志的主要地方。此外，网上旅游者更乐意与和自己有相同态度、兴趣、生活方式的人认识（Wang, Yu & Fesenmaier, 2002）。所以对虚拟旅游社区有更好理解的使用者能帮助旅游实践者和政策制定者来高效率的建立、操作和维持虚拟旅游社区。这反过来促使消费者成为市场营销的中心和纽带（Niininen, March & Buhalis, 2006）。然而，如果虚拟旅游社区不注重自己的内容、设计、安全政策和不遵守社区规则的影响，虚拟旅游社区则会面临危险。Web 2.0 和 Travel 2.0 的出现带来了虚拟社区这一观念，并且应用于旅游业中。TripAdvisor（到到网）在促进世界所有旅馆对自己进行审视和带动个体进行讨论方面是最成功的一个社会网站。这个网站为旅游者提供其成员和专家建议者发表的独立的评论，也提供使同类者能更好互动的平台（Wang & Fesenmaier, 2004b）。使用者满意度是评价一个旅游组织的主要因素。通过分析虚拟旅游社区的内容，旅游组织能了解顾客的满意度和行为，能实施综合的措施来提高自身的服务，也可以通过虚拟旅游社区的帮助增强品牌联系来提高品牌知名度。尽管虚拟旅游社区对旅游业有巨大的潜在影响力，Preece（2000）认为与其他地理和物理社区相比，虚拟旅游社区领域的研究仍处于初级阶段。

信息化技术和网络有力地扩大了消费者的选择范围。网络出现之前，消费者只能接触到主要的品牌名称和与他们临近的旅行组织。现在消费者通过网络能获得更广的搜寻范围和更多的购买选择。戏剧性地，选择从一个小小的商品扩展到整个的度假活动。举个例子，随着信息快速传递，航空公司如 easyJet（易捷航空）、Ryanair（瑞安航空公司）以及一些旅馆在最后一秒进行打折，旅行者可获得低成本旅游。然而，Oorni 和 Klein（2003）发现由于这些低花费的航空公司实行简单产品和直接销售策略，它们的网上订购占有很高比例。而其他实行复杂收益管理策略的航空公司使人们不用其他帮助就不能高效地订购到机票。前沿的网上代理机构，如 Expedia（艾派迪），Orbitz, Lastminute. com, Opodo 和 Travelocity，由于极大地改善了使用性和交互设计，可为消费者提供一站到底的购物方式，这使他们获得了成功（Klein, 2002）。与传统旅游组织相比，制作网站会与消费者关系更紧密，而且通过简单的促销就能吸引很多的顾客来完成网上购物。

网络带来了更多的选择，当网络使用的初学者搜寻信息的时候，他们会从许多综合的网站上搜寻信息。他们会经常先从一般的搜索引擎上搜寻信息，如Google。推荐系统就是一个接收和指示一个特定的案例中哪种选择更适合特定的个体的过程（Gretzel, Mitsche, Hwang & Fesenma-ier, 2004；Resnick & Varian, 1997）。Ricci（2002）更进一步阐释了推荐系统如何为消费者决策提供有用的信息。推荐系统通过更好地识别消费者的要求及与其相似的其他消费者的偏爱来帮助旅游者进行复杂的决策（Fesenmaier, Werthner & W. Wöber, 2003；Ricci & Werthner, 2002, 2006）。个性与目的地和度假休闲活动的选择相关。当运用旅游推荐系统时，文本总结会对数据进行本体论的类别分类（Loh, Lorenzi, Saldana & Licthnow, 2004）。尽管不同的推荐技术被运用到电子旅游中，Rabanser 和 Ricci（2005）认为不同商业模型的存在对应用程序的挑战不断呈现。

信息化技术为消费者提供了有效的网上抱怨机制。过去，只有不超过5%的不满意的顾客把自己的抱怨说出来（Albrecht & Zemke, 1985）。为了给消费者提供一个反馈和抱怨渠道，旅游组织应该有一个网上区域专门处理消费者的抱怨，这样，管理者和不满意的顾客会有一个更合适的沟通渠道。然而，随着网络的快速发展，使用者将自己的抱怨快速地传到网上，如网站、聊天室和消费者论坛，这会导致公司的形象大大受损。例如，Word-Of-Mouth（WOM）是发表对某一品牌不满的很有用的工具（Gelb & Sundaram, 2002）。在网络时代，即使个体也有足够的力量去影响强大的像航空公司这样的组织（Buhalis, 2004）。许多消费者依赖 WOM 来减小凭感觉购物的数量和减少购物中的不确定性因素。Shea, Enghagen 和 Khullar（2004）举出了一个真正的案例。"你真是个差劲的旅馆"，这句话使得至少7家报纸杂志报道了这个令人不满意的经历，这使网络、投诉论坛和聊天室的影响力得以证明。目前，许多的旅游业实践者并不知道虚拟旅游社区的存在及如何处理这些虚拟社区中的抱怨，导致他们消极地应对顾客的不满乃至失去顾客（Mattila & Mount, 2003）。为了阻止网络抱怨的广泛传播，旅游业管理者应找出这些投诉论坛，并且专业地处理这些抱怨。

互联网被不同的市场部分以不同的方式使用。Cotte, Chowdhury, Ratneshwar 和 Ricci（2006）的研究发现，功利消费和信息搜寻、网上购物有很大的关联。功利的消费者是理性的，是由任务导向的，而不是由经验直觉导向的。而以乐趣为导向的消费者利用互联网来玩游戏、发邮件和聊天。这表明，相互作用的交流被视为一种娱乐。Pouloudi, Vassilopoulou 和 Ziouvelou（2002）将网络使用者的个性分析概括为7个方面，即区域/地理、文化、法律/规则/政策、经济、工作/职业、社会资本和社会结构。尤其是，信息搜寻行为与人口统计和生活模式特点的关系值得注意。能对消费者进行网上个性分析和得到代表他们个人偏爱的个人数据会帮助旅游机构提供更好的服务。而且，明确不同的市场部分需要怎样的旅游产品和服务以后，能提高上台产品是合适产品的概率。例如，Lastminute.com 收集合适的信息，人格化发给消费者的每周通讯，消费者接受以后，将对那些被消费者接受的部分进行分类，以此使自己的产品进一步人格化。人口统计资料和释义信息的生命周期对个性分析非常重要。举个例子，去哪里度假是丈夫和妻子的一个关键的决策。最近，孩子也成为决策过程中一个很重要的因素（Wang, Hsieh, Yeh & Tsai, 2004）。孩子们经常在网上找乐子、玩游戏和聊天，因此，旅游机构的管理者应该提供与孩子有关的内容，如为了吸引孩子来参观目的地而关注其网站的互动游戏（Tufte & Rasmussen，2003）。随着网络越来越流行，不仅年轻人在网上浏览信息，老年人也成为网络的积极使用者。根据 Graeupl（2006）统计，50~60 岁的老年人更多会利用网络搜寻飞机票和住宿方面的信息，并且他们中的大多数对假日组合产品不感兴趣。因此，针对这些老年的消费者要提供网上购物的便利和更多选择。

消费者越来越愿意提供他们的个人信息作为个人识别和更好服务的交换，旅游机构也应该在每个阶段的服务即在旅游之前、之中和之后收集顾客信息，以此来了解消费者的行为、选择、关注点和决定因素。顾客的满意度更多地取决于旅游信息的精确性、具体性、综合性和机构对顾客突然的要求的反应能力。在和机构打交道的整个过程中，消费者不仅要求花费的钱有价值，而且要求花费的时间也有价值。这反映了人们时间的缺少，尤其是在西方国家。因此，旅游机构应对顾客的价值定位应作出相应的修订（Minghetti，2003）。为了目前和未来的使用，先进的顾客关系管理系统驱动的个性化服务应该记录下顾客的偏好和要求（Picolli，O'Connor，Capaccioli & Alvarez，2003），并根据位置、环境和情绪意识来提供明智的决策。

综上，旅游机构需要意识到这些改变，并且发展针对个人需要的个性化服务，将主动性的服务建立在明确这些已知的和从游客身上得出的预期需求的基础上，并设计出灵活的服务去满足受事件或外部环境因素影响的顾客的需要。为实现以顾客为中心，旅游机构需要使这些顾客关系管理系统完整起来，发展能记录顾客对刺激的反应的机制和能为员工及顾客提供建议的机制，不再一巴掌就处理了在酒店水吧等处发生的抱怨，而是通过系统来引导并且当场解决掉。同样，在预订过程中产生的要求和问题，也应该传递到人事部门，从而使产品得以改善。

2.1.3.2 技术革命

软件、硬件的不断创新和网络的发展说明，只有能够评定利益相关者的要求和高效有力作出回应的动态的组织结构，才能在长期的竞争中胜过他们的对手。快速的技术发展说明信息化技术变得越来越有力和复杂，信息化技术变得越来越易于使用，因此有越来越多的人和组织来使用信息化技术。硬件、软件和网件的技术性革新一直在推进信息系统的大范围的改变。信息化技术的集合有效地使整个硬件、软件、群组软件、网件和人件完整起来，并且模糊了设备和软件的界限（Werthner & Klein，1999）。无线和移动网络广泛应用于交流、网络设备和组织与功能的互用性上，说明信息系统已经从与工作成分相连进化为与收集、推进、储存和宣传信息相关联，这使得收集、推进、储存和宣传信息的各个相互协作机制变得动态（Laudon & Laudon，2007；Turban & Aronson，2001）。因此，技术作为一个能支持内部和外部交流的机构的信息结构，展现出来。信息化技术正在变成一个网络工作设备与软件并存的完整系统，它能使有用的数据进入，并进行有利于组织的交流。最近几年，有许多技术被认为能在旅游业中得以广泛应用。这些技术可实现合作伙伴及消费者交流的革新。

互操作性和本体建设是其中的一项技术。Werthner 和 Klein（1999）定义了互操作性，即用始终如一且可预言的方法，实现明确的和端对端的供给。大体上，这一定义覆盖了技术的特点，也符合电子市场环境、合同特点和一系列制度上的规则。Stabb 和 Werthner（2002）阐述了互操作性是主要的技术性课题。由于许多全球性标准的建立都失败了，互操作提供了一个现实的、可替代的选择来达到标准化。这是由于标准化过程缺少灵活性，需要每个交换信息的每一个细节，包括合作者的交流机制的所有技术性细节，导致定义和维护这些标准要花费很大的精力（Fodor & Werthner，2005）。互操作使合作者能方便地通过电子技术相互影响并在正确的时间传送正确的信息给正确的用户。Jakkilinki, Georgievski 和 Sharda（2007）建议以本体论为基础的电子旅游，应使使用者用一个简单的基于语义网络技术建立的智能工具应用程序，就可以创造旅程路线。相似地，Maedche 和 Staab（2002，2003）展示了语义网络技术应用于旅游信息系统后，可提供有用的图文信息，并产生一个语义上的描述，这个描述可以被机器识别。由 Agarwal Handschuh 和 Staab（2003）引进的 OntoMat-Service 能嵌入 Web 服务发现过程中。因此，旅行者不再需要从成千上万的网站中搜寻所需的信息。在一定程度上，旅游机构需要和合作者积极地互动，来发展和传送旅游产品，而互操作性将会由于可使它们和他人的合作变得高效而变得重要。

多媒体正在成为影响旅游业发展领域的一个关键因素。旅游信息需要大量的图片来给旅游计划者提供一个有形的印象或经历。使用卡通片绘制或短片修剪能提高信息丰富度。不像网下的信息只能单方面地告诉旅游者，互联网使人们通过 3D 技术能够和这个世界上的某一目的地进行虚拟的接触，进行虚拟的旅行（Cho & Fesenmaier，2001）。3D 网站已经被广泛地应用以吸引网上消费者，刺激网上购买和增加顾客忠诚度（Fiore, Kim & Lee，2005）。游客可通过数字地图获得可见的旅游信息，数字地图是使用通过天线和卫星得到的两个方位甚至三个方位的图像制作出来的（Raggam & Almer，2005）。使用多媒体可使互操作性得到很大提高。Abad, Sorzabal 和 Linaza（2005）阐述了游客吸引物是如何通过虚拟特性在现实世界被生动地展示出来的。使用这个系统，参观者可得到符合他们偏爱的旅游吸引物的信息，而且系统与使用多媒体改善的网站相互作用，能创造出电子影像，并且能让人们不用去目的地就可以体验产品和游览目的地，使游客感觉身临其境。电子影像的影响力由计算机媒体模仿一个真实产品的相近程度和所达到互动性的程度来决定（Fiore et al.，2005；Shih，1998）。

或许最有趣的领域是移动无线电技术。无线是一个被广泛用来表示无线电通信的术语。无线电通信就是由电磁波来传载信息。信息化技术的发展使无线通信的应用和装置不断改善和提高，无线装置包括多孔手机和寻呼机、全球定位系统、无线电脑外围设备和电话、远程控制和监视系统。移动电话 GSM 和 WAP 的发展使得使用移动手机就可进行声音和数据交流。GPRS（General Packet Radio Service，通用分组无线业务）和 UMTS（Universal Mobile Telecommunications System，通用移动通信系统）以及日本的 I-Mode 都逐渐引进了 3G 手机和服务，使多媒体信息的交流通过移动手机就能实现。不同移动设备的应用，如个人数字化帮助和有 GPS 的 3G 移动手机，使旅行者不受地理空间的约束，花费很少的时间就可检索到旅游相关信息。此外，还可使用移动服务进行预订，如酒店房间、航空票务、汽车租赁、交通安排等。Flouri 和 Buhalis（2004）阐述了几个有潜力的移动程序，如 SMS（Short Messaging Service，短信服务）和 MMS（Multimedia Messaging Service，多媒体短信服务）。Solon，McKevitt 和 Curran（2004）研发了 TeleMorph，一个能决定移动网络频带宽度的东西，它能输出信息、获取和翻译来自旅游者的口述问题，以此向旅游者提供目的地信息。这项技术可避免当旅行者在低频带宽度的网络上检索信息时产生的信息推迟。Alfaro，Nardon，Pianesi，Stock 和 Zancanaro（2005）实施了一个在 PDA（Personal Digital Assistant，个人数字助理）下的多媒体指引，每一个目的地都安装了红外线发射器。当旅游者到达时，他们的 PDA 将会自动播放这个目的地的多媒体展示。然而，采用这项技术的一个主要挑战是语言障碍（Chen & Hsu，2000），由于没有及时的翻译，它不能提供最新的信息。

除了移动网络，无线区域网（WLAN）的使用者可以通过 Wi-Fi 连接当地网络，短距离下用蓝牙链接 PDAs、手机和电脑设施及其他外围设备。WLAN 有区域限制，只能提供从固定发射地点到周围 100 米的良好信号。而 Wi-Fi 现在被广泛用于酒店、机场和咖啡馆中，它们并不像移动网络一样可以无处不在。下一项技术革命是全球互通微波存取（Worldwide Interoperability for Microwave Access，WiMAX）。WiMAX 可提高 IEEE 802.6 标准的一致性和互操作性，能远程提供无线数据（Patton，Aukerman & Shorter，2005）。这可使用户在使用网络时，不用接入任何物理性的插孔。WiMax 支持最后一程交替电缆和数字用户线路（DSL）的无线宽带通路的传送。预计，WiMax 可提供最远到 30 英里（Odinma，Oborkhale & Kah，2007）的覆盖范围，可使整个旅游目的地连接到网络，用户就不用支付高昂的数据漫游费才能接入网络。估计，WiMax 将会给那些有线基础设施不发达或经济落后的人口稀疏的城市、农村或其他偏远地区带来巨大影响（WiMAX Forum，2004）。这将使数字鸿沟变得狭窄，帮助信息和服务的供给者向一个新的阶段过渡（Ohrtman，2005）。这为以随时随地能连入网络为目的的互动性、个人化、嵌入和位置服务供给带来巨大可能性。

网页设计，在功能与可用性上正成为一个起决定性的重要因素。旅游者希望网页能够有教育性、互动性和吸引力。Kim 和 Lee（2004）将网站服务质量分为 6 个等级：容易使用、有用、信息内容、安全性、响应能力、个人化。在 Law 和 Cheung（2005）关于酒店网页内容中顾客权重的研究中，他们发现预订信息最重要。因此，一个成功的网页应该考虑到顾客的兴趣与参与程度，获得顾客偏爱的信息，随后用这些信息进行个人化交流和服务（Chung & Law，2003；Doolin，Burgess & Cooper，2002）。Hashim，Murphy 和 Law（2007）对 1996～2006 年的 25 个旅游和服务业网页的质量和特点进行分析研究，生成了 74 个网页特点。因此，管理者必须不断评价他们的网页，来保证这些网页对顾客来说是高效的、适当的、有用的（Baloglu & Pekcan，2006）。Cunliffe（2000）强调一个差劲的网站设计会失去 50% 的潜在销售，而消极的经验会失去 40% 的潜在重游。

与可用性相关的是可得到性，这表明残疾人进行网上冲浪时是有一定障碍的。物理障碍的例子有：低视力的人需要大的文本和空间校正，盲人需要屏幕助读员，色盲症人需要精确的文本背景对照，聋人需要有可视的展示而不单单是一个音频。Han 和 Mills（2006）说明当前的网页设计有 9 个布景主题会影响为视觉受损用户设计的屏幕阅读器。作为回应，万维网联盟（World Wide Web Consortium，W3C）为残疾人士使用网站和基于网络的应用准备了图画，并且为指引和技术操作提供了支持信息。因此，通过开发来自 W3C Web 可访问性倡议的网页内容无障碍指南，内容就变得可理解、可定制，以适应使用者的需要和喜好。服务业和旅游业应该意识到，残疾人和老年人代表着一个市场部分。辅助性的技术像声音浏览器就可以为这些顾客寻找网页上的信息带来帮助。举个例子，Waldhor，Freidl，Fessler 和 Starha（2007）为一个低预算旅馆建立了一个自动化呼叫中心机构（RESA），这使顾客能用他们的手机说出他们的预订，而不需要再去代理机构。RESA 能根据顾客说出来的标准自动选择一个合适的房间。Rumetshofer 和 W. Wöber（2004）引进了一个智能的可访问性的附加设备，使用户创造带有自己特殊需要的个人档案，个人档案可根据用户输入的资料和所做行为不断进行更新，系统环境和运行模式也会进行自动管理。然而，这些技术在完全满足客户需求前需要更进一步的客户化。为了吸引业务和为那些有残疾的顾客提供便利，旅游网站设计者应该考虑到每个群体的用户需要，并在设计网页时包含进去。

也许下一个革命将会以由 ISTAG（2003）定义的环境智能（Ambient Intelligence，AI）形式出现，作为人们参与进程的一套环境道具。环境智能代表了一种新的人们可以一起生活工作的范例。根据 ISTAG 的关于远景声明，在智能的环境中生活的人将会被智能界面环绕，智能界面由计算和交流技术支持，这些技术已经嵌入生活中的每一方面，如家具、衣物、交通工具、道路、智能材料，甚至是装饰性物质颗粒。人们生活的环境智能空间将实现环境、家庭、交通工具、空间距离、工作、空闲空间和旅游目的地之间无缝的相互操作。这意味着将建立一个能意识到人类存在和个性的具体特点的无缝环境，适应用户需要，能够智能回应消费者说出来的或用动作表示的愿望，甚至实现智能对话的先进系统。为实现智能环境的美景，需要多方进行研究交流。智能环境空间的发展将不仅仅需要找到应对研究周围环境和智能面对挑战的办法，也需要找到一种机制，它能保证在环境智能系统中实现成功的、无缝的元件综合和集合。许多研究领域必须获得重大成果，才能得到进一步的发展，以实现智能环境美景。

综上，为实现有意义的能影响市场的技术发展，研究和商业必须结合，要集中一致，来实现技术、市场、社会和行政要求的共同进化。

2.1.3.3 企业和业务功能

对于旅游管理的战略性和操作性，尽管大多数的文献阐释的是如何实现自动化，而不是如何帮助组织适应这个信息时代，但是信息化技术的重要性和必要性已经在文献中体现出来（Inkpen，1998；O'Connor，1999；Marcussen，1999a，1999b）。信息化技术越来越广泛地被用来重建针对支持组织完整性而非自动化的业务功能和过程。

信息化技术在旅游战术中的战略和操作维度已在文献中体现出来。Law 和 Jogaratnam（2005）主张只有当管理者充分利用技术时，技术才能成为业务战略决策过程中的一部分。进一步说，要使信息化技术应用实现高效率，需要管理者和操作者均具备专业知识。信息化技术应既可用于操作方面的管理，又可用于战略管理。信息化技术的发展对企业的竞争力有直接影响，直接决定了竞争优势的两个根本因素：差异化和成本优势（Porter，2001）。而且，对旅游从业者而言，由于信息化技术能使组织的差异动态化，并能专门研究自己的产品和服务，所以前瞻性地运用信息化技术是很重要的。最近，Mazanec，W. Wöber and Zins（2007）提出，当评估一个旅游目的地的竞争力时，建立网站是非常必要的。信息化技术有助于企业进行成本管理，尤其是成本分配和提升（Connolly，Olsen & Moore，1998）。重构过程和消除重复任务减少了劳动成本，提高了劳动效率（Buhalis，1998）。这让广泛使用信息化技术进行操作和分配的公司得以更好的发展，同时对传统公司产生了极大压力，迫使他们重构自己的操作方式（Paraskevas & Buhalis，2002）。

网络改变了市场竞争情况，它的出现影响了波特五力模型。当企业通过网络改变进入障碍、缩小转换成本、彻底改变分销渠道、促进价格透明度和竞争来提高生产效率时，也改变了企业结构（Kim，Nam & Stimpert，2004）。由于技术和网络影响了企业差异、成本结构及转换成本，竞争者之间的竞争被彻底改变。由于网络改变了市场范围、规模经济和竞争所需资金，网络对市场进入障碍产生了极大影响。Porter（2001）证明了网络是如何影响行业力量的。由于网络能使供给者监控竞争者和提供定做的已分化的产品，供给者的议价能力得到提高。由于能调整需求变化和保持高效工作，供给者节约了成本。总的来说，由于信息技术使供给者与消费者和合作者的相互连接和互动成为可能，旅游产品的供给者在行业中的地位得以提高。

从一个顾客的角度，网络让消费者直接接触信息，使其更清楚市场供给情况，并且不断有特殊的要求，所以网络提高了购买者的议价能力。正如 Poter 所说，消费者避开了公开市场。他们可能再次关注建设与少数供给者的专有关系，使用信息技术提高各方面的效率。消费者议价能力的提高与同供给者的交流、所获得信息的深度有关。网络使他们能接触更多的供给者，参照、结合不同的旅游产品，这都会提高他们的议价能力。

强性竞争导致通过差异战略来创造和维持竞争优势的难度增加。W. Wöber（2001）称同一市场旅游目的地竞争的鉴定对群决策支持系统（Group Decision Support System，GDSS）有辅助作用。这种方式使决策者能全面考虑主观和客观观点，就像传统竞争分析的传统模式。相似地，由于网络提供了替代采购机会，供给者议价能力发生变化。网络使供给者与消费者可直接接触，使供给者降低了分销成本，供给者的议价能力增强。因此，旅游业供给者不是只能依靠中间商，如旅行社和全球分销系统。结果，网络驱使全世界的旅游组织极大程度地改变他们的策略（Buhalis & Zoge，2007）。前瞻性和反应性策略支持的过程和产品的不断创新，是网络时代竞争优势的几大来源。

或许推销和分销是受技术革命影响最大的业务（Go & Williams，1993；O'Connor，2000；O'Connor & Frew，2002；Yu & Law，2000）。技术支持机构通过开发知识库，来改善管理和市场职能（Fesenmaier，Leppers & O'Leary，1999；Schertler & Berger-Koch，1999）。将互联网和网络作为推销工具，旅游组织在降低成本、增长税收、发展数据库、进行销售调研和维持顾客体系上取得了明显优势（Morrison，Taylor，Morrison & Morrison，1999）。旅游机构以一种划算的方式参与到和消费者的直接对话中（Buhalis，1998，2003）。如果线下推广没有被替代，旅游机构可以利用网络来进行多种不同的促销活动来补充线下推广。网络被认为是多元营销工具和分销渠道，上述变化是很重要的（Gretzel，Yuan & Fesenmaier，2000；O'Connor & Frew，2004）。因此，网络市场正逐步成为主流（Buhalis，2003；Fesenmaier，Gretzel，Hwang & Wang，2003）。网络的灵活性和可针对不同目标市场的能力，使旅游机构可开发针对每个目标市场的新的营销主张，并且能创造出针对每个市场需要的目的地主题和路线。这样，消费者就成了市场营销者提供促销信息的动态目标。

信息化技术也将分销智能运用到电子市场上，电子市场实现了信息渠道的普及，提高了供给者与消费者的互动性。网络推进了整个生产过程的重构、旅游产品的交付、同设计专门产品的合作者之间的互动。最终，利用信息技术工具，重新进行旅游包装，使旅游成为一个更加个人的活动，也为中间商提供更多的机会，且增强了最终产品的整体质量。由于产品差异在完成整个交易容易度中居第二位，电子旅游分销渠道受制于产品选择（Buhalis，1998）。因此，信息化技术逐渐改变了分销功能，使分销由简单的信息交换和预约变成了一个价值增加和提供服务的更加复杂的机制（Buhalis & Licata，2002）。此外，在一定程度上，大量的新操作者可以提供旅游业和地区的信息，这使市场上中间商的数量快速增加。

在无网络时代，由于中间商的分销职能，如旅行代理机构和旅行社，旅游业供给者除了中间商外没有其他的选择。CRS（代理人分销系统）和 GDSS 促进了调解进程（Kaörcher，1997；O'Connor，2003；Sheldon，1997）。由于旅行产品无实体的本质，中间商和终端客户都依靠综合的、精确的和及时的信息来进行旅游决策（Poon，1993）。互联网使旅游机构不仅能通过直接分销，还能通过其他多种渠道来推销他们的产品（O'Connor & Frew，2002）。第三类中间商集体，包括网上旅行代理机构和数据搜寻引擎，都能宣传静止的和动态的信息，如可用性和价格。电子中间商的出现不断挑战传统经销商。这些变化促使所有的旅游参与者重新考虑他们的业务模型，并采取有效的措施再次开发他们的价值链。旅行社希望绕过旅游代理机构直接卖掉他们的产品。同时，旅行代理机构动态地打包产品，支持客户化的产品和非中间化的旅行社的发展。因此，互联网在市场上引进了完全透明度（Buhalis，2003）。这种趋势使旅游产品商品化，挑战了区别战略和品牌化。以消费者在网上搜寻旅馆和机票为例，消费者将会获得一个列表，列表是以由中间商提供的基于价格的商业安排作为排序标准，而不是根据产品属性和品牌来排序。这意味着如果消费者发现别的产品比那些知名品牌便宜哪怕一点，也不会购买该产品。价格变得完全透明，因此在不同分销渠道标出的价格应该保证一致（O'Connor，2003）。因此，企业不得不加强他们品牌的线上知名度，使他们的价格战略和价格定位站得住脚。

网络学习（e-Learning）包含所有由科技促成的学习。网络为促进学生和专业人员的网络学习提供了新的工具和技术（Baum & Sigala，2001；Cheng & Piccoli，2002；Piccoli，Ahmad & Ives，2001）。通用网络学习可获得远程学习上的全部有教育意义的经验，和针对收益、挑战所做的全部研究的成果。然而，However，Sigala 和 Christou（2002）发现大部分教育者使用信息技术是为了实现自动化，而不是转换指令和进行教学创新。自然，教育者对技术的感知和应用能力被认为是影响信息技术使用方式和程度的重要因素。Sigala（2002）通过审视和评估网络的实践演变和探索网络教学的环境，找到了对旅游业和服务业教育更有效率的网络学习模型。在她的网络学习三维模型中，将网络作为储藏所，来自动化印刷和传播学习材料。大众学习时代利用网络的体系和互动能力，来开发能实现合作和指令操作的虚拟网络学习的应用。最终，她得出结论，网络学习模型应将目标定位为网上指令的个体化，开发协作的好处。

电子学习网络也被广泛用于基本技能培训中，但是应用水平因公司而异。网络学习被认为是一个提升技术和知识水平的手段，并且和其他培训的方法一起用来完善培训策略。网络学习对没有足够资源让员工参加昂贵课程的小公司和对工作安排调整缺乏灵活性的公司尤为重要。时间限制和中小旅游企业管理者的工作负担成为他们在工作时间参加培训课程的阻力（Collins，Buhalis & Peters，2003）。因此，网络学习的不限制地点、时间自由和自主的教学环境将会刺激他们参加到网络教育的队列中去。然而，Braun 表示因为中小旅游企业没有优先考虑网络学习，他们仍不会进行网络学习。

综上，尽管有上述优势，迄今虚拟电子旅游仍处于原始阶段。这不仅阻碍了旅游团体和价值链上其他成员开发可靠界面的机会，同时也阻碍了进一步开发虚拟技术。所以，当组织与被认为是竞争者的操作者合作时，会有许多机构不能领会到合作竞争和命运共同体的好处。因此，在旅游业能利用信息化技术和使虚拟性最大化之前，许多问题亟待解决。

2.1.4 研究述评与展望

网络技术革命已经戏剧性地改变了旅游业的市场情况。信息化技术进步为旅游营销和管理不断提供新工具。它支持旅游企业和消费者之间的互动，使整个开发、管理和营销旅游产品或目的地的过程重新建构。由于网络体系使机构、消费者和合作者的接触面变得动态，重新开发旅游产品时，前瞻性和反应能力在竞争中变得越来越重要，信息化技术的作用也变得越来越清晰。然而，电子旅游研究仍处于婴儿期，有大量问题需要解决。

逐渐地，信息化技术会为整个产业提供信息设施，会适应旅游交易机械化的各个方面。但是，很明显地，网络旅游的未来研究将会注重开发可支持组织与消费者动态互动的、以消费者为中心的技术。消费者将变得越来越有力量，成为决定旅游产品中的重要元素。他们同样会变得越来越复杂和有经验，变得越来越难以满足。革新旅游产业将改变资源和专门知识，来服务消费者和提供更高的交易附加价值。新的有力的信息化技术应用的发展，会让供给者提高效率，重构交流策略，革新技术支持互用性、个人化和连续网络体系，因此，在战略和战术运用水平上，要做到敏捷灵活，以保证由信息化技术造就的机会和挑战会成为旅游组织提高创新能力和竞争力的优势。

2.2 国内信息化研究综述

国内的旅游信息化研究在 2000 年以前比较少，2000 年之后互联网大发展带来的浪潮让旅游信息化得到迅速发展，旅游信息化的研究也有了飞速发展，根据于锦华[16]统计，2000 年国内旅游电子商务的学术研究也呈现出爆发式增长。此后的若干年一直保持着良好的增长态势，于 2007 年达到了峰值。旅游信息化研究的蓬勃发展引起了大量研究者的关注，已有的综述类文献有 34 篇。但是目前的综述文献都是从信息化发展的一个侧面，如电子商务、信息系统、网站评价、信息检索等对旅游信息化发展研究进行综述，尚未有全面分析旅游业中信息化运用的综述文献。笔者旨在通过对中国旅游信息化的研究提供一个全时间段、全构面的综述，完整地梳理出中国旅游信息化发展的脉络，描述研究领域中对于知识、理论以及专业实践的贡献，指出目前研究中存在的问题及未来研究的方向。

2.2.1 综述文献搜集

笔者在《中国学术文献网络出版总库》中的中国博士学位论文全文数据库、中国优秀硕士学位论文全文数据库和中国重要会议论文全文数据库检索学术类文献，主要包括期刊论文、学位论文库和学术会议论文，检索时间段为 1915 年❶到 2010 年 5 月 30 日，检索在摘要中包括以下词频的文献：旅游电子商务、旅游信息化、旅游网站、旅游信息、目的地网站。检索结果一共获得文献 1160 篇，经过文献筛选，去掉和旅游信息化研究无关的文献，有效的研究文献为 1153 篇，不同类型文献的数量如表 2-1 所示。

表 2-1　综述文献数量、类型与比例

文献类型	文献数量（篇）	比例（%）
会议论文集	14	1.214
学位论文	131	11.362
期刊文章	1008	87.424

❶ 1915 年是中国学术文献总库文献产出起始时间。

2.2.2 研究阶段

为了更好地分析旅游信息化研究的阶段，图 2-1 整理了 1994~2009 年期间❶ 发表的旅游信息化相关文献。从图 2-1 中论文发表的数量来看，旅游信息化的研究大致可以分为三个阶段。

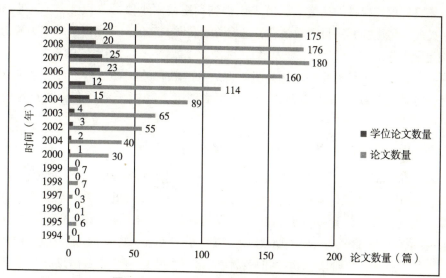

图 2-1　1994~2009 年旅游信息化文章数量

第一个阶段为 1994~1999 年，这个时期是旅游信息化研究的萌芽期，关于旅游信息化的研究较少，仅有一些对信息化领域比较敏锐的研究者注意到了这一趋势。第二阶段为 2000~2005 年，是旅游信息化研究的量化增长期。2000 年席卷全国的互联网浪潮使得信息技术运用大步跨入研究者眼帘。关于旅游信息化研究的数量较 1999 年增长了 229%。在此后的 5 年中，以平均每年 90.9% 的速度增长成为一个旅游研究领域中新兴的研究分支。第三个阶段为 2006~2010 年，可以称为质化提升期。这个阶段最大的特点就是旅游信息化研究的深度和广度都得到提高。从 2006 年开始，每年都有 20 多篇硕士/博士论文以旅游信息化为方向进行理论层次上的探讨，一些高质量的文章开始发表在旅游和计算机类核心期刊上，如《旅游学刊》、《计算机应用研究》等。

2.2.2.1 第一阶段：1994~1999 年萌芽期

从期刊网中检索出来，中国第 1 篇提到旅游信息化的文献是北京旅游学院的王

---

❶ 期刊网中能检索到的第 1 篇旅游信息化文献发表于 1994 年，故以此作为研究的起点，本研究开始于 2010 年 5 月，2010 年的文献不能完全收录，为了不影响分析，在分析各年论文数量时只统计到 2009 年。

玫 1994 年在《旅游研究与实践》（曾用名《旅游研究与实践》、《桂林旅游高等专科学校学报》，现改刊名为《旅游论坛》）[1]中提出建设旅游科研信息系统，可见旅游学术界是中国旅游领域最先利用信息化的产业。在其后的 5 年里（1995～1999年），虽然关于旅游信息化的文章不多，但是一些先行者已经开始畅想未来旅游与信息化结合的前景[17-23]，其中最早进入研究者视野的是旅游目的地信息系统。李天顺等具有地理背景的研究者，首先认识到利用技术手段准确、可靠、迅速地收集、处理、传递和利用目的地信息，是旅游业发展的基础，并提出了关于旅游信息系统建设的基本构想[24-28]。陈卫民等人注意到了旅游企业信息系统的重要性[23, 29]。姚素英等人意识到信息化的运用将极大促进旅游教育的发展[30, 31]。1998～1999 年间蓄势待发的互联网浪潮逐渐让一些研究者注意到了电子商务在旅游行业中的运用[17, 21, 32]。

2.2.2.2 第二阶段：2000～2005 年量化增长期

这个阶段涌现出了大量的旅游信息化文献，但是大多数的文献都是描述性的研究，关注旅游信息化发展的态势，提出旅游信息化发展的一些基本构想，推测未来可能的方向，讨论如何营造更好的发展环境[33-39]。部分学者介绍了国外旅游信息化发展的动向，以期为中国旅游信息化的发展提供更好的思路[35,40,41,43-47]。这个阶段探索性和解释性的研究主要集中在旅游信息化技术领域的探讨，特别是集中在网站和信息系统两个主要的方面。张俊霞、路紫等学者开始探讨网站功能评估的方法[48-50]，张捷等探讨了网站分布的空间差异[51]。崔越、何素芳等开始进行深入探讨旅游信息系统的开发技术，并且在技术实验室内进行了基于 VB、GIS（Geography Information System，地理信息系统）等软件系统的集成式开发[52-57]。对于其他技术领域，包括移动通信[58-62]、虚拟旅游[63]、规划系统[64-69]、多媒体[70-74]、电子地图[75-84]，都有少量的文章介绍这些新技术未来的运用方向。这一阶段里，学术界主要关注的是旅游信息化对于社会和企业带来的变化和可能的机会，但是对于旅游者在旅游信息化过程中出现的变化和新需求却关注较少。路紫在国内首次提出了在线服务满意度的概念[85]，任科社分析了散客对于旅游电子商务的需求[86]，白晓娟、陈德科等则关注旅游者网上搜索行为的特征[87, 88]。

2.2.2.3 第三阶段：2006～2010 年质化提升期

2005 年以后，旅游信息化的研究不再局限于现象描述和展望的话题，越来越多的研究领域和关注点进入研究者的视线。旅游业和信息产业在国内的快速发展，为旅游信息化的产业运用开辟了广阔的天地。在线旅游电子商务已经逐渐成为旅游产业中的重要商务渠道，大量的文献研究了新兴旅游电子商务的模式、构架、价值链和测度[89-93]。旅游企业对于信息化大规模的运用也受到了学术界的关注，大量的文献探讨企业利用信息化系统进行营销[94-101]、管理[102-106]以及建立企业信息化系统[107-113]的方式和方法。同时，研究也关注于旅游教育机构对旅游信息化技术的教育培训[114-119]以及如何利用信息化技术改进教学方式[120-126]。

这一时期内，大量的新兴信息化技术与旅游业的发展结合在一起，也得到了研究者更多的关注。研究者探讨了本体技术[127-135]、移动通信[136-144]、无线网络[145]、Web 2.0技术[146-151]、虚拟旅游[152-158]、网络游戏[159-161]等新兴技术在中国旅游业中的实践应用与发展前景。然而，与新兴的技术运用研究相比，国内研究者的关注重点仍然集中在网站和信息系统建设上，可见网站和信息系统仍然是中国旅游信息化中最为广泛的应用技术。网站的评估成为网站研究的一个热点[50, 162-175]。而信息系统方面，使用GIS组件和基于Web的信息平台成为旅游信息系统研究的重点[179-187]。

旅游者对于信息化技术的利用与需求的研究也开始增多。李云鹏等对网站使用者的满意度进行了比较深入的研究[188-193]。旅游者对网站需求的细分市场[194-198]、旅游者线上信息检索行为[199-201]、信息技术对于旅游者消费行为的影响[202-210]、旅游者在信息化社会的决策机制[211, 212]以及旅游者对于信息技术的信任等关注于旅游者的研究都受到了学者的重视。

2.2.3 研究学者

为了更好地展现中国信息化研究的过程中研究学者的推动力量，笔者统计了1994年至2010年5月之间，发文数量❶前13名的研究人员名录，如表2-2所示。

表2-2　发文数量前13位的研究人员名录

姓名	发文数量	所属机构
路紫	16	河北师范大学资源与环境科学学院
杨路明	8	云南大学工商管理与旅游管理学院
巫宁	7	中国旅游局信息中心；中国社会科学院旅游研究中心
马耀峰	7	陕西师范大学旅游与环境学院
黄耀丽	7	佛山科学技术学院旅游与地理系
郑鹏	6	陕西师范大学旅游与环境学院

---

❶ 只要以作者身份出现在发文期刊中，无论是否为第一作者，均统计在内。

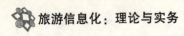

续表

姓名	发文数量	所属机构
张捷	5	南京大学城市与资源系
李云鹏	5	北京大学城市与环境学院；首都经济贸易大学旅游管理系
李天顺	5	陕西师范大学旅游与环境学院
杜军平	5	北京工商大学计算机学院
罗平	5	佛山科学技术学院理学院
赵凌冰	5	吉林工商学院；吉林大学东北亚研究院
车建仁	5	东华理工学院；同济大学测量与国土信息工程系

从表 2-2 可以看出，旅游信息化主要的研究学者是旅游院系的研究人员，其次是计算机院系的研究人员。其中，河北师范大学路紫教授可以说是中国旅游信息化研究的领军人物。他自 2001 年起就带领团队进行了大量旅游信息化研究，主要关注旅游网站的评估以及网络流量对于实际人流的引导作用。云南大学的杨路明教授和中国社会科学院的巫宁博士专注于电子商务的研究，并于 2003 年合著了中国第一本旅游电子商务的专著《旅游电子商务理论与实务》。此外，陕西师范大学旅游与环境学院的马耀峰教授、李天顺教授以及郑鹏博士，北京大学城市与环境学院的李云鹏博士，佛山科学技术学院的黄耀丽教授和罗平等都是从事中国旅游信息化研究的主要人员。

2.2.4 关注期刊

如表 2-3 所示，旅游信息化的文章主要发表在三类杂志上，一类是商业期刊，包括《商场现代化》、《江苏商论》等；一类是旅游学术期刊，包括《旅游学刊》、《桂林旅游高等专科学校学报》等；一类是信息技术类期刊，包括《科技情报开发与经济》、《测绘科学》等，可见中国学术界对于旅游信息化的关注集中在三个领域：商业研究、旅游研究、信息技术研究。这充分说明了旅游信息化作为旅游业和信息技术产业交叉学科的特性以及旅游信息化作为重要的商业现象的特质。从发表的文章来看，研究角度又各有侧重。商业研究主要研究旅游信息化技术的市场潜力。旅游研究主要侧重于研究信息化对于旅游业带来的变化和机会。信息技术研究主要侧重于研究具体的信息技术在旅游业中的应用，其中地理信息系统和网站是出现率最高的两项主要技术。

表2-3　发文数量前十位的期刊名录❶

刊名	发文数量（篇）
《商场现代化》	38
《旅游学刊》	28
《桂林旅游高等专科学校学报》	17
《互联网周刊》	15
《江苏商论》	14
《电子商务》	14
《旅游科学》	13
《科技情报开发与经济》	13
《商业研究》	12
《地球信息科学》	11

2.2.5 研究关键词

根据表2-4关于研究关键词统计的结果可以看到，前十位的关键词主要集中于两类。一类是旅游信息化的产业形态、产业应用和发展策略，如电子商务、对策、旅游业；一类则是旅游信息化的技术载体，如旅游信息系统、地理信息系统、网站、Web GIS、GIS。而对于旅游者消费行为之类的研究关键词并没有进入前10位的研究关键词排名，可见这并不是中国旅游信息化研究的主流方向。

表2-4　研究关键词统计

关键词	频率	排名
电子商务	172	1
旅游电子商务	161	2
旅游	123	3
旅游网站	93	4
旅游信息系统	91	5
旅游业	58	6
地理信息系统	57	7
Web GIS	53	8
对策	42	9
GIS	40	10

❶　所有期刊均以目前的命名为准，在原期刊上发表的文章也统计在内。

2.2.6 研究领域

综观所有的文献，可以将旅游信息化研究从供给需求的角度分为供给—产业应用领域、需求—消费者领域和载体—技术领域三大研究领域，图 2-2 呈现出1994 年以来各领域的研究数量与比例以及三个阶段各领域的研究数量与比例。从图 2-2 中可以看出，中国旅游信息化研究主要集中在产业领域的研究，特别是早期第一阶段，大量的文献都是关于旅游信息化在产业应用的泛泛描述。对于技术的研究在第二阶段有一个明显的增加，主要是中国信息化技术在 2000 年之后有了迅猛的发展。而对于旅游者的研究在第一阶段和第二阶段都比较少，2006年之后，才有更多的文献关注消费者。

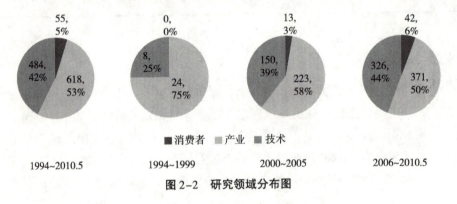

图 2-2　研究领域分布图

2.2.7 产业应用领域

产业应用领域主要是旅游供给方如何利用信息化技术的应用研究，主要包括旅游信息化对于旅游产业中产品形式、销售方式以及管理方式的影响。从搜集的文献来看，53% 都是产业相关的研究，所以可以认为应用性研究是我国旅游信息化研究的重点。根据研究的主题内容，在产业应用领域的研究可以分为产业现状概述、电子商务、营销研究、管理、教育培训等几个大的方面。

2.2.7.1 产业现状概述

学术研究界对于新事物总是以描述性的探索研究开始。旅游信息化作为一个比较新的研究课题，最初的大量研究都是这类描述型的研究：对产业现状进行概括性描述，分析存在的问题，提出策略建议。这类文章基本从两个角度对中国旅游信息化进行描述：一个是从旅游信息化的某一个应用方面，如从电子商务[37, 39, 213, 214]、目的地信息化研究[215]等去描述中国旅游信息化发展。这一类文章数量很多，其中偶有新颖之见，但总体亮点不多，流于泛泛而谈，其主要的学术价值在于提供了一定的管理建议以及一定的纪实数据以备以后的研究所用。另一个是从地区的角度记录该地区旅游信息化的发展，这些地区既涵盖中国的东部沿海发达地区，也包括中西部地区，对进行地区旅游信息化发展研究的过程进行了描述与记录，并且根据区域发展的特点，提出了区域发展建议。

近年来，也有一些研究者不再拘泥于描述性的记录，而是对旅游信息化的产业现状进行更加深入的研究。部分研究者深入分析了信息技术对于旅游价值链的影响，用系统分析的方法集成优化整个产业链，进而促进整个产业链的和谐发展[91, 216-219]。赵海荣和金鹏等通过具体的量化手段测算了信息投资对于旅游业的影响。

2.2.7.2 电子商务

商务活动是信息技术在旅游产业应用中非常重要的部分。在 20 世纪六七十年代时，主要是运用电子化的手段帮助旅游业进行电子商务活动。学术界对旅游电子商务的研究由浅入深，相关文献的数量不断增长，近年来已成为最大的热点之一。但是大部分研究成果都是对必要性和重要程度的分析，或者围绕地区现状—对策的基本模式展开，也有一些针对分类企业商务活动的研究，其中旅行社特别是在线旅游服务商的研究为最多[220-226]，目的地[142, 227, 228]、酒店[229-231]、航空[232]等分类行业的电子商务现状和对策也有提及但较少。

在现状描述之外的深入研究并不多见，大概可以归纳为商务模式研究和商务绩效研究。商务模式的研究相对比较丰富，研究者对于旅游企业，特别是在线商务企业的电子商务运营基本模式进行归纳分析与实证总结[90, 92, 233-235]。一些学者专门研究了个性化的商务运作模式[236-240]和新兴的旅游目的地移动电子商务应用模型[142]。支付方式也作为商务模式的重要环节引起了部分研究者的兴趣[241-245]。在商务绩效研究方面，胡亚会等设计了酒店电子商务实施绩效测度体系[230]。总的来说，旅游电子商务活动的研究价值并未得到充分挖掘。

2.2.7.3 营销研究

信息化在旅游业营销领域的运用是旅游信息化最重要的产业应用之一。20世纪末，随着互联网的使用，旅游企业更是通过信息化手段和消费者以及价值链上的企业建立了更为密切的联系，从而极大地改变了旅游营销的方式。中国旅游信息化运用在营销领域的研究中，旅游网站的营销功能和目的地网络营销系统构建是被关注的热点。很多研究者，如金立锟[246]、李捷[98]、付蓉[97]等都谈到了当前中国旅游网站在营销中存在的问题并提出了解决方案，研究的范围涉及景区网站、目的地网站和旅行社网站等各种旅游业实体企业的类型。肖亮和赵黎明[247]用内容分析法分析了网站营销的文本内容，帮助网站有针对性地改善内容服务。对于目的地营销系统的研究，国内最早是马勇和周娟[248]以三峡为例提出的目的地营销系统模式。此后，此类针对各城市、目的地和景区的营销系统构建研究层出不穷。武红[249]、田磊[250]、郑琳[100]还分别在自己的学位论文中，构建了中国特色的目的地营销系统的具体方案。除了这两大热门的研究，一些学者注意到信息化对传统旅游行业营销方式以及销售渠道的影响，彭环宇谈到了许可营销的问题[251]，马景峰[252]指出了渠道的冲突现象，郑鹏等[253]研究了信息技术变革中旅游信息传播概念模式的变化。在近期的研究中，有些学者对新型信息化背景下旅游营销的关注更加深入，很多学者[146-151]分析了利用 Web 2.0 进行营销的成功实例，并对 Web 2.0 时代的旅游营销网站进行了比较，认为 Web 2.0 给旅游网络营销带来了新的机会，利用 Web 2.0 功能进行精准营销能够更好地提升旅游者的满意度和忠诚度。此外，杨劲松[159]和梁留科等[160]谈到了利用网络游戏进行线上营销，可见虚拟旅游技术也成为网络营销的一个研究热点[155, 158]。

2.2.7.4 管理

信息化技术在管理领域的应用研究主要是企业管理和目的地管理两个领域。其中，针对目的地管理的研究数量最为丰富。利用信息系统对目的地进行资源管理和规划是目的地管理研究的主要内容。研究者普遍认为资源信息的录入、信息查询、空间分析与数据输出是信息系统对目的地资源信息进行管理和规划的基本功能[66, 254, 255]，研究一般按照系统需求分析、系统功能模块、数据库构建和功能实现几个部分展开，大部分目的地信息管理系统的功能差别不大，主要是便于旅游管理部门通过信息化手段科学地管理目的地旅游资源。只有很少的研究能够在基础信息系统上加入旅游专业应用模块，利用信息系统进行区域旅游资源评价、游客预测、线路选择、环境容量测算等[64, 255]，真正为目的地旅游规划、管理和决策服务。此外，还有一些研究者研究了目的地利用信息系统进行游客管理的一些应用，如潘岚君和卢春莉等[256]提到的利用旅游信息卡进行游客管理，尚志海等[257]提到的广州观光游客数据库的设计。

在旅游企业管理信息化研究中，主要是研究如何利用信息系统进行企业信息管理、整合与规范内部具体管理流程以及客户关系管理，即研究者的研究集中在普适性的旅游企业综合管理信息系统。例如，蒋鸿崑[258]设计了旅游企业管理信息系统的分布式数据库；赵洁[259]设计与实现了基于 C/S 和 B/S 混合型结构的旅游企业管理信息系统；余开朝等[260]提出了基于计算机集成技术的旅游行业管理信息集成平台的架构。同时，也有一些针对不同类型的企业信息化管理系统的设计研究，其中包括海外旅游总公司业务管理信息系统[261]、旅行社管理系统[102,262]、饭店管理系统[263]等。对于企业内部具体的管理流程研究，主要集中在利用信息技术进行财务管理、客户管理和人力资源的研究。邹黎等[264]设计并实现了 Web 的旅游财务信息管理系统报表；陈沛[265]谈到了信息化时代的人力资源管理；冯艳等和李斌宁[266-268]论述了建立旅游电子商务客户管理系统的必要性、关键点和运用领域。总的来说，针对企业管理的研究并不多，而且都比较主观，除了泛泛而谈的管理思想，对于管理系统设计的调研工作、运用的绩效研究都比较少，管理系统设计也比较主观。

2.2.7.5 教育培训

课程教学的信息化、教育管理信息化与学习旅游信息技术知识是信息化在教育培训领域应用的三个不同的渠道。

信息技术在旅游教学中如何运用的研究比较多，其中以西北师范大学承担的"信息技术与旅游专业课程整合教学模式研究"的国家课题最为深入。课题下两篇硕士论文分别详细地分析了信息化辅助旅游教学的模式。其中，翁林华[269]研究了信息化技术在导游教学中的探究式教学模式和参与式教学模式，并评估了其成效。张丽娜[270]根据中职教育学校的特点，设计了信息化辅助英语教学的模式，并制作了专业的课件。其他一些文献也谈到了信息技术运用到教学领域的意义，包括开阔教师视野、弥补教材信息的缺失、培养学生实践操作和独立学习能力[121,271]等。关于信息化辅助教学的具体手段，主要谈到了利用多媒体教学、利用网络丰富的信息源和模拟环境教学等[122,272]，其中张伟[119]运用摄录设备进行导游教学模拟的研究颇有趣味，但可惜研究并未深入下去。

在教育管理信息化领域，很多学者都论述了旅游高校建立计算机化管理信息系统的必要性与对策[30]，王玫描绘了"中国旅游科研信息系统"[273]的蓝图，王维佳[126]提出建立旅游教学信息系统，通过构建一个完整的旅游教学系统、学习服务平台，以满足教师教学和学生学习的基本要求。

对旅游信息化教育的研究主要是对策型的研究，研究者普遍认为改善教学的软硬件条件，提高师生综合素质[116]，开展与市场对接的实验教学[274,275]是开展旅游信息化教育的关键。

2.2.8 消费者领域

20 世纪 90 年代后期至今，信息技术给人们带来了巨大变革，对旅游者的消费行为、购买过程、旅游者的决策行为等方面产生了重要影响，信息化时代的旅游者对旅游服务有了新的需求，并呈现出新的市场细分特征。

2.2.8.1 行为研究

研究者敏锐地认识到信息技术对于旅游者行为的影响，特别是对于旅游者消费行为的影响，很多研究都实证性地分析了信息时代影响旅游消费行为的诸多因素。研究结果表明，网络信息的质量、信息的渠道、信息提供商的质量以及旅游者本身的个性特点和网络经验都会影响到旅游者的消费行为。王维祝等[209]通过对大学生的调查问卷分析，研究了旅游景区网站提供的信息和服务对旅游者行为倾向产生的影响。申文果[276]发现旅行社网站服务的公平性直接影响旅游者的信任度和满意度，间接影响旅游者的行为意向。黄露易发现信任倾向、对网站的熟悉度、购物经验三个因素会影响感知风险维度，进而影响消费者对企业信任程度的建立，从而导致最终的购买行为决策[277]。李莉等认为中国网络旅游者的自我效能、特定领域创新、网民对电子购物的知觉以及他们的在线生活方式是影响中国网民购买旅游产品的最重要的因素[205]。喻海燕[212]发现持有积极态度的旅游者更倾向于深入搜索网络旅游信息；持积极态度和传播态度的旅游者更倾向于利用网络旅游信息并传播网络信息；持消极态度的旅游者对网络旅游信息的利用明显很少。梁明英[202]等对泰山游客做问卷调查时发现，游客不同的出游方式、旅游活动、购物方式和停留时间都受到网络信息获取的影响。孙春华等[207]归纳了Web 2.0下的网络旅游消费行为模式的主要特征及对旅游网站的影响，最后结合对中文旅游网站Web 2.0应用状况的统计分析，给出了未来的发展建议。

　　此外，很多研究者开始关注旅游者网上活动特有的行为特征对旅游者行为的影响，其中以河北师范大学的研究团队的成果最为显著，该团队共发表了7篇硕士论文和6篇期刊论文论述了旅游者网络行为的特征，主要研究旅游者网上行为与实际旅游行为以及实际地理特征的关系。路紫[278]最初在研究户外网站商业区位时，首先关注到了旅游者访问的实际区位问题，接着他分析了赴澳旅游者访问网站的行为特征，并提出了网站信息流对旅游人流导引特征这一研究课题。其后，他通过分析国内数个旅游网站的数据，总结了旅游网站访问者一天内、一周内、一年内行为的时间分布特征，全面分析了旅游网站访问者数量与景区旅游者数量的关系以探究信息流对实际人流的导引作用。他的学生和合作者对旅游者网上行为所投影到实际中的现象进行了多个角度的分析。于海珍[279]分析了俱乐部旅游网站信息流对人流导引的方式，对网站信息流与实际出游的人流特征进行了相关性分析。赵亚红[210]通过研究旅游网站使用时间形态，发现旅游者在一天、一周、一年中访问网站的行为与实际的旅游行为存在一定的相关性。柳礼奎[280]提出了网上信息导引率的概念，研究了携程旅行网对于游客的导引。吴士锋[281]等通过对网站信息流和网上旅游人流进行统计，得出了网站信息流对旅游人流部分增强作用的增强函数。元媛[282]从网站使用者、网站友情链接、网络延迟三个方面分析了网站信息流的距离变化特征，从而提出"模糊距离衰减"的定义。张秋娈[283]、聂学东[284]等发现旅游网站的国内访问者的空间分布存在复杂的距离衰减性，具有明显的地方性特征。季娜娜发现携程旅行网"结伴同游"专栏对结伴同游的人流影响也存在明显衰减形态。

2.2.8.2 服务质量研究

从旅游者的角度研究如何提高在线服务的质量，对于提高旅游信息化建设有直接的作用和效益，是旅游信息化研究中的重要部分。国内学者大多采用问卷调查，对数据进行回归的数学方法，分析旅游者对于在线服务关注的因子，并将满意度评价结构化。陈娟等用问卷的方式探讨了使用者满意度与旅游电子商务功能、旅游电子商务供给者的目的以及旅游电子商务供给者满意度之间的简单相关关系[162]。路紫等随后构建了旅游在线服务满意度评估的差异函数范式，并依据此范式提出了比较在线服务供需差的"象限测度法"，并据此计算出北京旅游在线服务的供需差，这个研究虽然在模型构建上有自己的主观性和不足，但是开创了在线旅游者服务质量量化研究的先河[85]。岑成德等随后用因子分析的方法，探讨了影响旅游电子商务网站用户感觉中的消费价值的 5 个主要因素，分析了这些影响因素对此类顾客感觉中的消费价值和今后购买意向的影响程度以及具体的量化关系[285]。李云鹏用 SEM 方法比较了特定旅游网站系统使用者满意（TWUS）模型、通用的电子商务系统成功（ECSS）模型以及基于终端用户计算机满意（EUCS）模型和信息系统成功（ISS）模型对于旅游者满意评价的拟合程度[188, 189]，并在博士论文中拟合出了旅游网站使用者满意的"满意沙漏"模型[286]。关华[193, 287]用因子分析的方法分析了旅游网站信息资源用户价值感知构成的 6 个要素，并发现用户价值感知各要素对用户满意度的影响虽然相关但存在显著差异，而用户实际感受价值与用户期望价值的差距与满意度存在负相关关系。王玉洁等也运用因子分析法分析了网站服务质量的 5 个维度，并认为其中 3 个维度与游客感知质量密切相关[192]。李小斌等通过回归方法分析了影响网站用户满意度的 6 个因素[191]。

除了对于服务满意度的量化研究，一些学者还专门论述了如何实现个性化在线服务的问题。刘芳等介绍了利用 Web 挖掘技术来实现旅游者在线个性化服务的体系结构。阳晓萍在个性化服务的一般模型设计思路指导下，设计出 B2C（Business to Custom）旅游网站的个性化服务总体方案，并详细设计了基于范例推理的个性化旅游推荐系统的实现方案[236]。方长秀概述了旅游个性化在线服务的服务内容、运作模式和商业模式[288]。

在关注旅游者服务的研究中，还有少数的学者关注到了旅游者投诉和权益的内容。李华等[289]在概述了我国旅游法律法规建设的历史与现状以及国际旅游消费者保护情况的基础上，阐述了应如何制定在线旅游方面的法律法规以合理保护在线旅游消费者权益，希望给法律制定者提供有益的参考。叶莉莉[290]认为中国旅游网络投诉由于起步晚、网络投诉机制建设不健全、缺乏管理经验，在对比中外网络投诉机制的基础上，对中国企业的网上投诉机制的建设提出了管理建议。

2.2.8.3 市场细分

信息化时代海量的信息源极大地丰富了旅游者的知识，旅游者的个性和信息化特征也愈加明显。国内研究者逐渐认识到信息化时代崛起的旅游细分市场对于信息化的需求。其中，愈来愈多的研究者开始关注信息化时代涌现出的大量自助旅游者信息获取的方式、消费方式、行为方式。任科社[86]和李佳[196]都分析了散客旅游出行前、旅游过程中、旅游结束后等各环节的信息需求，任科社提出了实现散客旅游服务的电子商务解决方案；而李佳在分析网络供应链相对于传统供应链的优势的基础上，提出通过新型的网络旅游供应链，利用网络的信息查询、网上交易、网上支付等功能，结合移动方式实现散客旅游服务的网络旅游供应链解决方案。文谨[194]等以北京自助旅游者为对象，通过问卷调查和访谈发现，由于社会特征和收入不同，自助旅游者对旅游目的地信息的需求有所差别，目前，绝大多数网站提供的旅游目的地信息不能满足自助旅游者的需求。蒋晟[197]注意到"背包"这一新兴自助旅游方式，分析了背包旅游者的特征及其资讯渠道选择，探讨了中国背包旅游网络论坛的组成会员、资讯传播、服务模块、资讯类型等相关特征。

2.2.9 技术领域

信息技术的飞速发展不断带动硬件、软件和网络技术的日益革新，旅游信息化行业技术的发展也与时俱进。很多信息技术背景出身的研究者以及旅游研究中关注技术的研究人员，都积极地关注着新信息技术为旅游业带来的变化、为旅游组织者带来的机会和为旅游者带来的便利。其中网站建设、地理信息系统、本体技术、电子导游技术、移动通信、虚拟技术、SNS、无线网络等热门的信息技术在旅游业中的应用都是研究者关注的重点。

2.2.9.1 网站建设

互联网从诞生到广泛使用，无疑是信息技术领域中影响最为深刻的应用之一。网站作为互联网的主要信息服务单位，一直是信息技术研究领域的热点，旅游网站的建设以及建成后的评估也是旅游信息化研究的重要组成部分。

对于旅游网站建设的研究主要分为两类，一类是旅游研究者从旅游行业的需求出发，分析旅游网站应该具备的建站要素和运营模式。路紫[291]等定义了旅游网站的概念和功能，并对我国现有旅游网站的类型进行了划分。谢彦君等[292]对旅游网站的网页信息进行了符号性分析，概括了旅游网站上的符号传播模式、内容、类型和功能。在网站运营的研究中，李雪梅[293]通过对国内外不同类型的典型旅游网站的比较分析，探讨了不同类型的中国旅游网站运营的最佳模式。马梅[294]深入统计调查了目前中国旅游网站的各类电子商务产品运营开展的情况。刘雅静[295]认为第三方支付平台的出现为旅游网站模式创新提供了机遇。此外，研究者对酒店、目的地的网站研究也表现出了特别的兴趣。刘绍华[296]对酒店网站服务功能的基本模式进行了探讨。孔旭红[297]分析了景区网站的内容和功能。练红宇[298, 299]就网页设计、特色功能和信息内容等方面对目前我国旅游目的地资讯网站的构建要素进行了测评，并总结出了构建旅游目的地资讯网站的基本要素。乔红艳[300]从目标、对象、功能和制度的角度出发，阐述了旅游目的地门户网站应包含的内容。高爽[301]分类介绍了不同形式的邮轮网站的内容与功能。

另一类是信息技术研究者从技术的角度探讨具体的信息技术如何在旅游网站建设中进行实践运用。邱俊[302]在 2000 年就谈到了旅游网站建设的基本技术问题。其后几位研究者结合旅游网站自身的特点，更加详细地介绍了 ASP \ PHP \ MYSQL \ AJAX 等建站技术如何在旅游网站中进行运用，以实现旅游网站呈现动态信息、地理信息以及实现商务架构的功能。朱小军等[303]和罗小安等[304]分析了 PHP 和 MYSQL 在设计动态网站中的优越性，提出了应用 PHP+MYSQL 建设旅游网站的方案。卢文芳[305]介绍了基于 Web 的旅游电子商务网站的设计思想和采用的主要技术。吴增红[306, 307]从技术和内容的角度提出旅游地图网站的设计原则，并设计实现了河南省旅游地图网站。唐林海[308]重点研究在 Web 应用中图片、多媒体和长文体的处理策略，将相应地理位置上的信息利用 AJAX 技术与地理位置整合，实现地理位置与相应信息的统一。魏楠[309]详细描述了一个基于 ASP 技术和 ACCESS 数据库系统的旅游网站的开发过程。张立新[310]介绍了基于 ASP 技术的新疆旅游专题学习网站的设计思路、功能模块和部分模块的实现方法。此外，研究者还关注了网站优化技术和网络安全技术在旅游网站中的运用。王青[311]从信息架构与导航的优化设计和网页信息呈现的优化设计两方面详细地阐述了网站设计优化的技术，并对"十渡旅游网"进行了优化设计。蒋方敏[312]分析了桂林旅游网遇到的网络攻击与防御措施。

网站评估也是网站技术研究领域中的重点，文献中提到的评价方法基本都是研究者选取一定的指标进行定性和定量评价。因此评价的指标是网站评估研究中的重点内容。研究者既谈到了适用于所有旅游网站的总体评价[313,48,314]、可用性评价[313]、有效性评估[48]、功能评估[49]的指标，也谈到了分类旅游网站包括目的地网站[164,173,316]、中介网站[163]、电子商务网站[50, 317,170]、政府官方旅游网站[318,165,319,176,177,175]、饭店网站[171,320,176,177,321,168]、旅行社网站[174,99,323]、旅游政务网站[177]等特有的指标体系。其中根据研究内容的不同，涉及的指标也有较大的不同，但是网站内容、网站设计与网站提供的服务基本是所有研究指标中都包含的重要指标。

网站评价的方法也非常丰富，最常见是通过文献综述或者用户调查得到一个层次性的指标体系，并且通过对网站进行内容分析对每一个指标层的重要性赋值和评价，从而得到一个定量的研究成果。较具特色的评价方法有：张俊霞[48]和郭露[164]将 Ho J. 教授[324]在 1997 年提到的"目标-价值"评估方法根据中国旅游网站的案例进行应用研究；胡涛等[313]采用修正的启发式评价方法，定义了用户对网站评价的基准；钟栎娜等[319]尝试从网络营销友好度的概念去进行网站评价；王丽丽等[99]用营销编码的方法进行网站评价；左伍衡等[166]使用微软可用性指南进行旅游网站评价；包金龙等[176,177]以技术接受模型进行网站评价。此外，曹青[174]运用链接分析法和网络影响因子测度方法对旅行社网站进行评价是所有网站评价研究中唯一谈到网络计量评价方法的文章。总的来说，网站评估领域几乎都是选定指标类的方法，只是对前人的指标和研究主体稍作修改，国外网站评价使用的 WEBQUAL 或者网络计量法几乎没有人提及。

2.2.9.2 地理信息系统

地理信息系统对于空间数据的管理特性使得它成为旅游信息系统领域最主要的技术。地理信息系统最常见的运用是旅游目的地的信息管理系统[325-327,294-296]、规划系统[65, 67, 328-330]和电子地图的设计。大多数旅游信息系统都是基于地理信息系统和二次编程技术，将信息数据、多媒体数据通过关系数据库中的关联字段连接到空间数据上来实现信息管理、发布、查询以及图形化输出等基本功能。一些系统研究的文献也谈到了通过二次编程技术和组件式开发，加入旅游规划的模块，使系统具备资源评价、路线推荐、开发建议等规划功能[65, 67, 328-330]。目前最常用的有 MapX[325, 331-333]、MapObjects[55,334,335,337-339]、SuperMap Object[340-342]等 GIS 的组件式开发工具，基于 Web 的 GIS 也是最近几年研究的热点。

2.2.9.3 本体技术

本体技术是人工智能界重要的概念，是解决语义层次上 Web 信息共享和交换的基础，也是当前互联网技术研究的热点之一。旅游研究者将最新的本体技术应用到旅游研究中，采用 Ontology 技术结合传统搜索技术构建了一个基于语义的旅游信息搜索引擎，提出新的规则，提供更为智能的检索方案[130, 131]，并且实现不同系统之间的查询与对接[343, 344]，同时研究者还谈到了使用合适的本体来描述领域知识资源和用户模型，将个性化旅游信息服务系统构建在基于本体的系统结构中，通过为领域知识资源和用户模型提供语义和语用信息来达到个性化旅游信息服务的目的[127, 128, 133, 240]。

2.2.9.4 电子导游技术

电子导游技术主要应用在目的地旅游开发中，主要包括三种技术，第一种技术是电子导游讲解器[345-347]的设计与运用，主要是以无线编码发射和接收解码电路作为定位工具实现智能讲解，这是最常见的一种技术；第二种技术是多媒体触摸讲解技术[348,349]；第三种技术[350,351]是基于位置的导游服务，主要是通过无线互联网、跨媒体技术和GIS实现旅游信息主动推送服务和游客管理功能。

2.2.9.5 其他新兴技术

信息技术的发展层出不穷，一些新兴技术很快被应用到旅游研究领域，如虚拟旅游技术、移动与无线技术等。虚拟旅游在国内很多网站中都得到了广泛应用，其中包括携程旅行网等预订企业的全景展示以及中国全景网、紫禁城网的三维实景，但是从技术角度进行研究的文献并不是很多，部分文献谈到了利用GIS和鱼眼照片实现实景三维的技术方法[63,155,352]，也有文献谈到了利用Web 3D实现虚拟目的地三维场景的构建过程。移动与无线技术也是比较新的信息技术应用。姚继兰[138]设计了基于移动GIS的泰山旅游信息系统，主要包括移动定位导航、旅游信息查询和系统维护三个功能模块。一些学者谈到了短信在旅游中的运用[60,137,353]，另外一些学者[142,143]还谈到了移动旅游信息系统的设计方案。

2.2.10 评述与展望

2.2.10.1 评述

通过以上的综述分析，信息化对于旅游业的影响已经日益清晰，信息技术在旅游业中的应用经历了一系列过程，各个阶段出现的现象和问题都清晰地反映在旅游信息化的相关研究中。虽然研究的数量正在增加，研究内容正在逐渐丰富，但还是可以看到大量的研究仍处于刚刚开展的阶段，总的来说，国内的旅游信息化研究呈现出如下特点。

（1）基础理论研究不足

旅游信息化作为信息化与旅游研究的新兴交叉学科，很多研究者都是从原有各自的研究角度出发来观察和思考这一突然热门的现象。然而，在很多基本概念层面都没有完全统一的情况下，研究者就开始了对旅游信息化应用层面的探讨，进行基本概念梳理或试图构建学科框架的文章难得一见，这也是中国学术界常见的研究问题时过于浮躁和应用导向性过强的毛病之一。因为基础理论研究的不足和缺乏，研究中出现了大量的概念混淆现象，如将"旅游电子商务等同于旅游信息化"、将"旅游电子商务等同于旅游网站"、将"信息技术等同于互联网"等，对基础理论的研究不够重视，概念上和理论上的缺失很大程度上影响了旅游信息化研究的科学性。

（2）描述性研究多，主观分析多，实证类研究少

在上千篇文献中，50%以上都是描述性的研究，问题—对策型文章的比重非常大，研究者试图宏观地解决旅游信息化发展中的问题，却终因落笔的题眼太大，而陷入了个人的空谈之中。大量的研究都是研究者在描述现象，并根据自己的经验来分析其中的问题，通过经验来陈述解决问题的办法。真正有一个实际的案例，用一套科学的研究方法分析问题和解决问题的实证性研究在最近几年的研究中才开始出现，而且总体比例不高。

（3）现象研究多，深入研究少

对于现象的关注是一切科学研究的起点，而研究的价值在于现象背后深刻的分析[344]。目前，国内的旅游信息化研究大量地记录了旅游业对于信息化技术的使用，但是对其背后深层次的原因、环境、可能引发的问题等的探讨非常少，整个研究都流于现象层面，并没有从可持续性角度探讨网络旅游的可能性及其在变革社会中存在的问题与隐喻意义。

（4）产业和技术类文献多，对旅游者的研究少

前文的统计中已经谈到，和国外旅游化研究中的以游客为中心的研究相比，国内的文献大多是对产业的关注和对技术的运用，对旅游者的关注从时间上、数量上和研究内容都有明显的短缺。对旅游者研究的缺失，导致大量的研究都是从供给者或者研究者的角度进行，这样就削弱了中国旅游信息化研究的客观性，也使得研究成果应用于实践的可操作性大大降低，对实践的指导意义有限。

（5）重复研究较多，创新性研究较少

笔者发现同样一个研究议题、同样一个技术运用在文献中反复出现，如地区的旅游信息化发展现状及对策、基于GIS的旅游信息系统的设计。有一些文献虽然研究的主题稍有变化，但是所用的方法，甚至最后的解决方案都大同小异。即便是一些实证性的研究，都是借鉴国外已经成熟的研究路线，换一个研究主体来重新执行，真正创新性的研究方法、研究内容非常少，对新兴技术和现象所引起的变化的关注也明显不足。

2.2.10.2 展望

在信息技术日新月异的今天，信息技术在旅游业中的运用无疑将是旅游研究中的热门和重点。从数量日益增多、质量日益提升的研究文献中，不难看到旅游信息化研究的光明未来。结合国内外研究发展的情况和未来社会发展大势的判断，笔者认为未来旅游信息化研究应该更加注重以下几个方面的内容。

（1）以信息社会作为研究的大背景

纵观国内外旅游信息化研究的历程，旅游信息化的研究都是与信息技术的发

展及其在旅游业中应用的社会背景紧密相连的。从 20 世纪 70 年代的饭店中央预订系统到 20 世纪 80 年代的全球分销系统，从 20 世纪 90 年代计算机管理的信息咨询服务到 21 世纪互联网支持的网上旅游信息交流和旅游产品的预订、购买，再到今天移动物联技术在旅游中的运用，研究的主体都是随着信息社会的发展而发展，随着新技术的应用而不断追随、解决和预测技术应用所引起的社会现象、问题和趋势。明确了这一点，不仅可以明确目前可以研究的范畴，而且可以借助对信息社会发展趋势的了解，预知未来新兴的研究范畴和重点，从而更有效地发挥科研对于实践的指导作用。

（2）以旅游者作为研究的重点

Buhalis 曾经预言信息社会催生了以消费者为中心的时代来临[5]。未来信息社会的旅游者会变得空前的强大，也会越来越难以满足，他们会掌握更多的信息，更愿意选择和决定旅游产品，甚至决定旅游产品提供商的经营模式。虽然现在仍有相当多的研究是对企业和目的地（即旅游的供给方）信息技术应用的关注，但是一个很明显的趋势已经出现，那就是在信息技术广泛应用于旅游业和社会各领域的今天，对旅游者（即需求方）的行为特征进行研究才是更加接近现象本质、有利于发现主导事情走向规律的一个重要视角。因此，当前国外的文献中出现了较多对旅游者行为规律的研究。未来研究者可以考虑从这个角度出发，重视对信息化环境中旅游者的研究，对于旅游者在信息时代所呈现的与以往不同的信息搜寻行为、旅游目的地感知方式、旅游计划和决策过程、产品购买途径、网上社区参与行为等各方面展开一些具有突破性的研究。

（3）以中国关注点为研究特色

因为在科学研究领域的差距，国内外研究的比较和学习一直以来都是国内学术界快速进步的源泉。但是旅游信息化的研究却有自己的特殊性。第一，是因为信息技术的飞速发展是在最近几十年内发生的，即便在国外也是比较新的研究课题，所以，国内外在旅游信息化研究的差距相比其他学科较小。第二，是因为中国国情的特殊性使得旅游发展的很多问题都和国际上的一般规律有所不同。所以，旅游信息化领域的研究应该是既要注意和国际化的趋势接轨，又要结合中国异常丰富的案例，为世界提供一些中国关注点的研究。例如，国外的目的地大多都是非盈利性的，所以对于目的地信息化研究主要在于营销系统，而且主要以城市为主，旅游区的研究很少，而我国的目的地主要是盈利性的，很多旅游区都非常关注电子商务带来的效应，国内的学者应该根据中国的国情适度地增加研究。同样，很多研究都表明，中外旅游者具有很多行为和认知上的差别，在全世界都在关注中国旅游者的时代，国内研究者应该对信息化时代的中国旅游者进行专门的研究，以丰富世界学术界的理论知识。

（4）以指导中国旅游信息化发展实践为主要目的

旅游业和信息技术都是强调应用性的学科。未来的旅游信息化研究应该更重视以指导实践作为研究的主要目的，关注旅游信息化领域中的新现象，更重要的是要从案例中发现可以推而广之的理论与规划；关注发展中的问题，更重要的是提出科学的经过实证研究的解决方法；关注中国大量中小旅游企业的信息化需求，帮助边远地区转型，从理论的角度思考行业标准和国家政策引导。只有确实服务中国旅游信息化发展的实践需要，研究才能真正体现其价值。

3 信息化时代的旅游者

3.1 理解信息化时代的旅游者

3.1.1 信息化时代旅游者的心理变化

人们对旅游的态度是伴随物质的丰富和社会文化的变迁而不断进步的。因为旅游始终是一种消费行为，所以对旅游的态度可以部分地用旅游消费观来解释。本章笔者通过社会消费文化的演变来探讨人们对旅游态度的变迁，试着研究旅游者在旅游的信息化时期会有什么样的旅游消费心态。

3.1.1.1 旅游态度的变迁

在信息技术越来越多地渗透于人们的生产生活之后，后现代的概念被越来越多地放在了桌面上，它主要是用来描述现代之后来临的那个时代，被认为是信息技术的产物，而信息技术、电脑、数据、字节则成为后现代的标志词汇。在后现代时期，"消费文化的特征是产品文化成为后现代商品评估的核心。首先是产品观念文化。文化是评价产品品质的核心，也是衡量产品价值的核心。后现代消费文化中产品的威信不再由物质的质量来决定。重视使用价值和交换价值之外的'文化使用价值'是后现代消费者的特征。其次是产品产地文化。产品竞争实际上是工业产地的竞争，产地竞争最终又是文化的竞争。" [354] "在后现代经济的需求与消费方面，需求与消费的社会文化模式已经发生变迁。当代消费文化正在从大众消费向充满审美和文化意义要求的消费过渡……广告不再是目标，而是一种攻克各种心理的东西。这就是说，人们需求的那些产品不是满足一般需要的产品，而是符合特殊的文化层次的产品，因此，产品有着明显的文化层面。" [355, 356] 这种消费文化反映在旅游中，即部分的旅游者选择旅游并非以传统的为了放松身心、回归自然、增加学识等角度为主要出发点，他们力图通过旅游目的地、旅游方式、旅游行为的选择来显示自己的个性、文化和品位。他们所选择的旅游往往伴有一定的新奇性、冒险性或是强烈的原生性、人文色彩和环保主义。传统的跟随旅游团旅游被认为是缺乏乐趣，而住在整齐有致、富丽堂皇的饭店里大方地进行享乐主义消费更是没有文化和品位的象征。这种心态就像 19 世纪工业革命以后，新兴的资产阶级富裕起来，力图通过奢侈性的享乐消费来获取社会的承认，但旧的贵族却说要挤进上流社会靠的不是奢侈的消费而是高贵优雅的气质一样。这部分旅游者并不一定缺乏进行享乐型旅游消费的物质基础，但他们"玩"的就是文化和品位，要始终领先一步来凸显自己。

在世界范围内，探险游、民族民俗旅游、生态旅游、体育旅游是现今旅游业新的发展热点。而在中国，有许多来自欧美的"背包"一族，例如，人们时常可以看到从成都到川西藏区的公路上有没有参加旅游团的欧美旅游者，在当地藏民的帮助下骑着马慢慢前行。近年来，国内旅游者中也兴起了自驾车游、背包自助游、网络结伴游等新颖的旅游浪潮。应该说这些现象都与后现代时期的旅游消费文化有着必然的联系。信息技术的发展一方面深刻地改变了社会的生产生活结构，逐渐形成了新的社会消费文化；另一方面又为旅游者摆脱旅行社，自行其是"玩"旅游，在旅游中"玩"出文化和品位提供了可能。信息技术对旅游者的旅游态度有着直接和间接的深远影响，因此伴随旅游信息化程度的加深，可以想象这种思潮将会继续被发扬光大。

总之，后现代时期或者说即将进入的信息化旅游时期的旅游者有力图摆脱旅游行为的符号化的趋势，而在旅游意识上有符号化色彩。这反过来又影响了他们的旅游行为——他们总是力图通过旅游寻找对自己有益的符号。

需要说明的是，从早期的实用型旅游到"二战"以后的享乐主义旅游，再到后现代化的泛符号化旅游，旅游者对旅游的态度越来越丰富了。用丰富而不是转变一词来形容，一是因为这些只是人们对旅游的态度中的主流而已，并不能将所有的态度全部包括；二是因为这三种态度可能是同时出现的，只是在人们的观念中形成强势可能具有一定的时间顺序，但并不存在谁取代了谁，谁消灭了谁。即使在现今这一刻，因为经济的发达程度、个人的收入状况和传统文化的制约，在不同的国家、社会、人群之中它们依然会有各自的市场。

3.1.1.2 心理优势的削弱

在现代旅游中，旅游者在旅游中占有明显心理上的优势地位。旅游学者很早便认识到这一现象，并从人类学的角度来研究。造成此种心理优势的原因首先是旅游者身份的改变。当工业时期的消费主义大行其道之时，旅游者首先被映射的身份就是消费者，于是被异化为金钱的符号，并拥有消费者"理所应当"的权力。"众所周知，现代性的一个重要特征是权力话语。表现在旅游行为中金钱就成了'话语'的替身……由于在旅游行为中游客有被'异化'为一种'资本的化身（上帝）'之嫌。所以游客无形之中被赋予了特别的权力和他们在日常生活里不同的'自由'。"[355]正是这种特别的权力作后盾，旅游者才有了优势心理的自信。

但这种优势心理在后现代的信息化旅游浪潮中可能将会被削弱，在信息化旅游时期，单次旅游规模一般不大。如探险游、民俗游、生态旅游等，还有一些自助游，旅游项目可能直接由接待者安排，旅游者甚至直接享受接待者的家庭招待。在少了旅行社这个"传声筒"以后，旅游者恐怕就不会像在旅游团队里那样敢提要求，比起与导游之间，旅游者与接待者走得更近，同在一个屋檐下，从心理上也不好过于苛刻地要求对方。同时，旅游者想要摆脱符号化的、肤浅的旅游行为，更深入地了解旅游地的社会文化、民俗民风，认识当地文化生活真实的一面，也必须让自己放下消费者的架子，以一种更加平和的心态，像朋友一样与当地人接触交往。旅游者的优势心理会继续存在，不过确实会减弱不少。

3.1.1.3　社会责任心的增强

由于旅游者心理上的优势，给旅游带来了一系列消极的后果，如旅游者行为的放任、接待地原生文化涵化失真等。典型的案例就是时常有旅游者在古迹或是植物、岩石上刻上"某某到此一游"，这样的旅游者通常都抱有"我花了钱就该享受"的心态。

另外，如果将旅游者看做主体，那么已有研究的不足之处在于往往忽略了对客体（接待方）的观点。实际上没有接待方示弱为衬托，旅游者的优势心理可能就无法自我肯定。现实中旅游的接待方常常屈从于旅游者的要求，消费者的金钱效应是一方面，但旅游者抱有文化优越感也是形成优势心理的原因之一，反过来，难道接待方会抱有文化耻辱感而形成对应的心态劣势吗？答案显然是否定的。旅游地当地居民对自己的乡土文化通常都抱有强烈的自豪感，所以抛开物质因素，使他们形成相对劣势心态的精神能动不是内在自发的，而是外部环境造就的。

在这方面，信息化时代的网络舆论因其具有社会教育功能，而对此有重大的影响力。在大众化消费时代，媒体异常活跃，它们的任务就在于将一些新的形象和价值符号添加到商品中，以改变它固有的意义。具体到旅游上，它们一面将旅游中的享受发挥得淋漓尽致，一面极力鼓吹消费者就是上帝的"上帝文化"。同时，公众对此几乎一边倒地投赞成票，"顾客就是上帝"、"客人永远是对的"这些教条被管理学研究视为经典哲学。这无形中对旅游的接待方具有社会教育作用。

而信息化时代，公众舆论逐渐转向了让旅游者约束自己行为的论调。中国旅游者到海外旅游，一些陋习严重损害了中国人的海外形象，于是受到网络舆论的强烈批判。虽然这跟可持续旅游似乎并没有直接关联，不过可以看到舆论的强大力量。为了减小对旅游地自然景观的破坏和对当地乡土文化的涵化，无处不在的网络舆论，如微博、人人网等在各种场合提醒旅游者为自己的行为和旅游地的发展负责。这无形为旅游者施加了一种外部压力，敦促他们增强社会责任心，约束自己的旅游行为。相当部分的旅游者其实也会从内心约束自己的行为，他们本身在旅游中就力图体现自身的一种文化品位和社会层次，那些对旅游地有不良影响的行为被认为是没文化、缺乏修养的和低级的。旅游活动选择走向自主化、信息化，这有利于减小对旅游地的冲击，实现旅游发展地的良性循环。在旅游地面临可持续发展这一生存性问题时，以信息化组织形式参加旅游的旅游者将会越来越多地出现并抱有这种进步的旅游责任心。所以从外部和内部因素来看，旅游者的社会责任感都会继续加强。

3.1.1.4 个性需求的增强与后现代文化对旅游者的影响

旅游者的个性需求具有双重的意义。一重意义是内容上的，信息技术带给旅游者最大的收获就是让他们能主动地获得自己想要的旅游信息，不必到旅行社被动地接受自己不需要的。每个旅游者都有自己的习惯和喜好，旅游者可以根据自己的喜好收集旅游信息，规划自己的旅游活动，对旅游的个性需要和期望也随之提高。个性需求的另一重意义是形式上的，即旅游本身就是一种具有个性主义色彩的生活需求，可以用来显示自己的品位，映射自己的社会身份，这一点在旅游的泛符号化中已经提及。

在旅游中追寻个性主义的释放是以信息技术为基础的信息化旅游的重要特征之一。是信息技术间接造就了这个特征，因为个性主义是后现代文化中的重要部分，信息技术正是后现代社会的决定推动力。"后现代是信息时代的产物，知识膨胀，电脑、数据的应用，导致了合法化的危机，这一状况反过来规范着人类的行为模式，导致了一种反现代文化的极端倾向的形成……此后，后现代文化浸透了无所不在的商品意识，高雅文化与通俗文化的对立消失，商品具有了一种'新型'的审美特征，文化则粘上了商品的标签。文化消费化，消费文化化就成为后现代主义与后现代消费文化的总体模式。"[357] 在信息技术越来越广泛地被应用于生产生活的现在，人类社会正在逐渐迈向后现代社会（后工业社会），旅游业也正站在后现代时期的门口。旅游的泛符号化其实无非是后现代文化的一种体现。旅游地的文化变成了一种符号，即"文化消费化"，而寻求一种身份的认证实质是"消费文化化"。

后现代主义的推动者福柯相信，现代理性是一种压迫性的力量，通过社会制度、话语和实践等方式对个人实施统治。霍克海默和阿多尔诺则强调现代主义的理性是对自然的殖民统治以及由此而来的对社会和心理存在的压制。

"与现代观点相反，后现代主义者肯定不可通约性、差异性和片断性，视它们为压迫性的现代理论形式与现代理性的解毒剂……吉勒斯·德兹与弗里克斯·加塔利致力于后现代冒险，他们都坚持不懈地致力于废除统一、等级制，认同基础、主体性以及再现等现代信仰，并颂扬理论、政治以及日常生活中的差异和多样性等相反原则。"[358]后现代主义强调差异性，它正是在后现代时期追寻个性主义的精神源泉。另外，尽管不能指望每一位旅游者和旅游地居民都是绝对的后现代主义者，但生活在这样一个信息时期，人们难免不受一点后现代主义思潮的影响。加之传统旅游对旅游地自然和文化的负面影响现实地摆在眼前，因此旅游地居民对破坏性旅游趋向强硬的态度，而旅游者愈加自律自己的行为，自觉协助旅游发展的可持续性是一种大势。

这就是一种对现代理性的反压迫——反对旅游对自然的殖民统治，反对旅游业对旅游接待在社会和心理上的压制，追求社会制度和话语权的平等。所以上述的旅游者心理上的变化都可以看做后现代文化对他们的影响。

3.1.2 信息时代旅游者的行为方式变化

信息化技术使越来越多的旅游者拥有可靠的搜寻信息和利用较少时间、花费且避免了传统方式带来不便的预订的途径。信息化技术有助于提高服务质量，对高顾客满意度作出贡献。信息化技术将顾客放在中间位置功能上并进行产品预付。每个旅游者都带着不同的混合经历、动机和期望。在一定程度上，由于他们的经验，新的复杂型旅游者已经出现。从世界主要客源地来的旅游者成为频繁旅游者。他们在文学方面和技术方面都有较高的水平，能在多文化和高要求的国外环境中游刃有余。信息化技术的发展，尤其是互联网赋予这些有丰富知识和寻求除时间金钱之外的价值的新型旅游者更多满足需要的机会。他们厌倦了跟着一队游客去欣赏一组旅游产品，他们渴望用敏锐的视角去获得自身偏爱的经历、制订自己的计划。打包的旅游产品逐渐失去了自己的市场，独立组织动态打包的旅游产品慢慢占据着市场。这些消费者是非常不愿意等待或推迟行程的，忍耐这项美德已经逐渐流失。成功的关键在于能快速鉴定消费者的需求，并且用综合的、个人化的不断更新的且能满足需要的产品和服务去打动潜在顾客。慢慢地，新的富有经验的、复杂的、高要求的旅行者会要求和供给者互动来满足他们的细节需求和愿望。

3.1.2.1 旅游者的自我组织

如前所述，在旅游者能通过网络获取自己需要的旅游信息之后，一些富有经验的成熟旅游者将会更倾向于选择自己组织旅游活动。搜集旅游信息是旅游者要做的第一个环节。传统的信息搜集方式是：首先旅游者会从自己以往的记忆片段中寻找信息，这被看做内部搜寻。当内部搜寻的信息不足以说服他自己去旅游的时候，他就会转向外部去求助。"（旅游）消费者可获得的外部信息来源一般可分为以下4个基本类型：①个人来源（如来自朋友和亲戚的建议）；②营销者主导来源（如宣传册、广告印刷品和电子媒体）；③中立来源（如旅游俱乐部、旅游指南、旅行社）；④经验来源（如视察、购前访问或店铺接触）。"[359]当网络中的旅游信息足够丰富的时候，旅游者就会越来越依赖于利用网络这一电子媒体来搜集信息。网络传播信息具有超文本性，即它"是一种按照信息之间关系非线性地储存、组织、管理和浏览信息的一个重要维度，网络中的每一个关键词、句子、文章、图画、文本、动画文本、影视文本、声音文本都可以链接到另一个关键词、句子、文章、图画、文本、动画文本、影视文本、声音文本。"[360] 旅游者通过不停地链接，除了可能获得文字说明、图片展示、影视片断（这些信息多来自营销者主导来源和中立来源，如旅行社和旅游地的网站），还能获取一些经验之谈（个人来源，如论坛上的帖子或个人的博客）。网络基本上就将传统的几种信息来源一网打尽了。当然传统的信息搜集方式会依然存在，因为网络的使用要依托于一定的技术设备，而且一部分旅游者仍然会认为网络提供的信息不真实。

希望自我组织旅游活动的旅游者要搜集的信息主要有两方面。除去本身需要搜集比依靠旅行社旅游更加翔实充分的旅游地信息，包括交通、食宿、路线、费用之外，他们还要通过在网上发帖应征的方式搜集其他旅游者的信息，即寻找自己的同路人。当伙伴找齐之后，大家再通过网上联系决定旅游的行程，即选定为大多数成员所赞同的旅游项目。最后敲定行程日期、集合地点、费用摊派等，这样一次自发组织的旅游才算基本组团完毕。

3.1.2.2 与接待者的交流加深

传统的大众旅游中，旅行社充当着旅游者与旅游地接待者之间的中介质，接待者并不直接对旅游者负责，他们的劳动报酬大部分也是由旅行社付给的。

旅游中的各项活动是旅行社与接待者之间协商的结果，当接待中出现不如意之处时，经常出现的情况是旅游者首先找到的不是接待者而是导游，他们向导游抱怨问题，要求改善服务，然后再由导游去找接待者。但因为接待者只和旅行社有直接的经济联系，有时候抱怨并不能被很好地处理。在信息化旅游中，旅游者与接待者有直接深入交流的机会，他们可能就住在接待者提供的住宿设施之中，甚至让接待者作为他们的旅游向导。这有助于宾主双方增进了解。旅游者可以了解到接待者风俗民情和当地文化真实的一面，而接待者直接对旅游者负责和获取收益，会更尽心尽力地为旅游者服务。旅游者的旅游质量将会更有保障。

3.1.2.3 旅游的高体验行为

旅游行为从本质上讲是一种经历和体验。传统的旅游模式，让旅游者在旅游中看得多、听导游讲得多、自己亲身参与得少，走马观花似的纯"游"让旅游者对旅游的满意度不高。一部分经验丰富的旅游者已经逐渐认识到了旅游地为了规模性地发展旅游，"符号化"地推出活动场景、文化内涵，并不能让他们得到自己想要的真实感受。这部分旅游者往往具有良好的经济收入和教育背景，一个很好的例子就是生态旅游研究者 David A. Fenneill 早在 1992 年曾调查过加拿大生态旅游者的人群特征。"调查样本以男性为主（55%），被调查者平均年收入约为 60000 加元，约 1/3 有本科学历，2/3 有研究生学历，这个比例远高于加拿大的全国平均水平……"[361] 在我国同样有此种情况，一部分具有高收入和高教育背景的旅游者出游次数较多，他们对由旅行社操作的传统旅游并不满意，正试图摆脱旅行社自己去寻找旅游中的真实感，如近年来就出现的自驾车游和背包游一族。信息化旅游为他们单独出游提供了很好的操作平台，有利于旅游者走近旅游地接待者的真实生活，这样将更符合于他们在旅游中追求真实的想法。因此，信息化旅游的旅游者会呈现出一种与传统旅游不同的行为特征：追求在旅游过程中的一种高体验、与旅游地社会文化的高融入、在旅游游娱活动中的高参与。

3.1.2.4 对旅游地的信息传播

旅游是一种跨文化交流的行为。旅游者到异地旅游，去了解当地的自然风貌、人文风情、社会文化，这时他是一个信息接受者；当旅游者返回自己的居住地后，作为跨文化交流使者的他可能又会成为信息的传播者。旅游者传播文化、咨询的行为在很早以前便已有之。

在地理大发现以前的时代，世界上的人群聚居在各自分隔的地域，缺乏相互了解和沟通信息的手段，主要便依靠旅游者来传递相互之间的文化和资讯。那时的旅游者热衷于将自己旅游中的所见所闻记录下来，以告知他人自己的旅游行为和旅游地的实际情况。所以，那时的旅游者表现为喜欢写游记、吟诗作赋，甚至作画。玄奘西游归来所著的《大唐西域记》就详细地记载了当时中国新疆、中亚以及印度的物产、风俗、国情、地形等详细情况。《大唐西域记》不但令中国人大开眼界，而且已成为研究古印度历史的重要考证。意大利旅游家马可·波罗所著的《马可·波罗游记》更是震惊了整个欧洲，并引发了 1492 年哥伦布怀揣西班牙皇帝的书信东航中国，却误打误撞地发现了新大陆。除了游记以外，其他形式的文学作品、艺术作品也很多，如诗歌、散文、绘画。曹操东临碣石，便作《观沧海》；李白游三峡写下了著名的《早发白帝城》；柳宗元的《永州八记》以"记"命名，依托于山水，专写他的旅游观感。六朝有不少著名画家都画过山水画，如顾恺之的《雪霁望五老峰图》、《庐山图》、《山水图》、《云台山图》，夏侯瞻的《黄山图》，戴连的《刻山图卷》。总之，都是要将旅游地的信息准确地带回自己的常住地，这样无形中就达到了信息传通的目的。

在现代旅游中这种习惯似乎一度被遗忘了，主要是因为当今资讯渠道已经相当丰富，各个地区的相互了解已不再主要借助于旅游这种形式。从个人角度来说，若一个旅游者没有相当的名望和人气，就很难出版自己的著作，写了也没人看。不过最近旅游者写游记的复古之风又开始悄悄地兴起。

因为网络媒体传播的特征带来了社会话语权分散的趋势，"这种趋向主要表现为个体权力和小众权力开始在网络世界显示出自己的影响力，由此造成了权力格局的某些变异"[362]。例如，美军在伊拉克虐待囚犯的信息一度被美国政府封锁，但在互联网上仍能看到前线士兵上传的真实图片。即使是个平凡的人物也有权力通过网络发出自己的声音。不少旅游者现在都建有自己的个人网页或是开通了博客。他们将自己在某地的旅游经历、感受和一些小故事写成文章贴在自己的个人空间里，另附有一些个人留影和旅游地的自然风光或人文图片。信息化旅游的开展将会刺激更多的旅游者拥有这样的爱好，旅游者建立这些个人空间的本意就是展现自己的个人风采。信息化旅游者习惯于向网络索取信息，自然他们也会不自觉地成为信息提供者。例如，有其他旅游者询问某旅游地的信息，在论坛或BBS上将会有很多跟贴回应，通过这些网络个人空间或虚拟社区的交流，旅游地在无形之中被传播开了。

3.1.2.5 旅游者的网络预订行为

世界旅游组织（World Tourism Organization）的研究报告曾指出，互联网用户的一般特征是：①经济状况相对稳定；②教育水平良好；③旅游个性化程度强。

在我国互联网用户中，以学生和年轻工作者为主，但处在中年时期的职业人士也越来越多地使用互联网，城市居民较农村居民、高学历者较低学历者更频繁地使用互联网。年轻人是个性化旅游、自助旅游的积极尝试者，他们也是带领社会消费潮流的领先消费者，是家庭制订出游计划的影响者。因此，年轻人是我国旅游目的地目标市场必须争夺的对象。通过网络渠道，向这部分人传递旅游资讯是旅游促销的有效方式。另一部分人，即高收入、高学历的中青年职业阶层和商务旅游者则构成了潜在效益更大的网上旅游市场，他们是旅游电子商务预订的主要服务对象。

虽然互联网已成为旅游者信息来源的首选渠道，但是有多少网络用户只是从互联网上获取旅游信息而通过线下方式购买旅游产品；多少网络用户选择电子商务方式购买旅游产品呢？国外通常把第一种用户称为浏览者（Lookers），第二类用户称为预订者（Bookers）。前几年，在网上了解旅游信息的网民数量较多，而进行在线预订的比例相对较小，但是随着信息技术的迅猛发展，越来越多的"Lookers"转变成了"Bookers"。

中国互联网络信息中心（CNNIC）发布了《2012年中国网民在线旅行预订行为调查报告》，报告提供了以下数据信息。

2012年3月至9月，网民在网上查找最多的旅行信息是火车票、机票、旅游景点和住宿餐饮，分别占网上查找旅行信息用户的60%、56.4%、52.4%和50.3%，如图3-1所示。与2011年相比，火车票网上查询的用户超过了机票查询用户，12306 网络火车票预订系统的实行，使得火车票的网购和网络查询行为明显增加。

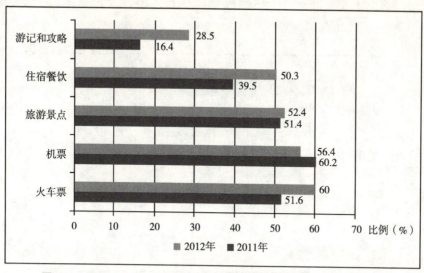

图 3-1　网民 2012 年 3 月至 9 月在网上查询信息的类别及所占比例

如图 3-2 所示，网民的旅行信息查找方式具有明显的特征，78.5% 的网民使用通用搜索引擎查找旅行信息；使用购物网站和代理网站的查找比例分别达到了34.1% 和 33.9%；垂直旅游搜索和酒店航空官网的查找比例分别为 23.7%和 19.2%。

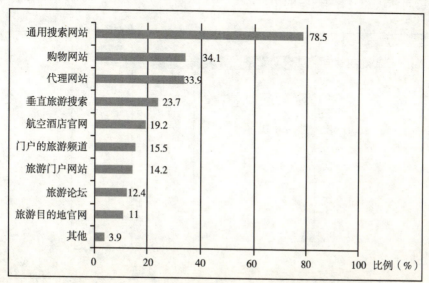

图 3-2　网民 2012 年 3 月至 9 月在网上查询旅行信息的方式及所占比例

如图 3-3 所示，2012 年在网上查找旅行信息的网民外出旅行方式最主要的是和家人结伴旅游，占 58.9%；排在第二位的是和朋友结伴旅游，占 57.2%；此外，分别有 23.4% 和 20.7% 的网民选择独自旅游或参加社团、驴友组织的旅游。

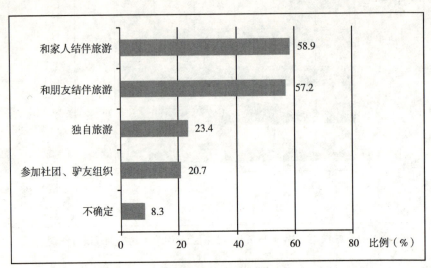

图 3-3　网民的外出旅行方式及所占比例

如图 3-4 所示，网民访问旅行网站尚不频繁，有 63% 的旅行信息查询用户在有出行需求时才访问；8.5% 的旅行信息查询用户一个月访问一次，7.5% 的用户一周访问一次，只有 4.5% 的用户一天访问一次。

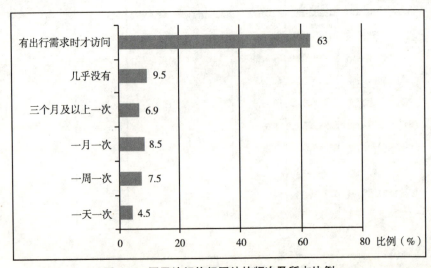

图 3-4　网民访问旅行网站的频次及所占比例

如图 3-5 所示，对网民计划出游前查询机票预订信息的时间进行调查发现，29.7%的旅行信息查询用户会在一周前查询机票，28.8%的用户会在一个月前查询机票，两者占整体网民的一半以上。

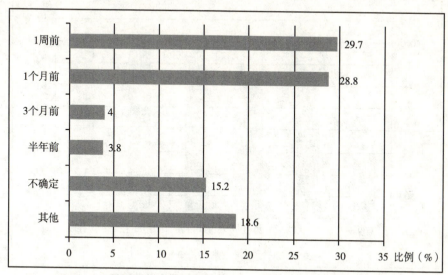

图 3-5　用户计划出游提前查询机票预订信息的时间及所占比例

如图 3-6 所示，对网民计划出游前查询酒店预订信息的时间进行调查发现，有 35.3%的旅行信息查询用户会在一周前查询，有 21.1%的用户会在一个月前查询。

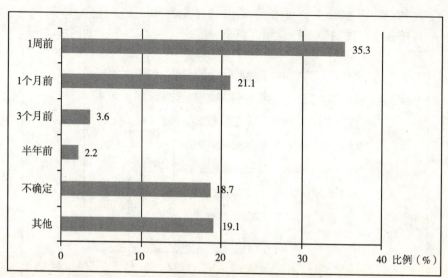

图 3-6　用户计划出游提前查询酒店预订信息的时间及所占比例

如图 3-7 所示，截至 2012 年 6 月，中国使用旅行预订的用户规模为 4258 万人，在网民中的渗透率为 7.9%。其中在线机票预订发展最成熟，火车票、门票在线预订增长较快。

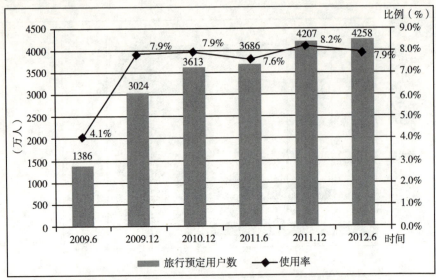

图 3-7　2009.6 ~ 2012.6 旅行预订用户数及使用率

利用手机查询旅游信息也是信息时代旅游者查询信息最常用的方式之一。有 52.1% 的网上旅行预订用户使用手机上网查询旅行信息。其中有 30.5% 的用户仅在旅途中查询，有 18.1% 的用户只在出行前查询，有 51.4% 的用户在出行前、旅途中都查询。用户使用手机查询旅行信息，最主要的情况是查询附近的景点、美食，这种情况占 60.5%；排在第二位的是旅游中了解行程的详细信息，占 58.1%；排在第三位的是出行前预订机票、酒店，占 46.2%，如图 3-8 所示。

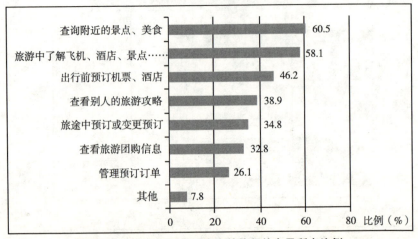

图 3-8　旅游者使用手机查询的旅行信息及所占比例

用户最常使用某一个旅行网站客户端，最主要的原因是预订便捷或者支付便捷，占 40.9% 的比例；排在第二位的是自己常在电脑上使用，占 38.6%；排在第三位的是界面舒适，占 33.1%，如图 3-9 所示。

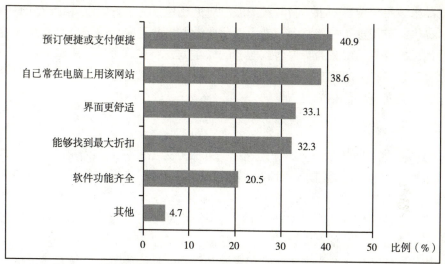

图 3-9　旅行者最常使用某一个旅行网站客户端的原因及所占比例

　　在线旅行预订用户中，有 13.1% 的用户实际使用手机预订过旅行产品。用户使用手机进行在线旅行预订最主要的原因是觉得方便快捷，占 77.5%；排在第二位的是没有电脑上网预订的环境，占 24.9%；排在第三位的是觉得手机预订有更大的价格折扣，占 12.1%，如图 3-10 所示。

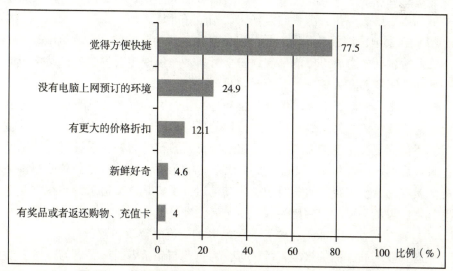

图 3-10　旅行者使用手机在线旅行预订的原因及所占比例

3.1.3 信息化时代服务旅游者方式的转变

信息化时代的旅游服务不仅仅是企业利用旅游资源和设施，辅以相应劳务或者产品来满足消费者需求。新时代的旅游服务还包括为消费者解答旅游方面的疑惑、提供旅游信息、为旅游者设计个性化旅游方案并且在行程结束后收集旅游者的反馈。旅游电子服务商会保留旅游者的联系方式旨在日后进行跟踪服务，留住老顾客。电子时代的到来，为旅游服务过程提供了技术支持与保障，使得新时代的旅游服务向更增值化的方向发展。

3.1.3.1 服务流程

（1）在旅行前的服务阶段，强化以信息服务为主的咨询和销售

旅游企业向有旅游需求、处在决策阶段的旅游者提供旅游信息、专业的旅游咨询，不仅是旅游服务的重要体现，也是旅游营销的重要手段。实施电子商务后，旅游企业将信息放在网站上，旅游者通过主动搜寻和阅读获得信息。网络辅助了旅游者自助式的信息获取，减轻了旅游企业信息服务的人工耗费。

旅游企业还要为旅游者提供行程建议和线路设计。旅游企业只有通过信息系统的支持，才能迅速准确地为旅游者提供信息和专业建议。信息技术使旅行企业和旅游者能充分沟通，为向旅游者提供个性化线路设计提供了条件；旅游企业在网上与旅游者建立感情化、个性化的关系，让其随时可以表达自己的特殊需求，以便最终为其量身定做一套产品和服务组合。

旅游企业鼓励旅游者随时跟踪自己的消费记录，并且留下信息，以便旅游服务企业深入了解每一位旅游者的偏好，预先做好准备。

（2）在实地旅游服务阶段，强化以信息化手段为支持的个性增值服务

在此阶段，旅游者希望能享受到安全可靠、与预期接近的服务，又希望能获得一些与众不同、意外惊喜的经历。

长期以来，旅游行业追求的都是服务标准化，因为标准化具有高效和可靠的特点。它方便旅游者接受服务并减少他们的风险心理。然而，千篇一律的规范化服务已不能满足旅游者的需求，每位旅游者都有自己的偏好，需要得到特别的服务。统计表明，个性化服务更能使旅游者获得满足感。但个性化服务的提供需要服务人员在为旅游者提供服务时积极与其沟通，了解其真实需求，并在方便的时间和地点，灵活采取相应的措施满足旅游者的独特需求。

（3）在旅游活动结束后，强化与旅游者的交流，实现再营销

旅游企业网站开辟的旅游者社区等，为企业与旅游者、旅游者与旅游者交流提供了园地，可以及时收集旅游者的意见和建议，并使旅游者对旅游服务过程的不满找到合理的交流和释放渠道，达成相互理解，减少负面效应。此外，还应鼓

励旅游者之间互相交流，让有共同兴趣的旅游者在这里集结，互相交流经验，倾诉实际困难。这样可以减少旅游企业有关的服务成本和服务的困难。

通过网站、电子邮件等，旅游企业还可以与曾经接待过的旅游者保持联系，积极发送新产品和服务信息。这种人性化的交流无疑是增进感情和培养顾客关系的良策。

电子商务为旅游企业创造了面向消费结束后的顾客的交流和再营销渠道。它既是一种服务过程，使旅游服务发生在旅游活动结束后，又具有顾客维系和营销功能，成为旅游企业市场竞争的重要手段。

3.1.3.2 个性化服务

传统的批量生产和单一产品面向大众市场的模式已无法适应信息化时代的要求，个性化服务与产品是当今的趋势所在。不断发展的计算机技术使今天的电子商务时代的旅游企业基本具备了提供"一对一旅游服务"的可能性。

（1）个性化旅游产品和服务

在与潜在旅游者交流沟通的基础上，旅游企业根据旅游者的要求和偏好设计旅游产品，为其提供个性化的旅游方案。旅游者充分参与到产品的设计中来，旅游产品或服务中充分体现了旅游者的个性需要因素，具有强烈的个性化特征。亲自设计的旅游产品将使旅游者增加参与感和认同感，这也将为旅游企业赢得更多的利润空间。

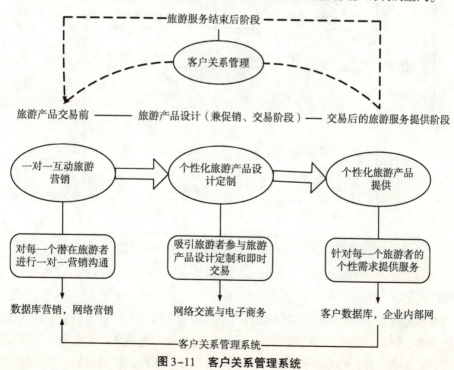

图 3-11 客户关系管理系统

在游客的旅游活动过程中，旅游企业根据旅游者的个人偏好和习惯提供服务，使旅游者获得更大程度的满足和被重视的心理好感。提供个性化服务的依据是客户资料记录、旅游者提出的要求或实际服务中观察到的旅游者偏好。同时，旅游企业服务人员应将观察到的旅游者偏好、习惯记录下来，存储为有价值的客户资料。

（2）个性化旅游的内涵及与电子商务的关系

个性化旅游强调的是对于每个旅游者的独特需求制定不同的方案。利用互联网，旅游企业收集到不同旅游者的个人和家庭信息，并对其有针对性地进行剖析，利用相应数据开展营销活动；旅游企业利用留言板、论坛、网络对话等形式与旅游者进行一对一交流。个性化旅游营销的产生和实现是建立在以网络为基础的"一对一"信息技术上的，因此个性化旅游营销与电子商务密不可分。

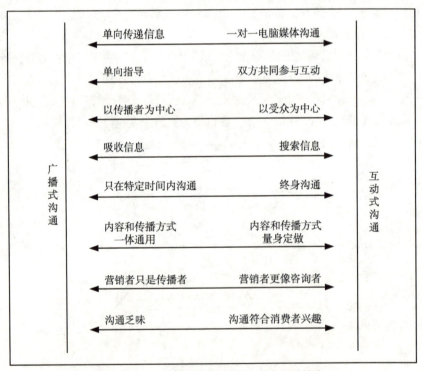

图 3-12　由广播式沟通向互动式沟通的转变

3.1.3.3 直线联系交流

在信息化旅游活动的开展中，接待者和旅游者采取直线联系的方式，面对面地进行交流。接待者直接对旅游者负责，因此会更加努力地为旅游者服务，尽量满足旅游者的要求。他们可能会将旅游者直接安排在自己管理的住宿设施中，亲自为旅游者准备食物，或是直接成为旅游者的旅游向导。这一点在现在的农业旅游、乡村旅游和一些民族民俗旅游中已经可以看到，可以说一旦旅游者与接待者建立了直线联系，结果几乎必然如此。信息化旅游不过是为创造这种条件大大增加了几率而已。

3.2 信息化时代旅游者的消费过程

旅游者的消费行为呈现个性化、信息化的特点，旅游者选择旅游产品的渠道多种多样，这种消费行为融合了传统的和数字化的、理性的和感性的、虚拟的和现实的因素。

未来的旅游者可以直接获取旅游组织、旅游私人企业以及越来越多的其他旅游者提供的丰富的信息。从信息搜索到目的地或者产品的消费再到旅游后的反馈，网络信息技术提供了促进和改善整个过程的工具。顾客不再依赖旅游代理商帮助他们完成整个过程，而是自己搜索旅游相关信息、在线预订机票、在线预订宾馆以及在线购买其他产品。

本章内容将基于图3-13重点论述信息化时代的旅游消费者行为的过程。

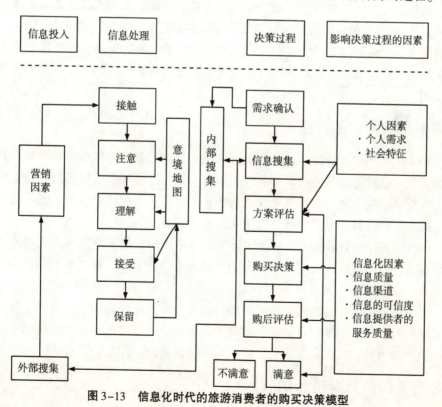

图3-13　信息化时代的旅游消费者的购买决策模型

信息化时代的到来意味着人们获取信息的途径更多，获取的信息范围更广，这也就给人们带来了自己制订旅游计划即自助游的可能。图 3-14 即为旅游者充分利用信息制订旅游计划、实施旅游决策以及反馈旅游过程的模式。

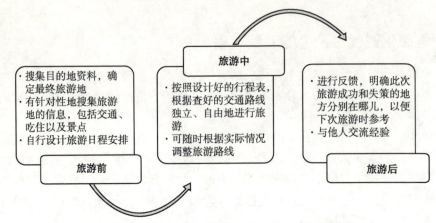

图 3-14　信息化时代旅游消费者制订旅游计划模式

在信息化时代，旅游者利用信息化以及被信息化影响的表现主要从 7 个方面体现：① 旅游者对于旅游需求的认知；②旅游者在旅游前对于旅游信息的获取；③旅游者对于旅游信息的处理；④信息对旅游消费决策的影响；⑤旅游者进行旅游决策的模式；⑥旅游者在旅游过程中对于信息化的使用；⑦旅游后对于信息化的使用。

3.2.1 旅游需求的产生

购买决策的过程开始于旅游消费者认识到目前他有一种出游需求，继而产生购买动机。这种需求可能由内在刺激物引起，如工作紧张、需要异地休息；也可能由外部刺激物引起，如某著名景点的宣传。人们从以往的经验中，意识到可以通过购买某种旅游产品或服务，来满足自己的需要。

行为地理学研究认为，意境地图是旅游者需求形成的主要因素。意境地图是指旅游者在作出旅行决策前，根据有关信息形成的关于某一地方的总的概念，包括距离、空间关系、旅行时间与舒适感、游憩设施状况、进入目的地的难易程度、目的地居民的好客程度以及对不同目的地质量的评价等因素。通常，旅游者心目中同时存在多个旅游目的地的意境地图。旅游者通过对目的地效用的主观判断，结合自身特征和偏好等因素，产生对一特定目的地的旅游需求。

3.2.2 旅游前旅游信息的获取

一般来说，旅游者意识到自己的需求后，会设法多方面地寻找信息。旅游者寻找信息的途径可能是内部的，也可能是外部的。内部途径主要指旅游者个人所储存、保留的市场信息，包括购买旅游产品的实际经验，对市场的观察以及个人购买活动的记忆等；外部途径是旅游者从外界搜集旅游信息的渠道，包括个人渠道、商业渠道和公共渠道等。

外部渠道中的个人渠道主要来自旅游者的亲戚、朋友和同事的旅游消费体会，这种信息和体会在某种情况下对旅游者的购买决策起着决定性的作用。商业渠道主要是通过旅游商的有意识的活动把商品信息传播给旅游者，包括网页内容和广告、旅游企业在自己网站上发布的所有信息、在信息服务商网上发布的信息和广告、登录搜索引擎等。

与传统购买过程不同，旅游者的信息是通过主动搜索获得的。旅游者可以根据已经了解的信息，通过互联网跟踪查询或者不断地在网上浏览，寻找新的购买机会。

由图 3-15 可知，旅游者对于信息的搜寻是一个循环过程。总体来讲，根据旅游者的需求，旅游者在消费活动中所需的信息主要包括旅游新闻、旅游常识、旅游指南、旅行社及饭店的介绍、出游方式、目的地概况、景区景点介绍、民俗风情、文化活动、自驾信息、投诉应急、旅游中的注意事项等。但旅游者对于旅游信息的需求是个性化的，因为他们所选择的旅游方式不同，并且旅游者自身的社会特征也不同。有研究证明自助旅游者最需要的是旅游权益保障方面的信息，而参加团队游的旅游者则需要较多旅行社信誉、性价比方面的信息。具有较高文化程度的旅游者更倾向于搜索旅游目的地历史文化方面的信息，而文化程度稍低的旅游者更倾向于旅游目的地的自然环境、价格比较等方面的信息。因此，旅游目的地和旅行社应把积极正面的意象信息通过不同的途径传递给旅游者，使旅游者形成对旅游地和旅行社积极正面的感知，以促使旅游者作出旅游决策。

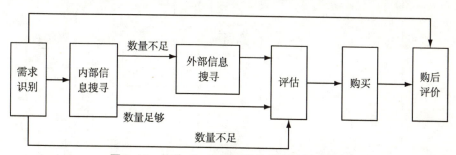

图 3-15 约翰 . C. 克罗兹的购前信息搜寻模型

根据 Snepenger，Meged，Snelling 和 Worrall（1990）提出的看法，有四大因素影响旅游者获取信息：假期团体的组成（the composition of vacation groups），目的地的亲戚朋友（the presence of families and friends at the destination），以前到达过目的地（prior visits to the destination）以及目的地具备的新奇事物（the degree of novelty associated with the destination) [363]。

不仅旅游者获取信息的方式不同，旅游者获取旅游信息的途径也更加多元化、差异化。以往的旅游者多参考旅行社制订的旅游线路和相关信息，是被动地接收外界推送的信息。但是，信息化时代的旅游者更多的是主动地挖掘旅游信息，如利用互联网通过与经验丰富的人士进行交流或者查看先行者的旅游历程与攻略。更有精明的旅游者会将从旅游电子商务商中查到的价格信息与旅行社的报价相比较，进而确定自己的出游方式。不难看出，由于信息化时代的旅游者获取信息的方法多且全面，所以根据获取的信息作出选择、判断等决策也变得更容易。

3.2.3 旅游信息的处理

消费者对各种渠道汇集而来的资料进行比较、分析、研究，进而了解各种商品的特点和性能，从中选择最满意的一种。那么针对如此多的旅游信息，旅游者是如何处理信息的呢?

如图3-16所示，威尔森在1996年设计的模型将重点放在了旅游者信息查询前的心理状态上。而当今社会的旅游者对于信息的处理很大程度上与其对信息技术的适应程度有关。

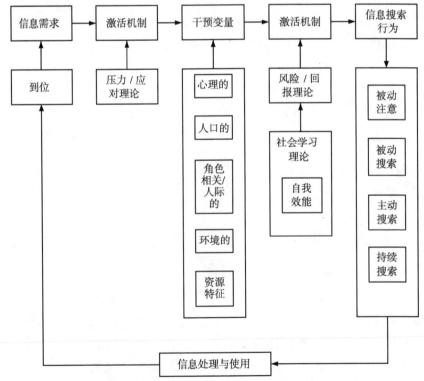

图3-16　威尔森1996年设计的信息行为模型

根据旅游者对信息技术的偏好程度，可将旅游者划分为三种类型，即传统型旅游消费者、过渡型旅游消费者和网络型旅游消费者。传统型旅游消费者的主要特征是依靠传统媒体（如电邮咨询、旅游机构手册等）作为获取旅游信息的手段，主要是一些受教育程度不高的工薪阶层。这类旅游消费者被动获得信息并且信息含量少，不足以对信息进行全方面对比，因此旅游信息未能发挥其最大的作用。随着网络技术的普及，这类旅游消费者的数量会越来越少。过渡型旅游消费者是从传统型走向网络型的消费者，这类旅游消费者比较重视在网络上搜集相关信息，进行相关产品或服务的比较，但最终还得依靠线下的方式与旅游产品经营者进行交易，过渡型旅游消费者是目前中国旅游市场的主流，他们更多地把网络作为一种信息搜集的工具，而不是作为交易工具的全部。网络型旅游消费者主要指通过网络来完成全部与旅游有关的行为，主要是青年人和受教育程度较高的工薪阶层，包括最初的旅游信息查询、安排旅游计划、与旅行社进行联系、预订旅游线路、相关的交易支付工作及旅游行为结束后对产品和企业的评估等。随着信息技术的发展，传统型旅游消费者和过渡型旅游消费者将逐渐转变为网络型旅游消费者。

虽然旅游消费者态度复杂、属性多样，但"利益"是人们在旅游行为决策过程中始终关心和寻求的东西。旅游电商可通过文字和图片的描述，树立旅游地或者旅游产品在旅游者心目中的形象；旅游电商也可通过各种介绍、描述或"优惠"，给予旅游者更多"利益感受"。

3.2.4 影响旅游消费决策的因素

旅游消费决策受多种内因和外因的影响，是一种非常复杂的机制。

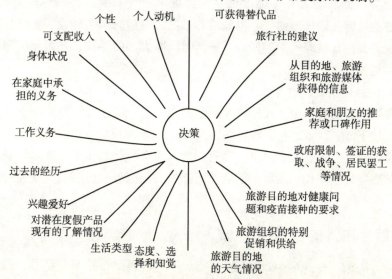

图 3-17　影响旅游产品购买的因素

图 3-17 全面地描绘出了对于旅游消费者决策有影响的所有因素。本小节重点阐述外因中的信息化对于旅游消费决策的影响。其中信息质量、信息渠道、信息的可信度、信息提供者的服务质量是 4 个相关影响因素。

（1）信息质量（包括信息的有用性和易用性）

许多欧美学者的研究表明，高质量的信息可以促进旅游消费。其表现为：①延长旅游者在目的地的逗留时间；②刺激旅游者去游览未列入计划的旅游景点，增加参观的旅游目的地和参加旅游活动的数量；③促使旅游者选择更具吸引力的景点；④刺激旅游者选择高消费水平的旅游目的地或增加对旅游娱乐的消费；⑤令旅游者对旅游服务有更准确的认识，调整消费行为，减少旅游消费决策时的期望与实际获得的效用的偏差。

（2）信息渠道

根据统计研究表明，旅游者认为信息渠道即获得信息的途径是否便利对其消费决策影响最大。这个变量包括了货币代价（价格）及非货币代价（时间和精力）在信息渠道上的耗费。旅游者认为获取信息的代价越小，即所耗用的时间、精力和价格成本越小，从旅游渠道获得的利益越多，对旅游决策的推进作用就越大。由于信息化时代，旅游者获取信息的渠道多为互联网，于是虚拟旅游社区就产生了。在虚拟旅游社区，旅游者更容易获取旅游信息、维持与其他旅游者的联系并且发展关系，最终作出旅游相关的决策[364]。

（3）信息的可信度

信息的可信度即旅游者对于信息的风险感知度。影响旅游消费的是主观风险（感知风险），而旅游者并不能准确获知客观风险（真实世界的风险）的大小，所以旅游者只能在信任倾向、对网站的熟悉度、以前的购物经验、对因特网的态度和个人的文化背景等因素的影响下进行对风险大小的感知，并因此决定购买行为的发生与否。

（4）信息提供者的服务质量

在旅游电子商务领域，人员的服务范围在缩减，服务人员与旅游者交往的密切程度也在下降。因此，在旅游者评估其感觉中的消费价值时，网站服务人员的服务质量的重要性也会有所降低。尽管如此，服务质量和服务态度对消费决策仍然可以起到指导的作用，所以旅游者仍然比较关注服务人员在与其交往过程中的表现。

3.2.5 旅游决策的模式

旅游者决策（decision-making）是指旅游者谨慎地评价某一产品、品牌或服务的属性，并进行理性的选择，即用最小的购买成本来满足某一需要的产品的过程。

　　Jeong，Oh 和 Gregoire 在 2003 年提出："网络使旅游消费者直接与旅游供应商互动，旅游中间商的角色受到了挑战。互联网还允许消费者直接与旅游供应商或者目的地沟通、提出要求，使定制旅游服务成为可能。"[365] 现在，在酒店网站上直接预订酒店的消费者数量大增。

　　图 3-18 表明，与以往相比，信息化时代的旅游者进行旅游决策的不同之处在于旅游者介意参考的信息是主动搜集到的而非被动接受的。现在的信息来源主要包括个人来源、商业来源、经验来源以及互联网来源。在互联网信息系统不发达的时候，旅游者会被动地搜集听到的或者看到的信息；而现在，旅游者会主动地在旅游网站、旅游报刊书籍

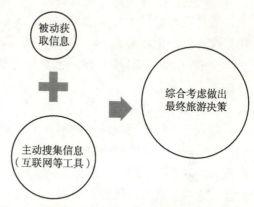

图 3-18　信息化时代旅游消费者旅游决策的模式

上搜索需要的信息，或者主动地询问他人、与他人交流经验以获得信息。信息的丰富性促使人们有能力独立制订旅游行程安排、预订交通工具和酒店，因此人们对于旅行社提供的旅游线路的依赖性减弱。在制订旅游安排时，旅游者可以根据自身偏好，有针对性地选择参观的目的地和参加的活动，令旅游经历具有独特性。

　　网络购买者的购买决策有很多特点。首先，网络购买哲理性成分较多，而感情动机的比重较小。因为消费者在网上寻找产品的过程本身就是理性比较的过程。他们有足够的时间分析旅游产品的属性，可以从容地作出选择。其次，网络购买受外界影响较小。购买者常常是独自在计算机前上网浏览、选择，与外界接触较少，因此网上购买决策行为较传统购买决策要快得多。

　　网络消费者作出在线预订某种旅游产品的决策，一般具备三个条件：第一，对企业和网站有信任感；第二，对支付有安全感；第三，对产品有好感。因此，这三点是建立网络销售机构所必须考虑的要素。

3.2.6 旅游过程中对于信息化的使用

　　旅游者在旅游过程中会使用不同形式的旅游信息化工具。这些信息化的应用给旅游者带来了很大的便利。

　　（1）智能手机中的旅游应用软件

　　在网络应用正常的情况下，利用手机中的旅游软件可以快速定位自己所在的

位置，获取周边的旅游景点信息和饮食、住宿、交通信息，也可以对相应服务进行咨询或者预订。

（2）旅游呼叫系统

旅游呼叫系统，是旅游服务业与旅游者沟通的桥梁。旅游呼叫系统采用一个易记的特别服务号码，向社会公布，旅游者可拨打此电话号码来使用旅游线路等信息资料查询、自动语音应答、商务代订、散客或团体旅游业务受理、建议与投诉、特别游种推荐、满意度调查、语音信箱留言等服务。国家旅游局2007年推出的12301全国统一旅游服务热线，现在北京、天津、山东3个省份已经率先开通。

（3）城市无线网的覆盖

随着近几年来无线网络的不断推广，人们可以更自由地享受网络带来的便利。在中国一些大城市的很多建筑内已经覆盖了高速无线网，以供人们对信息进行查询。这无疑给旅游者带来了很多便利：首先，手机中的旅游应用软件基本上只能在连接互联网的状态下使用；其次，与无线上网相比，手机上网速度很慢。如果旅游地获取信息便利，在前期会促使更多的旅游者完成旅游决策。

3.2.7 旅游后对于信息化的使用

旅游者在旅游后对于信息化的使用主要是进行旅游信息反馈。旅游信息反馈行为是指游客在旅游过程结束之后，通过各种渠道对旅游产品的服务和质量进行总结和评价。传统的信息反馈主要依赖口头交流、问卷或电话回访，可操作性差、成本高、反馈的内容不够全面，因此很多的游客都会放弃反馈，这就让旅游企业失去了提高其产品质量的机会。而在信息化高度发达的环境下，游客的反馈信息会以全新的形式出现，如以游记、攻略等各种形式出现在各大旅游网站的社区、论坛、博客上，这些变换形式的反馈信息不仅能为旅游企业提供改进、完善服务的指导，还受到其他旅游者的欢迎，被认为是更为客观、真实的旅游信息，对其他游客的购买决策有指导性甚至决定性作用，由此还衍生出了网络互助游这一完全依赖于网络信息的旅游方式。

消费者会衡量购买的产品是否满足了自己的需要，这对今后的决策有很大的影响。满意的消费者可能会再次消费，还会向其他人口头宣传。因此，网络销售商必须收集消费者的意见和评价，从而完善自己的服务，以占领更大的市场。

3.3 信息服务质量与满意度

3.3.1 什么是在线服务质量与满意度

在线服务质量是指在线服务能够满足规定和潜在需求的特征、特性的总和，服务工作能够满足被服务者需求的程度。在线服务质量是企业为使目标顾客满意而提供的最低服务水平，也是企业保持这一预定服务水平的连贯性程度。

顾客满意度是指顾客对在信息服务的价值感知与先期期望进行比较后的一种整体的感性反应。顾客满意度是对旅游在线服务质量的反馈与改进方向，也是影响顾客旅游行为的重要因素。

3.3.2 服务质量对旅游者行为的影响

由于互联网上数据传输速度加快，从组织到消费者的期待回复时间大大降低。对于在线询问的反应时间，可以影响消费者的满意度和预订行为。因此，快速回复成为中小旅游企业成功的重要因素。

总体来说，服务质量体现在网站的设计水平、网站服务人员水平和信息有用性3个方面，其对于旅游行为有着不同程度的影响。

（1）信息有用性。信息有用性对顾客感觉中的消费价值有影响作用。网站提供的旅游信息质量，主要表现在帮助旅游者作出正确的购买决策方面。如果网站提供的信息不准确、不及时、不完整，或与旅游者所需的信息无关，则旅游者必须花费额外的时间、精力去收集相应的信息，甚至因此而作出错误的购买决策，这样必然会降低旅游者感觉中的消费价值。

（2）网站服务人员水平。人员服务质量的重要性主要在与用户的交往中体现。由于在用户心中服务人员具备专业知识，是权威人士，因此多愿意在线咨询服务人员以高效的获取所需信息。如果服务人员不能表现出专业水平，则用户会选择竞争企业的在线服务。

（3）网站的设计水平。合理的站点整体结构、页面内容、布局可以提高信息的易用性，使用户查找信息更便捷。预订程序的流程设计也应尽量符合用户的浏览、查找和使用习惯。

基于以上三点，有效提升信息服务质量能提高旅游消费者的满意度，而使旅游消费者满意能够产生积极的营销效应，如促进旅游消费者重复购买某一旅行产品、影响旅游消费者对某一旅游企业电子商务信息服务平台的忠诚度、提高旅游企业市场份额与获利能力等。

在线服务的满意度会给消费者对组织的程序和网站的忠诚度带来正面影响。

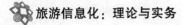

这些积极的效应成为旅游企业竞争优势的重要来源，所以越来越多的企业通过加强在线信息服务质量，提升在线信息服务水平来提高顾客满意度。

3.3.3 在线服务质量的测评

未来的研究应该探讨潜在旅游者在线计划和购买旅游线路时的关注点和困难。通过对信息搜寻和跨文化对旅游者在线查找信息这一行为的冲击进行深层次分析可以得出相应结论。在线服务质量的好坏也在于在线信息技术是否以旅游者为导向，关注旅游者的需求。表3-1是营销领域常用的一份针对在线服务质量的在线服务测评表。

表3-1　在线服务质量评估表

服务内容	错误类型
1. 礼貌问候	
1）咨询开始要使用统一欢迎语问候用户	
0分：a. 未问候　b. 问候滞后　c. 未使用规范话述	
2. 探询并理解用户需求	
2）挖掘、确认客户需求（问题）	
0分：a. 未核实具体故障现象（如错误提示等）　b. 问题挖掘不深入（如未核实查询网站信息原因，询问政策的意图等）　c. 简单调试没有等待用户操作（如装驱动、查看设备管理器、关闭启动项、释放静电、插拔连线等）	
3. 态度	
3）话述规范，使用礼貌用语，及时响应	
a. 常用话述规范使用　b. 使用敬语，不出现禁语（如"你"，"不知道"等）　c. 语句通顺，避免口语话　d. 响应时间不超过1∶30	
4）避免出现搪塞、推诿用户现象，不能冒犯用户或与用户争执	致命
a. 应该为LIVE800售后在线负责的问题，却将问题推了出去　b. 冒犯用户、对用户不礼貌　c. 主动结束服务	
4. 方案提供	
5）通过正确查询知识库，来提供方案（知识库包括诊断思路、BOM及服务站信息名录）	致命
0分：a. 未按需查询知识库　b. 未查询到正确的知识库信息　c. 提供信息和知识库信息不一致 N/A：不涉及知识库查询	
6）表达委婉，并能妥善处理用户不满	
a. 对于用户的不满没有主动安抚，或不能给予妥善引导	

续表

服务内容	错误类型
7）确保方案准确	致命
a. 方案不符合流程　b. 产品知识等技术类信息或非技术类信息及方案错误（不涉及知识库查询）	
8）确认用户理解了方案，并保证方案可执行	致命
a. 描述方案不清晰（有投诉隐患的，如未提醒用户备份数据、是有偿服务没有提醒用户或解释不清楚）　b. 提供的方案不具备可操作性　c. 未确认用户理解了方案	
9）提供方案困难时，应采取正确措施	
a. 当用户咨询的问题属于委婉拒绝范围的咨询问题，未按照流程要求处理　b. 按照流程规定应该升级时未进行升级处理	
5. 信息核实	
10）信息核实准确，文字规范	
a. 未主动核实必要信息（主机号等）　b. 一次聊天记录中出现 3 个以上错别字　c. 有报修信息没有再次核实（包括用户及主机信息）　d. 在不影响服务站响应的情况下，用户信息记录错误及维修单可选项选择错误（如报修人群等）　e. 维修单未按规范填写（使用诊断思路未粘贴）	
6. 礼貌结束	
11）主动确认用户是否还有其他问题并积极引导客户参与满意度调查	
无须转接满意度调查的情况，如：用户主动结束服务或转队列时，此项不扣分。0 分：a. 未主动确认用户是否还有其他问题　b. 未积极引导或引导话述有悖于满意度调查目的（如用户拒绝参与未解释引导等）　c. 话述不规范	
总共 11 个考核项，非致命项 7 项，致命项 4 项，和售后考核项数量一致	

表 3-2 是文章《北京旅游在线服务满意度的供需差研究》[85] 的作者测评得出的数据，表现出了旅游者对于北京旅游网站的信息服务质量的满意度情况。其中测评的项目包括在线信息内容、信息实时性、灵活互动性、交易安全性、可操作性以及创新性。游客对互联网提供旅游信息的不同平台（综合网站、旅行社、宾馆酒店、景区景点、交通运输等）的满意度不尽相同，每种旅游相关网站在测评中显现出了不同的优势与劣势。

表3-2　北京旅游网站评估得分表/分

评估指标	北京旅游网站						
	综合网站	旅行社	宾馆酒店	景区景点	交通运输	平均值	权重
内容	6	7.5	7.3	7.2	6.9	6.98	0.17
信息实时性	6.7	6.6	6.7	6.3	6.5	6.56	0.13
灵活互动性	6.2	6.2	5.4	5.1	5	5.58	0.16
交易安全性	5	4.9	4.9	4.7	5.2	4.94	0.14
简单交易与导航	5.4	5.6	5.4	5.2	5.3	5.38	0.15
可靠性	6	6.1	5.9	5.9	6.2	6.02	0.14
个性化	2.6	2.1	2.1	1.4	1.1	1.86	11
综合评估得分	5.48						

　　根据表3-2中的数据可知，北京旅游在线服务供给综合评估得分为5.48，可见目前北京在线旅游服务处在令人不太满意的阶段。出现此结果的原因是多方面的，既有作为旅游在线平台的网络服务的差距制约了旅游在线服务的发展和使用者的满意度，也有旅游网站服务功能不完善，旅游网站经营模式缺乏特色，不能实现旅游服务项目与使用者需求的对接，还有如政策、法律环境和行业背景的制约及使用者的理念差距等原因，致使旅游网站的使用效果较差。但是从系统的供需现状来看，北京在线旅游的市场空间培育却前景广阔，各大旅游网站应根据测评结果完善在线服务。

3.3.4　如何提高在线服务质量与顾客满意度

　　根据《旅游网站信息资源用户满意度实证研究分析》[287]可知，目前我国旅游网站在服务、体验及形象方面做得较好，用户的满意度较高，而在服务质量方面做得不够，用户评价不高。因此，旅游网站必须重视用户的需求和意见，改进自身不足之处，以期提高用户满意度，增强自身的竞争力。

　　随着用户对旅行信息需求的增加，除机票、酒店等信息外，旅游攻略、景点、餐饮等信息的需求也在增加。有56.1%的用户表示需要增加和提升旅游攻略信息，54.9%的用户表示需要增加景点门票信息，53.3%的用户表示需要增加更多餐饮特色信息，如图3-19所示。

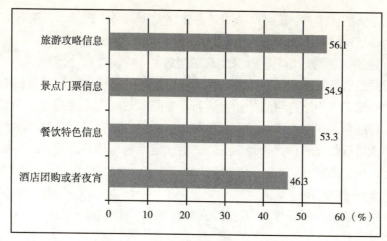

图 3-19　旅行者需求的旅游信息类型

一些消费者不在线购买旅游产品的原因是在线服务缺少私人化服务、存在安全问题、在线购买耗费时间以及消费者缺乏经验。所以针对这些问题，提供在线服务的企业或者组织应当注意以下几个问题。

（1）及时了解用户需求信息，让用户参与旅游网站信息资源建设工作

用户浏览旅游网站时会留下相关的信息，旅游企业可根据这些信息挖掘出用户价值需求的变更情况，并根据实际情况提供相应的信息服务以满足用户的需求。另外，许多旅游网站都设置了旅游者专栏，开辟了旅游者意见区、网上旅游咨询区、旅游自我设计区，通过这些网页了解旅游者的需求，征求旅游者对旅游产品的意见和建议，特别是旅游者对旅游产品开发设计的建议，从而开发设计出符合旅游者需要的旅游产品。这样的互动平台能让旅游者最大限度地享受到高质量的在线服务，进而增加其满意度，并使其满意度上升至顾客忠诚的可能性增大。

（2）完善旅游网站的功能，加强旅游网站的信息建设

网站功能完善与否在很大程度上影响着用户价值感知水平和用户满意度水平，要想提高用户的满意度，旅游企业需要尽量完善网站的功能，如完善网站界面的设计，搭建博客、论坛、兴趣圈等互动社区，一方面可以提供相关旅游信息，另一方面还可以提供灵活的实时散客拼团、临时组团等服务，既满足旅游者的需求，又可以降低成本。

（3）保障用户安全，做好网站维护工作

用户在使用旅游网站获取信息时，是以个人计算机与旅游网站进行连接的，因此网站自身的安全情况关系着用户的财产安全状况。旅游网站应构建有效的电子信息防御系统，以保障旅游网站的正常运行及电子旅游信息的安全。除采用防

火墙与病毒防护技术外，还可以采用访问控制、个人身份识别、保密技术等加强对旅游网站信息的保护工作。

（4）定期更新网站信息，保证信息的时效性

旅游网站信息更新不及时、时效性不强以及站外链接无效等现象都会造成用户满意水平低下。为维持网站的正常运行，旅游网站企业应责成专人负责，定期对网站进行维护。同时也要鼓励用户参与维护工作，除提倡用户对网站信息服务及相应功能运行状况进行评价外，还应该主动定期地与用户联系，在网站完善的过程中融入用户的思想。

（5）提供创新服务

旅游网站还应不断地进行各种服务创新，带给用户惊喜，最终超出顾客期望，从而使顾客满意。

以上五点建议旨在提高旅游企业的在线服务质量，进而提高旅游网站的综合竞争力，以使客户更加满意，企业也因此可以赢取到更多的客户。

3.4 不同群体旅游者在线行为的分析

旅游者在线行为与旅游者的人口特征及生活方式有很大的关系。旅游者接受在线服务时，充分表现出自身的特质并提供数据信息，这可以使旅游组织为旅游者提供更有效的在线服务。同样，理解旅游市场细分并针对不同市场提供各具特色的旅游产品和服务使得旅游企业或组织设计出优质产品的可能性增大。

本节提出了几类典型的细分后的市场，并对各个细分市场内的旅游者特征进行了归纳总结。

3.4.1 自助游客的特征

在当今的信息化时代，自助旅游在我国发展迅速，其最大特征就是自主性：时间的自主性、活动的自主性、消费的自主性等，这也是很多旅游者选择自助旅游的重要原因。正因如此，自助旅游者在旅游前更需要旅游信息来帮助他们作出决策。自助旅游过程中没有规划好的路线，也没有专业的导游，所以，"旅游信息越丰富，越能增进旅游消费者对旅游目的地的了解，进而发现他们所感兴趣的旅游景点和旅游节目，这样旅游者的旅游收获会更大"[367]。自助旅游这种出游方式决定了自助旅游者对旅游目的地资讯的渴求程度远远超过参加团队游的旅游者。

根据《自助旅游者对网络旅游信息的需求研究》[194]可知，自助游客的在线行为特征主要表现为两个方面。

（1）对旅游目的地信息的需求有层次的区别

较低层次：工农业发展、大型企业、经济发展特色、城市特征标志、旅游开发与规划、旅游统计资料、旅游发展概况、旅游机构、城市规划建设、基础设施、行政区划11项内容。

中间层次：人口民族、历史沿革、旅游政策法规、旅游新闻、游客间信息交流、星级宾馆、游客信息反馈、网络预订服务、旅行社及旅游服务公司、旅游宣传、旅游公告、方言和地方文化、交通管理部门、旅游咨询机构、当地普通餐饮、停车场和加油站、一日游线路安排、长途车站、多日游线路安排、购物场所、娱乐场所、旅游管理机构、消费者协会、机场、交通价格、旅游监察服务机构、城市公交线路、旅游投诉机构、售票点分布、风土人情、火车站、地方土特产、特色娱乐项目、商业街区、金融部门和银行35项内容。

较高层次：地理位置、城市对外交通网络、非星级宾馆、城市内部交通、通信服务、旅游景点周边公交线路、医疗卫生机构、旅游景点及周边地图、当地特色、目的地容易发生的风险种类、天气预报、救助机构、景点游览路线、气候特征、景物介绍、风险防范措施及注意事项、风险发生的应对措施17项。

（2）目前网站提供的信息不能满足自助旅游者的需求

研究者以自助旅游者需求较高的信息项目为目标，在比较有影响的综合类网站和旅游类网站中进行了搜索，发现非星级宾馆、通信服务、医疗卫生机构、目的地容易发生的风险种类、救助机构、风险防范措施及注意事项、风险发生的应对措施等信息普遍缺乏。在需求为中度的信息项目中，停车场和加油站、一日游线路安排、多日游线路安排、消费者协会、金融部门和银行等信息普遍缺乏。访谈发现，自助旅游者有不少是自驾车外出旅游，因此需要有关停车场和加油站的信息。自助旅游者在旅游过程中自己支付费用，需要比较多的现金，而携带大量现金的危险性是比较高的，因此，访谈中很多自助旅游者都提出，希望能够在网上查询到银行的信息，给自己的旅游提供一些便利。

3.4.2　学生游客的特征

学生游客是旅游市场的一个特殊细分市场，它具有较明显的消费群体特征雷同的特点，而这些特点会影响学生游客的在线行为。以下列出的即为学生群体作为一个旅游业的细分市场所具备的特点。

（1）注重价格，讲究经济，相对更加重视旅游经历

大学生目前大多仍为消费者，可用于个人自由支配的资金不多，属于非强势消费群体，因而对价格较为敏感，在旅游过程中对物质要求不高，讲究经济实惠，特别是吃、住方面，只要得到基本满足即可。因此，在网络上对比旅游信息

时会更加关注旅游产品以及住宿、交通等的价格。

此外，大学生长期在学校生活，对外面的世界充满好奇，旅游中的各种经历都是他们津津乐道的事，他们更加重视旅游过程中的经历和感受。所以，大学生在线搜寻的信息多为旅游札记类由作者撰写的旅游体验。

（2）旅游目的地的选择以短期、邻近地区为主

由于在校大学生受经济条件限制，他们的出游多以短期、邻近地区为主。《中国旅游报》对北京高校的专项抽样调查显示，大学生选择出游天数多以2~4天为主，比例占总和的74.7%。因此，学生游客在线搜索的目的地信息多为所在地附近的旅游景点的信息。

（3）出游方式多以自组群体为主

大学生的自我意识和独立意识较强，外出旅游多不愿受限于现行的旅行社线路和组团安排。因而一到假期，高校就会出现五花八门的寻"伴"旅游启事。有关调查也证实，大学生外出旅游喜欢结伴而行，在人数组合上以2~7人居多，达到74%，其性别构成上以两性搭配占绝大多数。由于学生独立安排旅游行程需要大量信息作参考，因此学生游客在线搜索的信息具有多面性与大量性。

（4）出游顾虑较多

大学生的旅游愿望非常强烈，但因其长期生活在学校和家庭的范围内，缺乏旅游经验，社会实践能力较弱，出游顾虑较多。《中国旅游报》对北京高校的专项抽样调查表明，大学生出行最担心的问题依次是：安全问题（占40.1%）、购车船票问题（占34.9%）、食宿问题（占26.6%）、健康问题（占9.5%）。尤其女生作为其中的弱势群体，对安全等问题考虑更多。这些顾虑也是许多大学生有旅游动机却难以成行的原因之一。相反，旅游企业如果能够解决好这些顾虑，大学生的出行将更依赖于旅游企业。学生游客在选择旅游目的地前都会关注相关新闻，以确定目的地治安条件如何、社会是否稳定，因此学生游客在线搜索的信息还会与目的地的安全性相关。

（5）学生从众心理显著，信息传递迅速

学生旅游市场主要集中在高等院校。大学生作为一个集中的旅游群体，旅游决策易受同学或朋友等相关群体影响。再加上旅游信息不对称等原因，大学生旅游常常没有充分的前期准备，情绪易波动，从众心理显著；同时，由于市场集中，群体间联系广泛，旅游信息传递迅速。此特点使得学生群体在线搜索的信息很大程度与他人传播的旅游信息相关。

3.4.3 老年游客的特征

随着互联网的愈发流行，不仅青年人执著于上网，社会中的老年群体（50

岁以上）也成为积极的互联网使用者。Graeypl 说道：年龄在 50~60 岁之间的消费者最常搜索的信息主题是航班和住宿信息，他们中的大多数人对包价旅游并不感兴趣。

　　事实上，大多数老年人（尤其是 60 岁以上的老年人）仍怀有传统的思想，不愿意在网上进行各种旅游产品的购买。而老年人大多担心财物安全问题。旅游电商可以做的就是使网站缴费系统更加安全并且提供类似"货到付款"的服务，这样越来越多的老年人才会信任电子旅游网站。

4 旅游产业的信息化业务与战略

旅游信息化是通过对信息技术的运用来改变传统的旅游生产、分配和消费机制，以信息化的发展来优化旅游经济的运作，实现旅游经济的快速增长。旅游信息化的表现形式主要是旅游网站、旅游呼叫系统、数字化管理以及支持信息化的基础设施建设。随着互联网技术的发展和消费者对网络消费观念的不断尝试与认同，开拓出了以下多种模式的旅游信息化业务，大体可以分为交易类业务模式（Sale）、展示类业务模式（Show）以及支持类业务模式（Support），可以简称 3S 的信息化业务模式。

4.1 交易类业务——基于销售系统的运营模式

随着互联网的诞生，旅游分销渠道的版图中凸起了一块"新大陆"[368]，多元化的互联网分销渠道成为目前旅游信息化领域最重要的电子商务模式。携程旅行网、同程旅行网等资本运作和发展比较成功的大型旅游预订网站是目前销售行业的领导者。携程旅行网的订房量和利润总和在三四年中就超过了国、中、青（即中国国际旅行社、中旅集团、中国青年旅行社）等传统旅行社大户。与这些巨头同属一种业态的，还有数量上占到 99% 的中小型旅游预订网站。它们具备地方性优势和其他特殊资源，抓住了携程旅行网、艺龙旅行网等全国性旅游预订网站暂时无法涉足和占据的市场空白。此外，传统旅游产品提供商建立的网络直销系统，如旅行社网站、航空公司网站、饭店集团或饭店自有网站、行业联盟预订网站、门户网站或地方网站、旅游目的地营销系统等都属于互联网旅游分销渠道。旅游搜索引擎以及艺龙旅行网等大型预订网所发展的网站代理联盟，则相当于这些中介的"再中介"。此外一些拥有大量会员的大型预订网也充当了那些靠"扫楼"来深入把握和了解饭店状况的小订房中介的"再代理"。因此，互联网不仅是新兴中介，而且是一个新的多层中介系统。

互联网销售渠道的兴起

互联网销售渠道的兴起在饭店权威统计中可见一斑。根据 2012 年《中国饭店业务统计》，2011 年所有受调查的四星、五星级的饭店，顾客直接预订占 42%，旅行社预订占 23.6%，两项相加高达 65.6%；而通过"酒店自有订房系统"、"独立订房系统"和"酒店网站"预订分别只占 6.8%、1.9% 和 6%。此后，通过第三方中介网站实现的预订显著增长，分别由 2002 年的 0.4%（五星级）、1.2%（四星级）和 5.4%（三星级）增长到 2011 年的 10.4%、12.0%、17.2%。就具体饭店而言，目前有的酒店甚至 30% 以上的订房来自订房网站，为此每月向它们返还的佣金就超过万元。

国际上，由 TravelClick 集团针对世界前 50 强酒店集团进行的 2012 年第一季度的统计数据显示，通过在线旅游服务代理商（OTA）订房的比例已达 8%。可见，网络订房正成为一支不可小视的分销力量。旅游提供商的在线分销主要指饭店、航空公司等旅游供应商建设网站以期直接获取预订，减少佣金成本并实现与顾客的直接沟通。供应商网站主要有单体供应商网站，如北京国际饭店网站（www. bih. com. cn）、深圳世界之窗网站（www. szwwco. com）以及供应商联盟网站，如民航饭店联盟（www. cchhotel. com）等。

基于销售系统的旅游电子商务模式可以概括地分为 B2C（Business-to-Customer）旅游电子商务销售系统、B2B（Business to Business）旅游电子商务销售系统、C2B（Customer to Business）旅游电子商务销售系统和 C2C（Customer to Customer）旅游电子商务销售系统，如图 4-1 所示。

表 4-1　基于销售系统的旅游电子商务模式分析

商务模式	B2C	B2B	C2B	C2C
模式解释	旅游企业对旅游者的电子商务	企业之间通过网络信息手段实现相互之间的一对一或一对多的交易，如采购、分销等	消费者提出需求，决定和设计旅游产品	消费者面向消费者的销售
模式细分	旅游产品提供商的在线分销——开元集团	业内分销系统——中国航信	定制旅行	个人销售——蚂蚁短租、淘宝旅行
	传统旅游中介业务上线——中青旅	旅游企业间交易系统——同程网	逆向拍卖	交换游
	虚拟网络中介——携程旅行网		网上组团	

基于销售系统的 B2C 旅游电子商务销售系统的服务主体可以分为旅游产品和服务提供商（如旅游饭店、旅行社、航空等旅游交通部门等），传统的旅游代理商，旅游电子中介（如携程旅行网、上海旅之窗等综合旅游电子中介、大型门户网站的旅游频道）。

基于销售系统的 B2B 旅游电子商务销售系统主要有业内分销系统和旅游企业间的交易系统如"同程网"网站。

基于销售系统的 C2B 旅游电子商务销售系统主要是由消费者发起，面向企业的购买行为，如 Priceline，国内以想游天下网站和一些定制类网站为代表。

基于销售系统的 C2C 旅游电子商务销售系统是由消费者向消费者发起的销售活动，以淘宝网、蚂蚁短租等为代表。

4.1.1 B2C 在线旅游销售的运营与盈利模式

4.1.1.1 B2C 在线旅游销售的模式

B2C 的中文简称为"商对客"。"商对客"是电子商务的一种模式，也就是通常说的商业零售，直接面向消费者销售产品和服务。这种形式的电子商务一般以网络零售业为主，主要借助于互联网开展在线销售活动。B2C 即企业通过互联网为消费者提供一个新型的购物环境——网上商店，消费者在网上购物、在网上支付。由于这种模式节省了客户和企业的时间和空间，大大提高了交易效率，特别是对于工作忙碌的上班族，这种模式可以为其节省宝贵的时间。

在旅游行业，电子供应商主要由在线旅游中介与代理商、旅游产品和服务的提供商等构成，针对有网购习惯和一定消费水平的消费者。

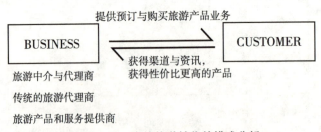

图4-1 B2C 在线旅游销售的模式分析

4.1.1.2 B2C 在线旅游销售发展的概况

（1）市场不断扩大，行业领导者凸显

目前，我国的在线旅游销售仍处于大、中、小规模多元并存的状态，而几个大型中介类预订网站主导市场的局面。2004 年，我国网络 B2C 型电子商务的市场领导者——携程旅行网、艺龙旅行网等大型网站继实现赢利以来，营业收入和市场份额一直保持快速增长。[369]以上市公司携程旅行网为例，据公布的2012年第3季度财务业绩显示，2012年第3季度的净收入为11.73亿元人民币，同比增长20.3%，成为中国旅游电子商务高速增长的代表。2012年，有48.3%的在线旅行预订用户使用通用搜索后预订，45.5%的在线旅行预订用户直接上代理商网站预订；用户使用OTA网站的原因是"习惯使用"（41.6%）和"方便快捷"（38.5%）。

（2）多元融资和资本运作推动超常规增长

在互联网企业的发展中，融资和资本运作推动的超常规增长是一大典型特征。2003年以来，得益于互联网的复苏和盈利模式的逐渐清晰，旅游网站融资重新开始活跃，并显现出一些新趋势：一是国外公司纷纷注资，与中国主流的在线旅游网站合作。二是资本融合往往伴随着国内外同业的强强联合和业务网络的更深层次整合，增强了网络的国际化。例如，2004年，世界最大的在线旅游服务公司IAC注资6000万美元与艺龙旅行网合作，途牛旅游网在2011年3月获得Gobi Partners、红杉资本及日本乐天集团、DCM、高原资本联合投资5000万元。三是上市融资，携程旅行网、艺龙旅行网分别于2003年12月和2004年10月在美国纳斯达克上市，而2012年12月同程网拟A股上市，接受上市辅导。

资本运作方面，经过"互联网的寒冬"能够维持并继续发展下来的在线旅游网站，大都与传统企业实现了某种形式的整合，借助传统资源来支撑自身的网络业务。携程旅行网和艺龙旅行网通过收购传统的订房中心或旅行社企业实现业务的"落地"，只用了两三年时间就发展成为目前行业的领先者。同时，旅游网站在转型过程中，也常常通过资产剥离和分立来使品牌及核心业务纯粹化，使盈利模式更加清晰。[370]

（3）上下游合作：拓展网络，构造范围经济

研究机构Forrester Research经调查发现，可交易产品信息的"广度"和"精度"这两个层面的搭配成为电子商务网站成功的第一大要素，这需要在线旅游销售平台后强大的供应商网络来支撑。近一两年来，旅游电子商务网站发展的新趋势有：①整合被购并对象的供应商资源；②随着我国出境旅游的迅速增长，旅游网站更加注重与国外大型旅游分销网站及CRS等合作，实现全球范围内的资源合作与共享；③借助技术实现旅游产品采购的自动化。目前，旅游网站通过CRS预订机票已经非常普遍；在酒店预订方面，一些网站研发了酒店实时预订系统和房态管理系统，实现了与目的地酒店之间交易信息与预订信息的实时沟通。

分销渠道整合方面，在线旅游销售通常采取3个方面的策略：①与旅行社等传统资源整合，继承了传统企业原有的处于国内领先水平的分销渠道；②建立在

线分销联盟，借助合作网站的流量扩大预订渠道；③发展全国代理商和网点。由此可见，一系列强有力的上下游合作网络建设，使在线旅游销售确立了在旅游价值链中的重要地位，显现出强大的扩张力。

（4）盈利模式各异，培育核心竞争力

我国几大 B2C 旅游销售网站所依托的自有核心资源及盈利模式已显现差异。例如，携程旅行网整合了订房中心、订票中心和旅行社等传统资源，提供线上和线下综合性服务；艺龙旅行网依托庞大的供应商网络和在线分销联盟，走纯旅游电子商务网站道路；青旅在线依托中青旅控股股份有限公司（以下简称"中青旅"）强大的经营实力打造"在线旅行社"；信天游以中航信 GDS 系统为业务和技术支撑；中华行知网则凭借丰富的资讯和忠实的会员人群吸引合作企业，以合作企业产品吸引客户消费，通过合作企业的销售实现自身的利润。而后起之秀，途牛旅游网则是通过做旅游线路，帮助旅行社与顾客建立联系而从旅行社抽取一定的佣金。可见，立足自身优势，发展独特的企业能力对在线旅游销售的成功是十分重要的。

（5）预订和支付呈现鲜明的中国特色

我国电子商务发展的社会环境还不够完善，人们对电子商务和网络支付的信任度虽然逐年增强，但通过旅行电商预订支付却损失钱财等事情仍时有发生。因此，我国的网络中介型电子商务的业务方式具有明显的中国特色：由中国互联网络信息中心（CNNIC）发布的《2011 年中国网民旅行及预订行为调查报告》显示，酒店预订中，直接打电话进行酒店预订的占 30%，直接到酒店预订的占25.3%，网民自己在网上预订酒店的比例相对偏少，只有14.2%，电话代理商预订的有 9.9%。而在机票预订上，线下和线上对各类预订方式的选择相对持平，网上预订和代理商电话预订都成为网民习惯化的预订方式。25.3% 的网民通过网上预订机票，直接通过代理商的呼叫中心预订机票的有 18.2%。在支付过程中，人们依然更倾向于线下电话预订，或是经由旅行社等其他途径预订之后，再线下支付。不过，由于近年来互联网络安全保障水平的进步，整体来看在线预订使用比例有赶超线下传统预订方式的势头。

4.1.1.3 B2C 型旅游电子商务盈利模式分析

就目前 B2C 型的旅游电子商务来说，其形式随着互联网技术推陈出新，以各自不同的方式夺人眼球。网站要经营下去就必须依靠健康而可持续的商务盈利模式，因此就以下几个旅游网站进行了盈利模式分析，如图 4-2 所示。

表4-2　B2C型旅游电子商务盈利模式分析

	携程旅行网	艺龙旅行网	中青旅遨游网	途牛旅游网
网站定位	集饭店、机票、度假预订、旅游信息及特约商户服务为一体的综合性旅行服务公司	为消费者打造专注专业、物超所值、智能便捷的旅行预订平台	旅游休闲度假专业网站	为用户提供线路及一站式预订服务网站
市场定位	商务旅客为主（约占88%），观光和度假游客为辅（约占12%），中高收入白领阶层	面向年龄在25~45岁之间的消费者，以商务旅客为主	主要面向出境旅游，国内旅游为辅	主要面向白领阶层，有一定的消费能力的群体
自有优势资源	房态管理系统和实时预订系统；收购北京现代运通公司与海岸机票代理公司之后改造成的携程订房中心；呼叫中心；收购上海翠明旅行社	拥有网站、24小时预订热线以及手机艺龙网三大平台。与全球著名旅游服务品牌Expedia合作	中青旅中国公民旅游总部、中青旅联盟企业、连锁门市	拥有最大的中文景点目录和中文旅游社区，依托大众交流平台，主要提供线路的经营及销售
向旅游者提供的主要产品和服务	酒店预订、机票预订和"酒店+机票"式的度假旅游服务	基于地理位置的酒店搜索、酒店360°全景及图片展示、酒店特色文字描述、用户真实点评和6万多个目的地资讯等在线服务，帮助用户获取广泛信息，作出最佳旅行决定	旅行者可以根据自己的时间、出发地、目的地、行程以及预算，自由地选择符合个人需求的酒店、机票及当地地接服务，随意搭配出安全、满意、高性价比的"自由行产品"。旨在为游客提供高性价比的旅游产品及精心设计的"参团旅游线路"	提供由网友经验汇集而成的线路，包含跟团游、自助游。并提供个性化旅游产品定制和景区门票售卖
业内协作	与目的地酒店、目的地营销组织或保险公司、航空公司和航空票务代理协作	与银行、航空公司合作伙伴、电信网通等合作，并和许多著名的网站达成战略性伙伴合作，如腾讯、MSN、人人网等。已经纳入全球著名旅游服务Expedia集团旗下。与国际酒店集团洲际酒店成功实现全面的系统直连，属业界首例	依托中青旅中国公民旅游总部开展业务，销售其线路产品；与中青旅联盟企业、航空票务代理、目的地营销组织、目的地酒店及其他旅游企业合作	与旅行社合作，根据相应用户需求开发新的路线

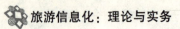

续表

	携程旅行网	艺龙旅行网	中青旅遨游网	途牛旅游网
利润源和收入结构	①酒店预订代理费，基本上是从目的地酒店的盈利折扣返还中获取的；②机票预订代理费，从顾客的订票费中获取，等于顾客订票费与航空公司出票价格的差价；③自助游中的酒店、机票预订代理费以及保险代理费，其收入的途径也是采用盈利折扣返还和差价两种方式；④在线广告	①酒店预订代理费，用户在酒店入住之后，酒店会支付一定比率的佣金；②机票代理费，从客户订的电子客票中抽取一定佣金；③开设团购版块，对参与团购的企业收取一定的佣金；④在线投放广告	①组团利润，这是青旅在线最重要的赢利途径；②酒店预订代理费，从顾客的订房费中获取差价，一般从房费中预先扣除，或是以酒店盈利返还的形式获取；③机票预订代理费，从顾客的订票费中预先扣取的差价；④"自由行"产品中的酒店与机票预订代理费；⑤目的地营销组织或旅游企业的广告费；⑥其他服务，如租车、签证、量身定制服务的服务费	①对从网站流入旅行社的客源进行一定的抽成；②向用户销售线路和团队游线路获取一定的费用；③从海外游轮票务销售、景区门票销售和酒店预订中提取一定佣金
资金流方式	酒店预订大多采用酒店前台支付的方式，对于其他两项主营业务，顾客可以在线支付，也可以线上浏览、打电话至呼叫中心确认和线下支付。虽然携程旅行网采取积点奖励的办法鼓励网上支付，但是大部分交易还是线下完成的	酒店预订产品实行网上或电话预订、前台支付；机票实行网上预订、线上或线下联系、送票上门收付的方式	对于酒店预订提供网上支付、网点/分社实地支付和酒店前台支付三种方式；对于机票预订提供网上支付和网下上门收付两种方式；对于线路预订提供网点/实地支付方式。就目前而言，网下或实地支付仍然是客户的主要选择	线路销售及酒店游轮景区门票预订均可网上预订，有网上支付、门市支付及汇款支付三种支付方式；签约方式有网上签约、门市签约、传真签约及上门签约四种方式
排他性与客户维系	向消费者提供低价与质量承诺；建立实时预订系统；发行会员卡、实行积分奖励；推荐特惠酒店与航班；在旅游交通站点设立产品推广点；建设目的地指南频道和社区频道；出版旅游系列丛书提高知名度	开发和投放艺龙无线应用（专为智能手机用户打造的一款可随时随地查询、预订国内酒店和机票的手机客户端）集合手机位置服务功能，能够让用户轻松查找"周边酒店"，内置 Google 地图，让选择酒店变得更加直观便捷。用户查询酒店和机票，只需3秒。通过使用 Sieble 客户管理系统（CRM）和独立研发的客户数据管理系统，能够根据用户的使用偏好、需求等来提供个性化的服务	树立并强化中国电子旅行社"第一品牌"；组建酒店会员俱乐部、快乐老人俱乐部和亲子家庭俱乐部等来强化客户关系；客户关系管理系统在旅游社区中应用 Cookies 技术追踪登录者的旅游兴趣并提供相应的信息服务	专注于从事旅游线路的经营与销售，并提供基于"互联网+旅行社+呼叫中心"的运营模式和注重客户体验的服务模式。依托中文旅游社区和不同形式的返程写游记提供返利券等多种形式吸引顾客回访

	携程旅行网	艺龙旅行网	中青旅遨游网	途牛旅游网
成长空间	客户满意度高，品牌地位逐渐确立；美国上市公司；强效的资本运作	通过与外资合作，与国际旅游分销体系整合；继续发展空间广大的差旅服务市场；通过并购强化领先地位	利用中青旅的产品开发和网络优势，提供有保证的服务；开发个性化散客旅游产品，满足旅游者的个性化需求	销售的旅游线路客户满意度高，回访率高，满足了顾客的需求。有较为完善的用户管理模式

4.1.1.4 进入 B2C 在线销售市场的机遇与挑战

（1）第一个机遇：需求方的机遇，即以大众为主体的网络社会的形成

2013 年的网络中国，从网络市场基础或消费者基础来说，一个以中产阶级为主体、富有消费能力和理性行为特征的网络人群已经开始成形。越来越多的中青年消费者习惯从互联网获取资讯以便利出行。

网络社会的人口结构变迁，通常明显地遵循由精英人群/青年人群向中产阶级/中青年人群，再向平民阶级/老中青结合人群延展的历史发展轨迹。处于哪个阶段，与网络社会人口（网民）数量占全社会总人口的比例密切相关。2013 年 1 月 15 日，中国互联网络信息中心（CNNIC）发布的第 31 次《中国互联网络发展状况统计报告》中显示：截至 2012 年 12 月底，我国网民规模达到 5.64 亿。可以说，一个健康向上，学习能力、消费能力日益增强，人口基数持续扩大，以大众网民为主流人群的高素质网络社会已经在中国形成。

在当今网络社会中，面向大众化的服务成为主导。面向大众的社交化网站，通过发出大众本身的声音得到了现实社会的足够关注。为大众提供交流、交换、交易、空间和环境的各种功能性网络服务也正在兴起，如一般意义上的公共网络社区（游戏、电子商务、财经、新闻、交友征婚，资源分享等），又如更加新兴的个人发布系统（微博、小站、视频）、个人知识管理工具（第三代 P2P 技术、个人智能搜索）等。

如今，我国网络购物用户已达到 2.42 亿人，我国网购用户人均年网购消费金额达到 5203 元，全年网络购物市场交易金额达到 12594 亿元。通过社交网站（SNS 及 BBS 等）分享网络购物讯息和经历，网络消费深入了人们生活并影响了线下消费，65% 的用户表示自己通过网上购物减少了外出购物频率。铁道部（如今已并入交通部）也在 2011 年开通了网上预订和支付车票业务，网上服务已经融入了人们生活。

这样一个机遇带来的潜在的挑战是，我国目前大多数旅游网站依然存在着盈利模式较为单一，顾客黏性以及旅游网站提供的信息还远远不足的问题。由于旅

游网站目前的模式多数还是"机票+酒店"，因此会不可避免地陷入价格战争中，而顾客也可能会因为价格战的层出不穷而失去对相应网站的忠诚度。目前市场上能吸引顾客的网站很多时候靠的是名气或依托的旅行社，而并非网站使顾客需求得到了贴心而周到的满足。因此，如何在深化顾客对旅游网站的服务体验并增加顾客黏性，创造出新的盈利方式是各大旅游网站面临的挑战。

（2）第二个机遇：供应商方面的机遇，即旅游供应商的电子商务应用仍有巨大的拓展空间

在美国的1万家酒店中，70%归属于大型酒店连锁集团；而中国的7000多家星级酒店，除了少数加了国内外星级饭店集团以外，绝大多数都是独立的实体，它们无法享受饭店集团内部预订系统的服务，GDS（Global Distribution System，全球分销系统，亦称全球代理人分销系统）的接入和利用也并不普及。这为中国旅游预订网站提供了理想的发展土壤。

与GDS相比，互联网预订中介的成本可以更低——经GDS订出的酒店需要向GDS平台和旅行社支付双重佣金。与旅行社相比，我国酒店普遍认为互联网能带来更高素质的客人——他们通常是来自大中型城市的商务散客，有良好的消费习惯，还能提升酒店的定位和形象。酒店向互联网分销的转向，甚至会导致酒店的消费群结构发生变化，促使普通酒店向商务酒店转型。

目前，利用网络渠道的酒店多为二星级以上，只是旅游住宿设施中的一小部分。低星级酒店、青年旅社、条件较好的招待所和疗养院，在国企改革的宏观背景和住宿业市场转型的双重压力下，必将采取更加现代化和市场化的营销方式。我国旅游预订网的代理对象还有着相当大的拓展余地，市场基础远远大于已经开发的市场。[371]这又为地方旅游网站带来了发展机遇。事实上，携程旅行网、艺龙旅行网等大型预订网络还无法将触角延伸到旅游目的地数量众多的非标准化旅游设施，包括一些旅游旺季预订无法保证的酒店。而那些在当地业缘关系良好的网络代理商则能使这些产品上网，价格更优惠，预订更通畅，大大增加了旅游者福利。从行业来看，在线旅游预订范围的扩大，将切实推动我国旅游企业电子商务应用水平的整体提高；从纵向来看，网络发展的行业化和地域化是中国互联网正在出现的趋势，将逐步演化出"网络矩阵"的新格局。

与之并行的动向是，通过资本运作和购并重组，行业主导网站正试图整合分散在各地的网络和非网络旅游分销商资源，其视野也将更加国际化。这是过去两年中已经显现出来的新一轮集中化趋势。总的来说，未来旅游网络的竞争合作格局将更加复杂。

4.1.1.5 B2C运营模式——虚拟网络中介

2003年以来，得益于互联网的复苏和盈利模式的逐渐清晰，旅游中介型网

站因为定位准确，前景广阔，融资开始活跃，国外公司纷纷注资与中国主流在线旅游销售网站合作，而资本融合往往伴随着国内外同业的强强联合和业务网络的更深层次整合，增强了网络的国际化。

1997 年，国内相继出现以中国旅游资讯网、华夏旅游网、中华行知网为代表的第一代 B2C 旅游网站，其中中华行知网以文化旅游为市场切入点，定位为网络版的中国国家地理杂志。华夏旅游网和旅游资讯网推出潜力巨大的自助游，以自定行程、自助价格、网络导航、网际服务为特征，适应了人们个性化的需求。为拓展国外旅游市场，康辉旅行社还开通了专业出国旅游网站，详细介绍出国旅游报名参团、办理护照、签证、边防、海关等知识。[372]

2000 年，以携程旅行网、艺龙旅行网为主的第二代 B2C 旅游网站开始崭露头角。携程旅行网首次将旅游网站定位为旅游行业的中介服务机构，市场定位主要为自助旅游和商务游。携程旅行网、艺龙旅行网这样的全国性旅游预订服务网站成功地运用 IT 技术，利用集中式呼叫中心搭建起来的虚拟服务网络支撑着遍及全国的预订服务体系，高效且有规模效应，大大降低了服务成本。

中国的旅游电子商务交易市场中，以携程旅行网、艺龙旅行网等虚拟网络旅游中介为代表的 B2C 电子商务市场是起步最早、发展最为迅速的旅游电子商务模式，它们的骄人业绩极大地推动了中国旅游电子商务的发展，已经成为国内电子商务发展的主流盈利模式。

2006 年 10 月，以做线路为主的途牛旅游网进入大众视野，通过集合中文旅游社区的大众旅行资源和与旅行社合作开发的销售线路，在旅游网站中迈出了一条新的盈利之路。通过定位于有一定消费能力的白领市场，根据用户选择推送和销售旅游路线，并实施机票、酒店、游轮、门票等预订，做成一站式购物的旅游网站。2010 年 1 月 4 日，途牛旅游网全面启动"7×24 小时全天候服务"，发展成"基于互联网+旅行社+呼叫中心"的运营模式。

2008 年，驴妈妈旅游网成立，现已崛起为新型 B2C 旅游电子商务网站，并成为以自助游服务商定位市场，以打折门票、自由行、特色酒店为核心，同时兼顾跟团游的巴士自由行、长线游、出境游等网络旅游业务，为游客出行提供一站式便利服务的网站。

● 案例研究——携程旅行网

携程旅行网于 1999 年 10 月正式开通；同年 11 月，其网上预订系统正式启动，其主要通过互联网、呼叫中心订购飞机票、住宿和旅游线路 3 个主导产品来获取利润。其中，网上预订客房是其发展的生命线，它使携程旅行网成为国内目前最大的旅游服务网站和订房中心。携程旅行网在短短 4 年内逼进了传统公司几十年的发展规模。根据 2012 年携程旅行网的财报显示：2012 年净营业收入为 42

亿元人民币，相比 2011 年增长了 19%。2012 年，携程旅行网的营业利润为 6 亿 5500 元人民币，比 2004 年的营业收入 3.34 亿、纯利润 1.3 亿元有了长足的进步。

目前，携程旅行网掌控遍及全国范围的酒店、航空资源。在酒店资源方面，2010 年时，携程旅行网国内签约酒店的数量已经超过 16000 家，覆盖全国 270 个城市，该规模在业内遥遥领先。在航空资源方面，携程旅行网与国航、东航、南航等各大航空公司均保持着良好的合作关系，建立了全国集中统一的订票网络，在全国 45 个大中城市与资源提供商一起提供免费送机票服务，并在国内各大机场提供现场取票服务，2012 年日均出票量为 12.8 万张。携程旅行网的呼叫中心设立在南通和上海，截至 2012 年 12 月 31 日，其呼叫中心员工已达 1.09 万人。

(1) 携程旅行网的发展历程

1999 年 11 月，携程旅行网正式开展酒店预订业务，酒店在线预订系统随后投入使用。为了迅速发展酒店预订业务，携程旅行网展开了一系列的挖人和并购动作。2000 年初，携程旅行网挖到当时最大的传统订房中心之一——商之行的总经理及其主要业务骨干。由于受到传统订房中心人才的影响，一条互联网与传统手段相结合的道路呈现了出来。同年 10 月，携程旅行网完成对国内最大订房中心——北京现代运通公司的整体收购之后，线上和线下同时开展客房预订业务。选择落地经营，是携程旅行网保持至今的业务模式。过程中，携程旅行网通过上马客户关系管理（CRM）、订单处理、质量分析、呼叫中心等信息系统来完善自身的技术平台。通过网络和电话结合，使互联网和传统渠道形成无缝通路，与传统旅游行业紧密结合。

携程旅行网迅速把这一经营思路扩展到更开阔的旅游行业。2002 年 4 月，携程旅行网收购了华北地区五大机票代理之一的北京海岸机票代理公司，随之其全国机票中央预订系统正式上马，送票业务覆盖 10 个城市。2003 年三四月份，携程旅行网利用技术优势和线下管理方式陆续在全国 20 多个城市开通了送票服务。截至 2013 年，总员工人数超过 19000 人。

2003 年，携程旅行网侧重发展票务。2004 年，在订房和订票这两块业务的基础上，携程旅行网一是既有业务继续做大，如把渠道铺设得更广更深，努力向二级城市发展；二是向旅游项目产品拓展，如租车、各地旅游项目都要完善。携程旅行网已经成功地培育出酒店、机票、度假预订业务 3 个业务增长点，并且在2006 年正式对外宣布全力进军商旅管理市场。2007 年，携程大学成立。2009 年2 月，携程旅行网斥资千万设立诚信服务先行赔付基金。2010 年 3 月，收购汉庭连锁酒店集团和首旅建国酒店管理有限公司的少数股份。2010 年 4 月，"携程无线"手机网站正式上线。2011 年 1 月 12 日，与沪上知名餐饮预订服务提供商

"订餐小助手"合作，开拓订餐市场。

由于携程旅行网保持了电子商务公司的性质，在未来发展中，其酒店预订、机票预订以及旅游项目三块主业，无一不促使其和相应传统渠道保持特殊的关系：既竞争抢食，又合作发展。

（2）携程旅行网成功的原因

1）商业模式：定位准确—切入精准—扩大业务

携程旅行网进入旅游电子商务市场的时候，中国有非常多的旅行社，但是真正做类似个体服务 FIT（Free Independent Travel）的公司非常少。国、中、青都是以团队为主，于是携程旅行网首先将自己定位为为个体商务旅游者或者是中高档休闲旅游者服务的公司。即使盈利以后也没有拿钱砸向房地产或者赚横钱，上市以前携程旅行网就有分红，但它始终定位在一个领域，而且在携程旅行网发展过程当中，它能够根据整个行业的发展态势来设定一个最正确的或者说最好的、最适合自己发展的策略。

从在线预订到综合旅游服务的第一步从酒店开始，酒店做成熟的时候切入做机票，机票做成熟以后再切入做旅游，建立一个最大的覆盖全国的网上网下都可以为客人提供最大便利的平台。当时世界上有一个全球分销系统（GDS）可使全球酒店、机票信息都在一个平台上，但是中国恰恰没有，这对个体商务活动者不断成长的过程是一个很大的缺陷，携程旅行网敏锐地看到了这一点，所以携程旅行网把酒店作为第一个突破口切进去，定位很明确，不做团队，不为公司客服务，只为单个人服务，而这个一提出来以后得到了广大商务客强烈的反响。随后，携程旅行网把其他的业务增长点包括机票、商旅服务、旅游信息服务、社区服务等都架设到这一平台上，形成一个拥有旅游衣、食、住、行、娱、购等各方面的预订服务以及 2000 多个自然人文景观的旅游信息的旅游服务平台，并且依靠这个平台逐步从线上预订公司，转变为旅游服务公司。

2）产业化的运作

携程旅行网抓住酒店和机票的预订服务之后，发现这个产品确实有发展潜力，就迅速对这个产品进行产业化的运作和包装，把每一块预订服务都当一个行业来发展，而不是孤零零地提供一个好的服务就结束了。通过标准化，加大规模运作，迅速变为一个行业，为中国旅游产业链填补了一个新的不可或缺的环节。这在携程旅行网以后的发展中也同样适用，一旦遇见有价值的服务，确实需要扩张的，就迅速发展成一个产品进行产业化运作。携程旅行网的产业化途径为酒店在线预订服务—酒店预订产业—机票预订产业—旅游自助游产业—商务旅游服务产业。随着一步步地进行产业扩张和挖掘，携程旅行网还将继续发展旅游服务业务，并有计划地进行策略性的并购。

3）综合增值服务

旅游专业信息。在中国，携程旅行网已经成为中国旅游信息的最大网站，携程旅行网做东西比较专业，不像一些网站一做大什么都做，携程旅行网做了系列旅游丛书，也做了杂志，但是只针对网站的目标定位群体提供比较专业的产品，提供他们希望看到的东西。

特惠服务。携程旅行网围绕商务客人的需求提供了很多打折服务，他们将目标定位于为商户服务，除了酒店与机票之外，携程旅行网尽可能考虑到客户群体的其他需求，包括特色小吃、旅游服务信息等，为整个客户群提供了许多可供选择的出门需求解决方案。

4）线上线下的游刃有余

在携程旅行网眼里，互联网只是一种工具，这奠定了其扎实和稳健的商务发展策略。在互联网泡沫最高的时候，利用网络概念，它成功引入了 3 次风险投资，使其得以壮大；在互联网最萧条的时候，它又利用资金、人才优势对传统旅行服务企业进行了有效的资源整合，连续收购北京现代运通公司进入酒店预订行业，通过收购北京海岸机票代理公司成功进入机票预订行业，收购上海翠明旅行社进入旅游项目行业，同时与首旅集团合作建立了如家快捷酒店集团，携程旅行网投资 2000 万美元建设最好的呼叫中心。目前，携程旅行网的主要利润只有30% 来源于线上，70% 来源于线下。对于携程旅行网而言，首先是一家旅游服务公司，其次才是一家互联网企业，网络是起步的概念，后来就变成了它在旅游行业扩张的技术工具。在中国的网络社会逐渐成熟后，特别是在进入 3G 时代之后，携程旅行网计划再卷起一场从线上到线下，从线下回到线上的风暴。

● 案例研究——艺龙旅行网

（1）发展历史

1999 年，唐越带着 100 万美元回到国内，开通 eLong. com 网站，当时的市场定位是提供城市生活资讯服务。随后，连续收购了 4 家公司，包括当时还很小的票务中心——百德勤及其电子商务网站 Lohoo. com，而百德勤后来成为改变艺龙旅行网命运的关键。

2002 年，建立了初具规模的订房呼叫中心，为大公司客户量身定做商旅计划。同年，跟多家银行合作，使合作银行的银行卡用户直接成为艺龙旅行网的用户。

2003 年 3 月，艺龙旅行网成为国内首家实现盈利的网络公司。同年 8 月，美国老虎科技基金主动投入 1500 万美元风险资金。

2004 年 7 月，美国最大的在线旅游网站 IAC 成功入股艺龙旅行网，同年 10 月底，艺龙旅行网正式在纳斯达克挂牌交易。

2005 年 1 月，IAC 控股艺龙旅行网。同年 6 月 1 日，艺龙旅行网宣布，收购新浪财富之旅品牌（由上海新旺计算机技术有限公司及其关联公司 Bravado Investments Limited 经营）。

2008 年 1 月，艺龙旅行网全面推行 7×24 小时服务，成为国内首家能够提供 24 小时服务的在线旅行服务公司。

2008 年 5 月，艺龙旅行网推出代表中国在线旅游行业发展趋势的 4G 商业模式。

2010 年 5 月，艺龙旅行网推出手机艺龙网，提供手机预订服务。

2011 年，艺龙旅行网推出 iPhone 及 Android 客户端。

2012 年 3 月，艺龙旅行网第二呼叫中心落地合肥。

（2）优势

作为国内第二大在线旅游服务提供商，除与航空公司、电信公司和银行达成合作伙伴关系外，艺龙旅行网还与互联网门户新浪签署了三年的合作协议，成为新浪的独家在线旅行合作伙伴。

艺龙旅行网在集团客户业务方面有着丰富的经验，有着一套完善、先进的集团客户服务系统。同时作为 Expedia 的合作伙伴，艺龙旅行网还能得到资金和一定的信息技术支持。[373]

最近几年，艺龙旅行网签下的合作酒店已达 20 余万家，与携程旅行网不相上下，远远高出行业平均水平。

（3）劣势

与携程旅行网相比，艺龙旅行网始终扮演着行业老二的角色，无论是在资本市场还是在业务领域，目前艺龙旅行网的实力与携程旅行网相比仍有相当大的一段距离。

艺龙旅行网的酒店及机票预订业务与其他同类网站相比，同质性太高，并且无法拉出很大的价格差距。因其主要面对商旅人士，时尚休闲人士对其认可度不高。

（4）机会

中国国内在线旅游服务市场目前还没有达到饱和状态，对于艺龙旅行网而言，携程旅行网只不过先走了一段时间，同时，艺龙旅行网已经发展出了一个相当规模的技术平台和服务平台。在这样的情况下，艺龙旅行网可以考虑开拓区别于一般"机票+酒店"预订模式的另一条康庄大道。

随着网络经济增长点的不断演变，在线旅游服务市场面临新一轮的洗牌，对所有提供商来说，只有在新一轮的竞争中抓住机遇，把握趋势，才能获得竞争优势。

（5）威胁

目前，除了国内传统的许多旅游网站如携程旅行网、青芒果网等，国外旅游服务提供商悄然进入中国，与国内旅游公司合作，如美国胜腾旅游集团于2005年6月与中青旅合资成立的中青旅遨游网，以及戴福瑞于2006年3月在中国成立公司并于同年5月上线的去哪儿网，这些巨头无疑是国内同行强有力的竞争对手。

相对携程旅行网，中青旅遨游网对艺龙旅行网的冲击和威胁更大，因为携程旅行网龙头老大的位置非常稳定，纳斯达克股票价格一度坚挺。但是艺龙旅行网却有些摇摆，如果不加以稳固，很可能被后来者赶上。而且更重要的是艺龙旅行网背后的IAC与美国胜腾旅游集团在全球的竞争已聚焦到了中国市场。

而后起之秀途牛旅游网及驴妈妈旅游网等网站由于其细分市场的精准定位，并附带进行酒店及机票的预订，也在一定程度上分走了客户源，使得艺龙旅行网陷于前后夹击的境地。

（6）市场策略

艺龙旅行网现在的发展重点是秉承唐越总裁的通过并购、合作的方式实现市场扩张，虽然这与携程旅行网的发展观点不一样，但在艺龙旅行网2005年收购了Raytime，为同年二季度带来了500万的收入。同年6月，艺龙旅行网收购了Fortune Trip，在线预订量增长了10%。因此说明这一扩展性的策略在一定时期内确实行之有效。但并购这一方式不是长久之计，首先，并购需要大量的资金；其次，国内真正值得收购的公司屈指可数。这也是携程旅行网不愿意实行并购的原因。

销售促进的众多小方案，也是艺龙旅行网可以选择的方式，而且不要求绝对的创新，只是相对的。从别的行业领域内借鉴就可实现业内的品牌及销售支持。艺龙旅行网曾经在2003年夏天推出的送红酒活动就走在了行业的前面，并取得了良好的效果，其他公司的赠送活动均未达到如此效果。因此在业内领先举办、实施独特的促销活动，一方面可聚集大量的人气，另一方面也可促进销售。

艺龙旅行网与Google、百度、腾讯、互联星空等国内大型网站都建立了排他性合作，开拓了广泛的网络营销渠道。2002年，艺龙旅行网隆重推出了"艺龙旅行网旅行产品在线分销联盟"，大大加深了自身营销渠道的拓展。在线联盟加盟方法简单，个人或企业均可申请。数千家网站加盟并从中获利。另外，艺龙旅行网依托Expedia的旅游资源、成熟的网络及雄厚的技术支持力量，并通过elong.net英文网站平台为国内和国际的旅行消费者提供全球的旅游产品预订服务。

艺龙旅行网还独立研发了集用户数据、市场资源、业绩统计等为一体的公司信息管理系统（Management Information System，MIS），并引入了国际领先的客户关系管理系统，对所有注册用户的信息及其每一次消费情况都进行了详细的记录，并为艺龙旅行网更好地根据用户需求、偏好等提供更具个性化和人性化的服务提供了强有力的支持。

2005年年初，艺龙旅行网通过与VISA的战略合作，为旅行消费者提供了安全、便捷的在线支付管理系统。2008年9月，艺龙旅行网携手支付宝，率先推出全面的在线支付方法，客户可以用信用卡、借记卡、Alipay账号实现在线支付。多样化的在线支付手段，让每个消费者都可以放心地在线购买酒店、机票产品，有力地协助了艺龙旅行网营销渠道的拓展。今天，艺龙旅行网已经建立起立体的、互动的、完善的、覆盖全球的营销服务网络。[374]

4.1.1.6 B2C运营模式——传统旅游中介业务上线

在线旅游中介形成的巨大竞争压力以及在线旅游迅速创造的财富，使得上海春秋国际旅行社有限公司（以下简称"春秋国旅"）、中青旅等实力强大的传统旅行社也纷纷建起网站，或独立运行，或配合旅行社业务。这些网站由于起点较高、有所属公司已有的优质旅游资源作支持，在业内引起广泛关注。

早在2000年，春秋国旅就成立了春秋国旅航空网站进行电子商务的运作，并成立专门的部门从事在线预订线路，兼营酒店和机票预订服务。2005年5月15日，中青旅遨游网横空出世，在中国在线旅游领域里引起了广泛关注。就定位而言，中青旅遨游网打的是休闲牌，建立网站的初衷就是使旅游者能够自由自在地旅游。同年11月24日，香港中旅又宣布将投资10亿元打造芒果网，芒果网倡导的是一种健康阳光、轻松时尚的生活方式。

目前，旅行社上线网站早已经不是什么新鲜事。但是由于旅游电子商务的发达，携程旅行网、去哪儿网、同程网等各大旅游电子商务网站的兴起，让人们更多地选择了后者，而非直接进入旅行社网站。中青旅遨游网用多年的摸爬滚打才算是走出了亏本的阴影，是在OTA繁盛的今日争取到一席之地，或是安守本分仅作为旅行社又一营销平台，都需要引起旅行社及业内人士的思考。

●案例研究——中青旅遨游网

（1）发展历程

传统的中小型旅行社很难有足够的实力进行在线预订和销售，更多的是以企业网站和静态页面宣传的形式出现。很多大型旅行社在之前就已经有了依托于传统业务的线上预订网，主要销售旅行社产品。随着网络旅游中介进入旅游产品市场后，传统旅行社依托优势资源想在在线旅游销售中分得一杯羹，最有利的渠道就是吸取国际上正虎视中国在线旅游业的大亨，中青旅和美国胜腾旅游集团的合作就是代表。

"青旅在线"成立于 2000 年 6 月，是中青旅旗下的专业旅游预订网。"青旅在线"充分依托中青旅丰富的产业资源和雄厚的资金支持，利用现代网络技术对传统资源进行重新整合，开拓商务旅行、休闲度假、主题旅游等个性化服务领域，以客户需求为导向，全方位提供旅游相关产业服务，创建现代电子旅游概念，缔造电子旅游支持平台。2004 年 9 月，中青旅与世界 500 强之一的美国胜腾旅游集团在"青旅在线"的基础上设立了合资公司 —— "中青旅胜腾国际旅游有限公司（CYTS Cendant International Travel Co., Ltd.）"专业打造在线旅游预订服务。"青旅在线（www.cytsonline.com）"将成为中青旅的企业网站。2007 年 8 月，中青旅公告宣布，由中青旅全资子公司中青旅（香港）收购方持有 60% 的遨游网股份。至此，遨游网已经由创立之初的中美合资变成中青旅全资子公司。[375]同时，中青旅将遨游网与"青旅在线（原公司官方网站）"合并成为中青旅遨游网。新网站成为整合创新业务与传统业务、涵盖旅游资讯与产品预订、集公司官方网站与电子商务网站于一体的网络平台，立足于机票、酒店资源采购，继续努力开发自由行产品，还积极尝试拓展企业及机构差旅服务等其他业务。

（2）中青旅上线的重要意义

对于中青旅而言，上线更多是因为老牌、大牌旅行社对自己运作机制怀有深切的危机感。个性化、散客的趋势已经成为现实的巨大市场，但由于国有大型旅游企业长期存在的体制弊端，他们看不到或者根本无视这种新兴的市场趋势。

要改变旅游企业的运作方式，最重要的就是准确地把握市场的具体情况，而旅游电子商务则为中青旅提供了一个准确把握市场的技术平台。所以，在线服务对于中青旅不仅是一个开阔的销售渠道，更肩负改革母体的重要责任。

（3）中青旅对在线服务的尝试

就中青旅的整个发展战略而言，"青旅在线"只是其中一个重要的组成部分。从 1997 年上市之初的"以旅游为主业，高科技为次主业"，到 2000 年引入国际风险投资，总投资 1 亿元成立"青旅在线"，再到 2001 年明确提出"以资本运营为核心，以高科技为动力，构建以旅游为支柱的控股型现代企业"，中青旅一直在为中国的旅行社行业探索一条未来之路，贯穿其中的重要一条就是摸索传统经济与新经济的结合点。与 2000 年同期相比，中青旅 2001 年 1~6 月份的主营业务收入增长 38.8%，而利润总额同比增长却只有 5.6%，这组数据表明，中国的旅游业已进入微利时代。于是，为了生存下去，早已上市并作为全国旅行社三甲之一的中青旅选择了信息化。

中青旅做电子商务的目的就是利用信息化手段对企业的后台运作产生积极的影响，当初在做"电子"还是做"商务"上还进行过一番争论，经过仔细研究了自身优势和特点之后，中青旅认为应该是利用电子的手段来做商务，只有这样才能充分利用网下的优势，毕竟这种优势是其他旅游电子商务网站所无法比拟的。[376]

中青旅上市后，经过一段时间的运作和整合，在中国市场上的格局基本分为三大块，即中青旅公民旅游产品运作机构和中青旅连锁、"青旅在线"两个销售机构，在业务流程上则是将同为销售渠道的连锁店和"青旅在线"网站招徕的顾客统一交由公民部来操作。然而，业务运行了一段时间后，问题就涌现出来了，一方面由于国内电子商务环境还不成熟，若想在网上完成整个业务尚有困难；另一方面，由于"青旅在线"与中青旅连锁处于两个不同层面的销售平台，联系不够紧密，没有充分有效地利用资源。因此，经过一段时间的准备后，中青旅进行了深度资源整合，成立了"中青旅中国公民旅游总部"，将公民部、中青旅连锁、导游部合并，并将之与中青旅电子商务有限公司统一运作，构建一体化经营、专业化分工、标准化作业的中青旅中国公民旅游运作机构。

2000年，"青旅在线"开业7个月的销售收入达到了4168万元。到2001年5月底，正式运行1年的"青旅在线"，销售收入已经超过了1亿元。这说明尽管遭遇了互联网市场的风雨飘零，"青旅在线"仍有了长足的发展。这对"青旅在线"从技术到资讯以及服务流程的升级换代以及中青旅连锁店业务都提供了有力的资金保证。在中青旅连锁店里，预订旅游线路走ERP线路，预订酒店、机票用宏道公司的个性化服务产品。

2002年4月南京旅交会期间，中青旅宣布正式成立中青旅联盟，在承认成员单位个体利益的基础上，打造统一品牌，探讨业务发展与创新，连点成网，增强整体实力，靠网络抵御冲击，确保其应有的位置。从此举可以看出，为了更大程度地发挥信息化的网络优势，中青旅又迈出了实质性的关键一步，其后劲不可估量。中青旅通过收购和控股的方式在外地组建物理网络，而"青旅在线"这个网站也成为中青旅在全国各地的分支机构的统一门户。中青旅还进一步发展了物流网络支撑体系，2002年时中青旅连锁在北京已发展到16家，并计划在其他城市稳步扩张。

中青旅2006年的年报显示，报告期内，中青旅遨游网亏损2836万元，加上2005年亏损的3172万元，上线时间不到两年的中青旅遨游网累计亏损总额已达到6000万元之巨。2010年，经过转型之后的中青旅遨游网，百变自由行占总业务量的比例高达80%，其中以百变出境自由行的业绩最为出彩。[377]并在近几年开始打算与其他OTA进行合作，并让产品出发地从现有的北京、上海，扩展到南京、杭州等中青旅拥有非全资控股旅行社的城市。

根据中青旅遨游网提供的数据，截至2012年8月1日，其销售额同比去年增长226%，这显示出度假消费正在成为电商消费领域的一支生力军。[378]其订单均价达到 15306 元，显示出中青旅遨游网客户对品质突出的中高端旅游产品的选择倾向性增强，同时，度假产品的高端定制需求大幅增长。目前，中青旅遨游网对中青旅零售额的贡献率是 20%，而 2011 年这一数据是 10%。

可以看出，这几年中青旅遨游网历经波折，从走中高端路线，回归到依托旅行社服务品质的出境游，这也许是目前旅行社在线的一条更为容易走的路，也证明了光靠模仿其他网站的经营模式，很难让旅行社网站走得更远更宽广。

4.1.1.7 B2C 运营模式——旅游提供商的在线分销

到 20 世纪 90 年代早期，电子分销渠道形成了封闭的网络。各个渠道组成了线性的关系，系统是合作的而不是彼此竞争的，但是渠道本身很昂贵，且缺乏灵活性。中介分销费用的提升和信息技术的进步共同促成了很多旅游提供商开始寻找分销的替代方法，互联网的广泛应用提供了这样的机会。[379]旅游供应商们迅速开始试验基于 web 的分销。

Dombey 对形势进行了很好的概括，他说："供应商热衷于重新设计他们的旅行系统，从而绕过 GDS 和旅行社，创造和顾客的直接联系。"实际上，每个部门都在努力绕过分销链条的中介，直接和顾客进行交易。例如，接口转换公司除了完成作为 CRS 和 GDS 之间的共同转换器的作用，现在通过利用顾客导向的网站，从而具备了直接和顾客沟通的能力。

新成立的饭店分销系统（HDS）就是这种趋势的良好例证，它除了通过 TravelWeb 网站直接分销饭店客房给顾客，也提供很多其他基于网站的旅行社信息和饭店预订引擎。2002 年对世界前 200 名饭店的电子预订分销管理者进行调查发现，从饭店到 Switch 到 GDS 到基于 GDS 的网站到顾客，饭店到 CRS 到 GDS 到基于 GDS 的网站到顾客，饭店到 CRS 到 Switch 到 GDS 网络中介到顾客是最有前途的渠道。[380]很明显旅行社从以上三种链条中消失了。据预测，大多数的渠道都会拒绝将旅行社作为最后节点，而实际上所有的渠道都预想将网络作为顾客之前的最后节点。直接面对顾客的途径（饭店到网站到顾客、饭店到 CRS 到饭店联号网站到顾客）得到了特别高的分数。他们都把 CRS 作为分销链条中的节点而把网络作为面对消费者的最后一环。这表明，饭店电子分销可能会快速发展——以 CRS 为中心，经过很多不同途径和第三方机构，最后以网站作为和顾客的交流媒介。

一般来说，GDS、IDS 与 PDS 连接，使成员酒店能在全球范围实现即时预订，是目前集团总部控制其成员酒店的有效工具之一。

●案例研究——万豪国际酒店集团

万豪国际酒店集团，又称马里奥特酒店集团，是全球最大的旅游服务公司之一，年业务收入有 100 多亿美元。它的在线营销系统包括 10 个品牌的 1700 家酒店，在中国市场有 7 个酒店品牌、25 家酒店。1996 年，马里奥特酒店集团建立了它的第一个在线预订服务系统，这一试验性的系统在年底创造了1亿美元的收入。利用马里奥特酒店集团建立的互动式主页，顾客可以按地点、设施、房间设备和娱乐方式的任何组合找到一家马里奥特酒店。一旦顾客找到了合适的酒店，就可以了解到是否有空房、房价多少，并能简单快捷地预订房间。由于开发较早，马里奥特酒店集团的网站有一些高级性能。[381]马里奥特酒店集团成功的网络营销可以为我国的旅游企业提供很好的经验。在今后一定的时间内，国内旅游企业要发展，必须走网络化道路。8848.com的CEO王峻涛曾预计，"在2～3年内，制约我国电子商务发展的瓶颈将解决"。届时，电子商务的运营要求会一下子摆在每一个旅游企业面前，如果企业没有准备，将无法适应骤然改变的商业运营模式，在竞争中处于弱势。所以每一家旅游企业都应建立自己的单位网站，为即将普及的电子商务做好准备。马里奥特酒店集团网络营销的成功，主要取决于管理层的高瞻远瞩。马里奥特酒店集团成立了一个经理层的政策制定团体——互联网政策委员会，其代表来自信息技术、销售、品牌、特许经营等部门，公司采取特殊措施购买了20台网络终端，把它们交到高层经理家中，让他们认识到，网络已无处不在，而且人们要大规模地使用网络，在短短的6个月时间内互联网对高层经理们就不再陌生。旅游企业是迎合顾客需求与欲望的公司，应该与顾客拥有共同语言，这也是旅游企业营销网络化的重要原因。

●案例研究——航空业的在线分销

随着互联网技术的迅速发展和广泛普及，通过XML语言编写的程序，完全可以在互联网上将这些信息整合起来，而不需要投入巨资购买设备建设庞大的GDS。在IT系统建设上一直有着种种冲动的航空公司面对互联网技术的发展和普及所带来的机遇，更是跃跃欲试。

如今，航空公司都已经拥有自己的网站，将自己的客票信息搬到网上，在网上直接向消费者售票，省略了代理人这个环节，以节约大量的营销成本。美国西南航空公司就没有通过GDS分销，而是在自己的网站上销售机票，据说其网上售票目前已经占到了总售票量的60%～70%。[382]

南方航空公司在2000年3月就开始在自己的网站上推出电子客票，旅客只要登录南方航空公司的网站，就能进行航班的查询、预订机票和网上支付，操作完成后电脑会自动生成一个确认号码，旅客只要凭该号码和身份证到机场电子商务取票处领取登机牌就可以了。而据国外航空公司的统计，这种通过互联网销售的电子客票的营销成本仅仅是传统客票的10%。在短短的两年中，电子客票完成了由个别使用到现在市场份额近90%的推广期。

目前，各大航空公司网站均可在线购买机票并支付，购买非特价票的乘客还可以根据航空公司所提供的机型提前选择乘坐的位置并提交特殊用餐安排，这体现了航空公司服务化和信息化极好融合的特征。除此之外，部分航空公司对无托运行李的乘客还提供自助登机牌打印服务。

4.1.1.8 B2C 销售的新模式

随着信息技术越来越发达，衍生出各种各样新的营销方式和销售方式来推广和销售旅行产品，现就如下两类销售新模式进行简单的介绍。

（1）在线旅游团购

团购（Group purchase）就是团体购物，指认识或不认识的消费者联合起来，加大与商家的谈判能力，以求得最优价格的一种购物方式。根据薄利多销的原理，商家可以给出低于零售价格的团购折扣和单独购买得不到的优质服务。团购作为一种新兴的电子商务模式，通过消费者自行组团、专业团购网站、商家组织团购等形式，提升消费者与商家的议价能力，并极大程度地获得商品让利，引起消费者及业内厂商，甚至是资本市场的关注。随着 2010 年团购网站的兴起，截至 2011 年 6 月，我国团购餐饮类服务的网民达到 3102 万人，占团购用户的73.5%。餐饮类服务是团购中最重要的本地服务类别。截至 2011 年 6 月，我国团购旅游酒店服务的网民达到 646 万人，占团购用户的 15.3%。旅游团购成为2011 年团购发展最快的领域，众多在线旅游服务网站也纷纷涉足旅游团购服务。由于网络团购作为网上购物的方式之一，具备了网络购物的所有优点，如方便、快捷、不受地域限制等。而价格优势又成为其最主要的核心优势，这种优势甚至要比普通网络购物更加明显，因此在某些程度上与旅行网站和相应的旅行社网站达成契合点，通过团购的模式可以吸引来自不同地域的消费者。

目前，大部分的旅游团购模式均为："线上预订—线上支付/线下支付—（线上签约/线下签约—）享受服务与体验—打分与点评。"参与团购的旅游产品以酒店、门票及旅游线路为主。

在近两年，团购旅游产品是一种新兴的在线购买旅游产品的方式。在线旅行预订用户中，有 18.6% 的用户参加过旅行产品的团购。不同旅行产品在用户团购中比例最高的是酒店，占 50.3%；排在第二位的是景点，占 45.1%；排在第三位的是旅游度假产品，占 25.6%。用户对旅行团购热情较高，有 48.7% 的在线旅行预订用户表示在旅行预订前会首先查看团购信息，59.4% 的旅行预订用户在同类旅行产品中会首先考虑团购。[383]整体来看，用户对旅游产品团购的满意度较高，分别有 68.7% 和 10.8% 的用户表示比较满意和非常满意，合计接近 80%。表示不太满意的有 11.8%，表示很不满意的只有 0.5%。不满意的用户中，觉得旅游产品团购主要的问题是描述与实际不符的占不满意用户的 44.8%；排在第二位的是服务品质跟不上，占 29.3%；此外还有 19.5% 的用户表示有额外消费；其余用户觉得消费限制过多。

随着团购产业的蒸蒸日上，团购在旅游产业中的进一步发展还是有极大的空间的。

（2）手机在线查询与预订支付

2012年，手机上网用户高达4.2亿人。中国手机购物于2008年正式兴起。2008年，中国3G政策已经明朗，相关政府部门和移动运营商明确从2009年开始大力发展3G服务。此后，随着手机用户数量的快速增长和手机支付安全性的不断提高，手机购物的流行速度飙升，如今已成为最热门的手机应用之一。数据显示，有约46%的用户曾经有过手机购物的体验，21.5%的用户表示准备尝试手机购物，这表明手机电子商务在我国拥有十分广阔的前景。同时，很多第三方手机购物应用软件也应运而生。这些软件通过对多家电商网站中手机购物交易规模的信息进行整合，帮助用户实现即时的比价、查看评价等功能，如我查查比价软件。可以看出，伴随智能手机的发展而来的手机用户体验与手机互联网技术的提升，使得越来越多的人选择使用手机购买旅游产品。用户可以直接通过手机，进行酒店、机票、门票的预订与购买以及旅游攻略、当地地形地貌的查询甚至是周边美食的查找。

随着信息技术的发展，许多对应的旅行网站还推出相应的手机旅游应用，如去哪儿网、淘宝旅游等。手机这个新增的销售渠道使得许多不方便携带电脑或即刻使用电脑进行支付、预订、搜索的人带来了极大的便利，从而扩大了旅游电商的市场范围。

4.1.2 B2B在线旅游销售的运营与盈利模式

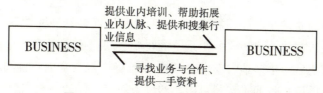

图4-2　B2B在线旅游销售的模式分析

4.1.2.1 B2B行业分销系统

行业分销的概念来自20世纪50年代航空公司进行库存控制的内部系统。旅行社可以直接进入系统实时查看空座和价格信息，进行预订。同时，也可以销售互补性的旅游产品，包括饭店客房。后来，饭店开发了自己的计算机系统——代理人分销系统（CRS），可以把饭店连接到航空公司的系统中，便于旅行社的预订。虽然提高了效率，但是开发和维护CRS的费用很高，很多饭店选择了把分销外包给预订公司，而不是自己开发系统。国外几乎所有的饭店集团都建立了自己的全球预订网络。例如，西方最大的饭店联合体最佳西方国际就是通过其全球预订系统将各个成员联合起来。

全球分销系统（GDS）是指应用于民航和旅游服务的全球性信息系统，也是航空集团和航空公司所属的各计算机订座系统之间的全球性联盟。这个为代理人提供航空和旅游产品分销服务的计算机技术及网络服务系统，是从航空公司订座系统（ICS）、代理人分销系统（CRS）演变和发展出来的分销系统。由于旅游业的迅速发展和政府的支持，加上 CRS 的全球性联盟，令 GDS 应运而生。通过GDS，遍及全球的旅游机构可以及时地从航空公司、酒店、汽车租赁公司、旅行团获取大量与旅游有关的信息，从而为顾客提供快速、方便、可靠的服务。另外，旅行者可以通过互联网登录 GDS 去获取信息和作出相关的选择。

GDS 产业最初于 20 世纪 80 年代在北美洲首先发展起来。目前，只有少数发达国家拥有自己的 GDS。如今国际上绝大多数的航空公司都要依托一个或者几个GDS，在全球范围内分销自己的航空服务。GDS 最重要的竞争优势就是它所沉淀的资源和所能覆盖的范围，从而在提供更多服务的同时摊薄自身的成本。基于此，经过激烈的市场竞争和收购兼并之后，国际上 GDS 资源正在被几个巨头垄断，Sabre、Amadues、Galileo、Worldspan 4 家公司已经完全控制了这个市场。

由于发端于航空公司的 GDS 具有功能强大和旅行代理商终端普及率高的优势，越来越多的饭店 CRS 与 GDS 联网，但是由于部分饭店集团的 CRS 所用的编程语言与 GDS 不兼容，因此需要通过编码转换程序才能与 GDS 相连，由此就派生了接口转换公司专门从事这种编码转换的处理业务。饭店只需要付出较少的费用，便可获得由接口公司提供的 GDS 的预订服务。

●案例研究——航空业的在线分销系统　中国航信

实际上中国的各航空公司在 IT 系统建设上一直有着种种冲动。据说，民航计算机信息中心在建设代理人分销系统的时候，用的是直属航空公司的可调配资金，因此建完之后，很多地方航空公司由于没有投入资金而不能得到这种服务，加上有着事业单位脾气的民航信息中心的服务一直不能让各航空公司满意，因此像上海航空公司和海南航空公司等一些地方航空公司就曾试图建立自己的 CRS，只是由于种种原因在实际运作中未能如愿。

2000 年 10 月 18 日，中国民航计算机信息中心联合国内 20 家航空公司成立中国航信（以下简称"中航信"），并注入计算机订座系统、机场离港系统、数据网络等业务。[384] 目前，中国航信为除春秋航空外的全部航空公司和 300 余家外国及地区航空公司提供电子旅游分销（ETD），包括订座系统（ICS）、代理人分销系统（CRS）和机场旅客处理，是中国占主导地位的航空旅游计算机分销系统服务供应商。中航信运营着中国航空业唯一的订座系统（ICS）和代理人分销系统（CRS），而且是国内唯一向分销代理人、售票处和消费者提供航空公司产品和服务的公司，占有中国计算机订票市场 97% 的份额。除了向航空公司收取销售佣金，中航信还向机票代理人收取每月每台终端 1000 元人民币的使用费。全球有 28000 多个终端连在中航信这套系统上，并与 8 个 GDS 建立主机连接，用户可通过其系统订购 386 家外国航空公司的机票。

民航信息中心于 1979 年设立，原来是民航总局的附属事业单位。1997 年，该中心注册为国有企业。脱胎于民航信息中心的中航信就这样带着种种的问题被"抛"进了市场。

中国航空业的竞争已经非常激烈，机票的频繁打折让民航总局不得不频频搬出禁折令。更重要的是，中国加入 WTO 的相关协议规定，民航业会放开飞机维护和修理服务、航空运输服务的销售和营销、计算机订座系统服务三个服务领域。这对中航信有着直接的冲击。

中国这个庞大而且增长迅速的市场还没有被国外 GDS 占领，谁都想在这里分一杯羹。一旦中国的 GDS 市场被国外巨头垄断，实际上就等于控制了中国航空业的分销渠道。对于中国航空业来说，这是一块战略性资源。中国必须有自己的 GDS，才能不受制于人。

虽然在技术、资金和市场运作能力上与国外的 GDS 巨头相比，中航信只能算作初学者，但中航信拥有本土化优势。在引进了美国优利公司 Unisys 的这套系统之后，中航信依据 10 多年来对中国特有通信环境的运营经验，做了很多本土化工作。

在中国民航的重组战略中，中航信要与民航结算中心合并，组建民航信息服务集团。而具有国际融资渠道的中航信有可能动用资本杠杆来完成这次重组。中航信一直为各航空公司提供客票预订，而民航结算中心则一直为国内外航空公司提供清算服务。这两个有着上下游关系的企业的合并，将会为中航信凝聚更多的资源。2007 年，历经 7 年的建设推广，中国民航在起步晚的情况下，后来居上，在世界上率先实现了 100% 的电子客票率。

如今，中航信构建起了支撑民航业发展的订座、离港、分销、结算四大商务信息系统，服务范围延伸到了 300 多个国内城市、100 多个国际城市，连接了中国大陆及港澳地区 27 家航空公司、147 个机场、6500 多家机票销售代理，跻身全球 GDS 前 4 强，成为全球唯一在发展中国家独立运营并能继续发展的大型民航商务信息系统网络。由于民航业发展的国际化特点，民航商务信息系统的技术水平也领先于铁路、公路、水路等运输行业的其他信息系统。中航信运行的商务信息系统，是国内交通运输旅游行业覆盖最广、最先进的信息系统。

目前，中航信正运行着七大产品线：航空公司系统产品线、机场产品线、代理人产品线、电子商务产品线、数据服务产品线、非航空产品线和网络接入产品线。

4.1.2.2 B2B 分销平台

● 案例研究——同程网

2002 年 5 月 15 日，同程网创业团队正式组建。2003 年 7 月 26 日，同程网正式上线。经过多年的艰苦创业，公司现有员工 1500 余人，注册资本 6000 万元，业务涵盖酒店、机票、景点门票、自助旅游在线预订，旅游软件开发、旅游目的地资讯及攻略提供等方面。

同程网已成为国内最大的旅游电子商务平台之一，旗下有三个品牌网站：一起游（旅游资讯类门户网站）、同程网（一站式旅游预订平台）和旅交汇（旅游 B2B 交易平台）。目前，旅游 B2B 交易平台"旅交汇"（www. 17u. net）拥有旅游企业注册会员 14 万家，其中 VIP 会员 1 万余家。目前基于 Saas 平台的旅行社、酒店、航空软件用户遍布全国，市场占有率超过 70%，正在成为国内旅游信息化的标准软件。

中国最好的 B2B 网站——阿里巴巴的总裁马云曾经语出惊人：4 年内，我们要把 2/3 的员工"赶出"阿里巴巴，因为他们本身就是创业者。而同程网的 CEO 吴志祥正是其中之一。是选择在阿里巴巴升职还是自己创业，他最终选择了后者。在没有任何风险投资基金介入下，凭借着旅游专业的背景及对中国旅游业的深刻认识，一个年轻的创业团队在不到 3 年的时间里，已经拥有 60 多名员工，注册会员发展为 13000 多家旅游企业，其中有近 3000 家客户是诚信录收费会员。而这种全新的中国旅游网站模式——典型的 B2B 模式让中国旅游业内人士眼前一亮，在携程旅行网与艺龙旅行网瓦解传统旅行社订房、订票优势的同时，同程网却为旅行社业提供了拓展业务和结识旅游同行的新方式。同程网用实践所证明的是中国旅游电子商务的 B2B 市场是确实存在的，而中国旅游业内所缺乏的和所需要做的正是用信息化、网络化来解决旅游业内产业链各环节的沟通与合作。

（1）信息平台—交易平台—效益

开创中国旅游电子商务 B2B 模式先河的并不是同程网，在同程网之前早就有网站试图从 B2B 中挖掘金矿。但据最新的世界著名的 ALEXA 网站排行榜显示，同程网的排名已经从 1 年多前的 10 余万名跻身至最新的世界前 3000 名，成为目前中国旅游电子商务 B2B 模式的最好排名。其速度发展之快可以充分说明用科技的手段创新旅游行业内信息沟通和传统业务是切实可行的。旅游企业在同程网交易平台上进行信息发布和交易，从而产生效益。打开同程网的页面，可以看到信息更新最频繁的一个栏目就是询价和报价。每天超过百余条的询价和报价是最为旅游业内人士关注的，而商机很多就在这些询价和报价之中。[384]

在没有网络的时代，旅行社之间以及与其他旅游企业的传统交流方式就是电话联系，发传真报价，做报纸和杂志广告，参加旅游交易会，认识些同行。而在网络如此发达的现在，旅游企业可以选择更科学的方式，利用网络搜索同行的电子名片，上网查看和发布相关的实时报价和询价，利用网络群发电子传真。在方便网上会员交易的同时，同程网的每个诚信记录会员都会拥有自己的身份证——网上名片。据同程网的负责人介绍，网上名片的创意实现正是同程网许多忠实的旅行社会员共同努力的结果。当初很多旅行社的经理都试图达到这样的效果：如果我看到名片就能想起脸，如果我看到脸就能想起名字，如果我能知道100个同行对他的评价，如果我能与组团社一起研究市场，如果我能和地接社一起策划产品推广……正是由于这么多如果，会员的网上名片不仅是真实名片的网上扫描版，还有会员的真实照片、发言记录、在线显示、旅行社营业执照和其他证件。在诚信记录档案里，这一切都保证了交易双方的真实度和可信度。

（2）旅游电子商务角色的转变：从掘墓人到启蒙者

十几年前，是旅行社帮助客人预订房间，拿着酒店差价。而现在，携程旅行网却在经营着中国最大的在线旅游服务，虽然旅行社对携程旅行网或类似网站的适应能力已经加强了，但对 B2C 网站所瓜分的市场份额仍然是"耿耿于怀"。对于传统旅行社来说，苦练内功以顺应信息化的潮流才是旅游企业的真正出路。而旅游 B2B 平台提供了这样的环境，让旅游企业上网，让旅游企业加速信息化交流，用电子商务的平台达成交易。

就像阿里巴巴引导和启发着中国众多中小企业的网络意识一样，同程网也在尽力地从事着对众多旅行社和旅游企业的网络营销的启蒙教育。同程网的盈利模式是收取旅游企业会员的年费，而收取费用的最基本前提是让旅游企业认同网络并使用网络营销。让早已习惯了以电话、传真、报纸广告和拉关系来搞营销的旅游企业来从事网络营销，并不是一件容易的事，但许多新一代的旅游经理人都非常喜爱上同程网的"同程大学"频道，因为里面既有同行之间的交流，又有最新的网络知识和营销知识，还有对中国旅游业现状的探讨，最重要的是他们可以运用 B2B 的电子商务平台来应对信息化给中国旅游业带来的机遇和挑战。

以携程旅行网为代表的中国 B2C 旅游电子商务已经创造了电子商务的奇迹，而中国的 B2B 旅游电子商务才刚刚起步，这更要靠全旅游行业的科技意识和网络意识的提高。

（3）旅游电子商务 B2B 平台——旅游企业电子商务的培训者

由于众多的原因，我国相当一部分旅游企业对网络营销知识缺乏足够的了解，这使得部分旅游企业长期流离在网络的门外，丧失了利用网络营销的一大机会。这点在旅行社身上表现得尤为突出。一张办公桌、一张凳子、一部电话、一部传真机，这就是早期旅行社的物质配备。后来随着电脑普及，旅行社的桌面上终于出现了电脑，但是这里的电脑只发挥了打字机的功能。怎样让旅行社的电脑发挥更多的功能，让旅行社走上网络营销之路，这一目标让旅游电子商务 B2B 平台产生了它的第一个角色——旅游企业电子商务的培训者。

旅交汇是目前国内最大的旅游交易平台，中国 ALEXA 排名一直在前 2000 名以内，在 2006 年就拥有注册旅游经理人 2 万名，其中旅行社经理人 1.5 万名。这 1.5 万名经理人中绝大部分都是同程网销售人员通过电话邀请来的。在电话邀请过程中，同程网销售人员会以通俗易懂的形式向其解释什么是旅游电子商务以及旅游电子商务能够给他们带来什么。虽然销售人员在讲解的时候大都以销售产品为目的，但是客观上会造成旅行社经理人对旅游电子商务的初步或者再次认识。而且，销售人员的绝大部分签单都是在旅游经理人对旅游电子商务充分认同的基础上完成的，这也是销售人员传播旅游电子商务成果的一个最好体现。

（4）旅游电子商务 B2B 平台——旅游企业交易效率助推者

企业交易效率主要取决于 3 个方面：信息流、资金流及物流。由于旅游产品基本是无形的，因此旅游企业较少涉及实物运输，同时随着金融业的发展，资金的传递也变得越发简单和方便。这样，制约旅游企业交易效率的责任就落在了信息传递的身上。而没有网络的信息传递是一个什么样子呢？例如，组团社策划了一条非常有创意的线路，急需寻找合作的地接社，通常的方法是组团社通过电话一家一家确认，而现在一个地区的旅行社数量通常是几十家，如果算上承包的部门，可能会达到几百家，如果旅行社通过电话确认，花费大量时间不说，而且很可能很多电话都是无效的。又如，景区策划了一个大型的活动，想把这一活动方案迅速告知旅行社，通常景区的做法是组成一个推荐会，到达一个地区组织当地的一批旅行社开一个活动通报会，一个来回下来，走的地方虽然不多，但是花费的时间肯定不会少，短则几天，长则十天半个月，极有可能推荐会所到地方的旅行社没有意向推该景区，而有意向推该景区的旅行社却没有收到活动通知。

怎样提高旅游企业的信息传递速度，减少信息传播过程中出现的不对称现象，成了旅游电子商务 B2B 平台必须考虑的事情。[385] 这也造就了旅游电子商务 B2B 平台的第二个角色——旅游企业交易效率助推者。以辅导每一家旅游企业参与旅游电子商务为己任的同程网，在提高旅游企业交易效率方面也发挥出了它应有的作用。通过同程网首页的询价功能，组团社可以轻松将组团信息传送到全国任何一个地区，等待当地地接社的报价，同时组团社还可以利用同业中心，轻松地完成拼团、组团。同样，景区可以利用同程网的电子传真在 1 秒内向全国 2 万个同行发布最新的活动方案，等待旅行社的上门咨询。酒店通过同程网酒店频道发布最新的房情特快，使全国各地的旅行社轻松获得酒店最新的空房和价格信息，以避免旺季时可能出现混乱的订房状况。此外，随着同程网导游频道和人才频道的开通，为旅行社迅速寻找到合适的导游、旅游企业寻找到合适的人才开辟了一条捷径。

（5）旅游电子商务 B2B 平台——旅游企业诚信交易的监督者

我国的旅游业每年都在快速地发展着，但在快速的发展过程中也暴露出不少问题，如黑社、黑导的大量存在，旅游企业的不规范经营以及交易时缺乏足够的诚信等。其中最大的问题就是企业缺乏诚信拖欠钱款，据旅行社协会的一项调查显示，90% 以上的受访旅行社有一定数量的长期合作旅行社有短期（2 个月内）或长期（2 个月以上）拖欠账款现象，个别有赖账现象。而我国的旅行社大都属于中小型旅行社，拖欠钱款的存在直接导致这些旅行社资金周转不灵，甚至有些旅行社因此而关门。由于拖欠钱款而导致砸团，利用游客做人质索要钱款等事件在媒体上已经屡见不鲜。为什么这么多的旅行社会存在拖欠钱款现象呢？除了缺乏制度的约束外，很大程度上在于当前旅游界的现状——缺乏诚信的旅行社不能在社会上立即给予公布，使其恶名昭著。

为了彻底改变目前旅游界"恶不彰显，善无远播"的现状，同程网推出了"同程网诚信录体系"，该体系的一项重要内容就是为每一位从事旅游行业的经理人建立了一份个人诚信档案，档案包括 4 个部分：证书及荣誉、同程活动记录、会员评价、资信参考人。这份档案将忠实地记录每位经理人在同程网从事交易的真实情况，目前经理人之间已经形成了交接团之后相互评价的好习惯。同时，为了配合"同程网诚信录体系"的建设，同程网还在同程网社区"同程大学"开通了旅游红黑榜版块，短短几个月的时间，目前该版块已经拥有上千个主题帖，对打击黑社、解决拖欠钱款等问题起到了相当大的作用。一些旅游经理人在看到其他经理人上当受骗的经历后，可以及时避免再次上当，还有不少旅行社经理人通过旅游红黑榜收到了多年的欠款。

（6）旅游电子商务 B2B 平台——旅游市场的研究者

与全行业的 B2B 平台相比，垂直行业的 B2B 平台更能专注于某一领域，具有行业化、专业化的特点，一般平台的运营商都具有较深的行业背景，能够为交易各方提供除交易之外的更多市场方面的指导。实际上，每一个垂直行业的 B2B 平台，在拥有众多交易者的背景下，还拥有大量沉积下来的数据以及资料，且这些数据和资料每天都在增加。这些数据和资料都是研究市场的重要源泉。旅游电子商务 B2B 平台作为垂直行业 B2B 平台的一种，有着垂直行业 B2B 平台的所有特征，旅行社每天发布在平台上的大量线路以及报价，酒店每个阶段发布的最新房情特快以及景点发布的最新活动方案，都是进行市场研究的第一手资料。除此以外，目前每个旅游电子商务 B2B 平台都开放了自由讨论社区，这些讨论凝聚了旅游人对当今旅游界发展的思考，也是市场研究的一份重要资料。

目前，同程网的全国旅游广告监测分析报告（即对全国有创意的旅游广告进行分析），旨在总结出其中的规律，以开拓旅游经理人策划广告的思路，这份报告所分析的广告除了来自全国 50 多家媒体，还有一个重要的来源就是每天同程网上旅游经理人发布的广告。同程网自建站之日就开通了"同程大学"的社区，短短两年时间，版块数已经超过 50 多个，社区拥有主题帖 15 万余帖，同程网还刊出了内部资料《同程旅游经理人》，受到旅游经理人的热烈欢迎。另外，同程网还向企业推出了"六合一系统"及"金牌网店"服务。

（7）旅游电子商务 B2B 平台——中小旅游企业向前发展的推动者

中国的旅游企业 90% 是中小型企业，力量弱小、信息不畅、竞争激烈、各自为战是这些中小旅行社的基本生存状态。由于中小型企业规模小，资金实力有限，而在传统的营销方式下，通过报刊、广播电视、展会营销来扩大企业知名度和进行市场调查均需花费很大成本，因此从一开始，中小型企业和大型企业就不是站在同一条起跑线上的，更别说是和跨国的旅游集团竞争。为了推动我国中小旅游企业向前发展，让中小型旅游企业也能够在电子市场出现，旅游电子商务 B2B 平台作出了不懈的努力，目前大部分旅游电子商务 B2B 平台都是实行会员年费制，与一般报纸、电视媒体的宣传相比，电子商务 B2B 平台收费的标准要低得多，而且是一年 365 天、每天 24 小时地宣传，被旅游人称为永不落幕的旅游交易会。

同程网从建站开始就一直关注我国中小旅游企业的发展，努力帮助每一家中小企业上网，虽然同程网会员年费与建站时相比有所增加，但保证了任何一家旅游企业都有能力上网，且正是这部分增加的资金，使得同程网的服务有了极大的提高。2005 年 6 月，同程网客服部成立，这使得会员定期回访成为现实，同时每位客服人员每天承担着"激活"数位会员的重任，并辅导他们在同程网上开展交易活动。在客服专员的帮助下，不少旅游经理人收到了网上的第一桶金。为了更好地将同程网上的优秀企业推销出去，2005 年 8 月，同程网买家服务部成立，除推销之外，买家服务部还承担着引导买家到同程网上寻找卖家。除了网上交易的培训，同程网还在理论上对中小旅游企业进行辅导，为企业提供更快捷的信息渠道、更大的市场群体及更大的利润空间。旅游从业人士可以从此类 B2B 网站进行经验的交流和再学习，提升自我业务能力。

（8）旅游电子商务 B2B 平台——帮助旅游企业快速树立品牌者

在现代旅游市场竞争中，品牌的作用是不容忽视的。翻看如今的旅游广告，一些有品牌意识的旅行社都开始在显著的位置标明自己的品牌，以此与其他旅行社区别开来。可是与其他行业相比，如家电业、制造业，我国旅游行业现有的品牌还是少之又少。是什么原因导致了我国旅游品牌的缺失呢？在传统的旅游商业模式下，树立一个良好的企业形象要经过很多人长时间的营造，而一般中小旅游企业的生命期只有几年左右，可能刚把品牌打造出来，企业却不存在了。到头来是竹篮打水一场空。因此旅游品牌的缺少也就显得理所当然。不过这一现象在网络平台的环境下将有彻底性的改变。品牌的打造不再是万里长征。旅游企业可以充分利用网络传播信息的快速性以及全球性，将本企业的管理、经营理念和策略在旅游电子商务 B2B 平台上向同行进行宣传，首先在同行之间打造出自己的品牌，为打造整个业内的品牌做铺垫。

另外，旅游企业经常需要与异地的同行进行合作，各地旅游公司之间经常需要签订合作协议，但是由于旅游业的时效性很强，不可能通过 EMS 邮寄合同，往往是传真合同，由于传真件的易篡改性会导致很多法律纠纷，极大地影响了旅游公司之间的商务合作。为了解决这一问题，同程网经过长时间的考察，决定采用电子签章技术为客户提供电子合同安全解决方案。通过采用 ESA2000 电子签章系统和第三方数字证书，旅游公司之间可以通过电子合同来确定各方的法律责任。同程网电子合同平台由统一的电子签章认证服务器系统和安装在客户终端的客户端电子签章软件构成。由于采用了电子签章服务器，任何签章请求都要事先通过认证才能够签章，从而确保了电子合同的安全性和严密性。

同程网，目前拥有国内会员超过 14 万名，分布在全国 34 个省及自治区。任何一家旅游企业在同程网上做的产品展示和品牌宣传都能够迅速地传达到这些地区。同时这些地区的会员在任何时间都可以查阅到这些资料。为了更快、更好地帮助旅游企业树立品牌，除了利用平台上现有大量企业的优势，同程网还通过"同程大学"旅游红黑榜、诚信录会员档案以及首页的今日之星等鼓励会员之间进行相互评价，让优秀的会员及时展现在大众的面前，以帮助其进行品牌建设。

4.1.3 在线旅游 C2B 销售的运营与盈利模式

互联网的高速发展促使传统旅行社必须全方位开展在线旅游市场，虽然在线旅游交易额逐年递增，但由于互联网的透明性，在线旅游产品很容易被复制。为提高在线旅游产品的竞争力，势必发展个性化的在线旅游产品。因此，一种新的由消费者群体所发起的在线旅游交易模式 C2B 应运而生。

C2B 模式是通过网络聚合分散且数量庞大的消费者形成一个强大的采购集团，以此来改变 B2C 模式中消费者一对一出价的弱势地位，使之享受到以大批发商的价格买单件商品的利益。C2B 在线定制旅游是一个潜力巨大的市场，美国 C2B 在线定制旅游网站 Priceline 2010 年销售额已达 25 亿美元（携程旅行网 2010 年的销售额为 20 亿元人民币），已与世界上最大的 B2C 在线预订网站 Expedia（已收购中国艺龙旅行网和酷讯网）相差无几，并且增长速度远超 Expedia。

目前，旅游市场中的 C2B 商业模式主要表现为三种形式：在线逆向团购（如游多多）、逆向拍卖（要约形式，如 Priceline）、个性化定制形式（如携程鸿鹄逸游、格莱美）。从分析来看，目前旅游 C2B 商业模式以个性化定制为主，在线逆向团购和逆向拍卖也均有一定的市场空间。

（1）在线逆向团购

随着网络团购潮流的来临，旅游电子商务也追上了流行的步伐。在线旅游产品围绕着"食、住、行、娱、游、购"这六大旅游要素，开展了形形色色的网络团购活动。

在线逆向团购不同于 Priceline 所代表的逆向拍卖。它是由用户对某一商品或服务设定价格向市场发出需求，利用平台或软件聚集足够数量的用户，再通过运营商和供应商交流达成一致的供应条件，以实现交易。其核心特征是，汇聚有一定数量共同需求的旅游消费者，改变 B2C 模式中消费者的弱势地位，有效地解决旅游消费需求个性化和企业规模运作的矛盾。目前，国内外采取"逆向团购"模式经营的电商分为两类：一类是基于移动定位技术和用户消费信息分析技术的逆向团购软件（如 Loopt 的 U-deals、路客网 lookoo. cn）；另一类是利用网络社区平台进行逆向团购交易的网站（如 ringleadr. com、篱笆网 liba. com、举手网 hand-sup. cn、蘑菇街 mogujie. com）。

（2）旅游产品个性化定制

个性化在线旅游产品的定制服务能满足不同层次的消费者的特殊需求，提供优质的个性化旅游产品定制服务将成为中小型在线旅游企业赖以生存的核心竞争力。参与个性化旅游产品定制的游客有两类：一类是对旅游有特殊偏好的旅游爱好者，另一类便是商务游客、精英人士及以家庭为单位的中高端游客。

目前，家庭度假、公司奖励、商务会议、行业展览成为"私人定制旅游"需求中最为常见的主题。旅游公司为特殊消费者设计精品旅游产品的同时，还在线向游客提供菜单式自助服务，游客想玩什么，就可以在网站上定制什么。例如，携程旅行网提供当地团队游、一日游、导游服务、接送机、目的地交通等各类服务，以满足游客"半定制"旅游产品的需要。途牛旅游网等都开通了"个性定制"频道，每逢假期，订单大幅攀升，每天达到近百份。

（3）逆向拍卖

就是在买方定价的交易平台上，消费者开出希望购买的产品的价格以及产品的大致属性，然后静待产品提供方决定是否接受这个价格，并为消费者服务。例如，在 Priceline 网站上预订酒店的消费者需要将酒店星级、所在城市的大致区域、日期和价格提交系统，不到一分钟，Priceline 网站就会返回一个页面，告知此价格是否被接受，并将产品的具体信息，包括酒店名称、地址反馈给消费者。此时，消费者必须接受这次交易，无论该酒店是否中意，这也是此种模式被称为"逆向拍卖"的原因——购买行为不能反悔。1998 年，美国人杰伊·沃克先于学术界发现了电子商务与逆向拍卖结合的巨大潜力。他申请了一项名为"自助定价系统”的商业方法专利，并创办了 Priceline. com。网站上线之初，瞄准的是当时美国各大航空公司每天卖不掉的 50 万个空位，随后又很快切入酒店、租车市场。由于旅行产品市场存在巨大的信息不对称性，Priceline 有效地将过剩的机票、酒店房间与市场需求联系在一起，很快取得了成功。而“自助定价系统”专利长达 20 年的商业保护期，也让其直到今天仍然在这一领域一枝独秀。

Priceline，这家全球市值最高的 OTA，所赖以起家的模式就是 C2B，在国内这种预订模式被称为逆向拍卖。中国的 C2B 叫做“酒店冰点价”。“酒店冰点价”是一款手机预订 APP（Accelerated Parallel Processing，中文译为 AMD 加速并行处理技术）。所谓“冰点”就是 Bidding——“用户出价，酒店应价”的逆向定价模式，在中国是第一家由用户出价的预订模式。只需要选择商圈范围和酒店星级，然后进行出价。根据出价，系统会优先推荐性价比最高的应价酒店。两步就可以轻松搞定。这个模式最有趣的是用户和酒店的博弈，用户的出价并不是每次都会成功，当出价过低时，也可能会导致定价失败。可一旦成功就可能拿到高星级酒店 3～5 折的超低价。

逆向定价模式成功的秘诀只有两个字“公平”。逆向定价对于酒店是公平的，复杂而略显苛刻的游戏规则是为了保护酒店价格体系，让酒店能够赚到该赚的钱。对用户来说也是公平的，用户可以用传统透明的方式订房。

Priceline 首先证明了 C2B 模式在旅游业的成功，这一方面是因为旅游行业主要是服务性的产品，更容易柔性和模块化，另一方面是因为旅游产品的时效性，让 C2B 成为商家处理尾货，同时又不影响正常价格体系的最佳选择。

对具有时效性的旅行产品来说，逆向拍卖模式有三个非常重要的优势。

第一，由于时间因素能导致旅行产品的使用价值降低到零，且其变动成本较低，因此卖方能够出让的利润空间非常大。对于一个拍卖平台来说，这也意味着其能够提供的价值空间具有足够的吸引力。Priceline 上很多酒店房间的最终成交价，可以达到直接预订价格的一半甚至更低。这样一来，喜欢占便宜的消费者会接踵而至，形成口碑效应。商业世界有一个规律：你能为消费者省多少钱，就能为自己同等比例地赚多少钱。在盈利能力上，Priceline 的逆向拍卖模式与传统的佣金模式相比不可同日而语。

第二，逆向拍卖模式很好地保护了商业品牌。Priceline 上降价幅度最大的客房，通常是由 5 星级酒店提供的，这是因为其定价与变动成本间差距最大。事实上，4 星级与 5 星级酒店房间，一直是 Priceline 上销售最好的产品，因为普通人在这里可以低价购买到平时无法享受的奢华。长期以来，豪华酒店也乐于低价销售一些空置房间，但最主要的障碍来源于公开的低价对自身品牌的负面影响。而 Priceline 在这方面为品牌提供了很好的保护。在网站上，大众看不到任何报价信息，只有成功拍卖到客房产品的那一名消费者，才能够看到酒店名称和价格信息。即便在理论上，也没有哪种销售模式能如此好地保护品牌形象了。

第三，逆向拍卖模式为电子商务提供了前所未有的娱乐性与趣味性。前几年，eBay 电视广告的结尾总是 "Shopping victoriously"。的确，以 eBay 为代表的拍卖平台除了方便消费者购物之外，还能提供一种成功购物的喜悦，而 Priceline 则把这种 "成就感" 推到了极致。

在购买过程中，消费者只知道最终成交价和星级、大致位置，而不知道具体是哪一家酒店。Priceline 又通过预收信用卡信息，确保拍卖过程不可反悔。这时，要想拍得满意的酒店，预先做好功课就非常重要。在入门级消费者花更多钱也拍不到满意酒店的同时，资深 Priceline 用户可以做到以最低价格精准购买到自己想要的酒店，这一购买方式的游戏性体现无遗。

4.1.4 C2C 在线旅游销售的运营与盈利模式

C2C 是指个人与个人之间的电子商务。例如，一个消费者有一台旧电脑，通过网络进行交易，把它出售给另外一个消费者，此种交易类型就称为 C2C 电子商务。

1999 年 8 月，中国第一个 C2C 电子商务网易趣网（EachNet）诞生；2003 年 6 月，美国 eBay 并购易趣网并于 2004 年 7 月更名为 eBay 易趣；2006 年 12 月 20 日，eBay 与 Tom 在线宣布双方共同投资 6 千万美元组建合资公司 Tom 易趣，进军电子商务及移动商务市场，Tom 易趣新的 C2C 交易平台的目标是要做成网上 "王府井"。而阿里巴巴马云在全力打造全球最大的 B2B 电子商务平台之余，于 2003 年 5 月 10 日建立了淘宝网，正式加入电子商务 C2C 战场，一是牵制 eBay 觊觎 B2B 市场，二是推动中国 C2C 之庞大增量市场，成就网上 "沃尔玛"。2006 年 3 月 13 日，腾讯 QQ 的拍拍网加入战场，抢占电子商务 C2C 市场，并力图遏制阿里旺旺对 QQ 即时通信有可能造成的威胁，依托黏性高强的基于腾讯 QQ 即时通信的社区化平台，打造新型的 "社区化电子商务交易平台"。2007 年，百度宣布百度有啊强势进入 C2C 电商领域。目前，传统的电商领域已经形成淘宝、易趣、拍拍、有啊四足鼎立的局面。

从旅游市场来看，C2C 的运营模式可以分为以下三类。

第一类是借用传统平台销售旅游产品。例如，淘宝的旅行频道有很多个人销售的旅行产品，包括机票、酒店、旅游线路等。

第二类是新建平台，为消费者之间提供产品销售的平台，如蚂蚁短租和日本 Voyagin 平台等。

前两类销售平台的盈利主要都是来自于佣金，并且利润不持续，但是作为一种新型的模式，特别受到风险投资的追捧。

第三类也可以成为互助或者交换式旅游，如地主网、沙发客等。这一类主要是为旅游爱好者提供交互资源的网络平台，目前大多处于公益阶段。

●案例研究——Voyagin

Voyagin 是一个 C2C 旅游平台，目前覆盖日本、印度、印尼、泰国、越南 5 个国家。旅行者可以在网站上找到美食、文化、聚会、运动、怪诞等 5 种旅行活动，而这些活动的提供者全部都是当地人。具体来说，这些活动可以是"教你骑泰国的大象"、"带你逛清迈的夜市"、"教你制作越南家常菜"，等等。每个活动都在网站上明码实价，可以在网站上直接购买。而 Voyagin 则会从每笔交易中抽成 15%，另外加上 3 美元的手续费。相信很多有出国旅游经验的朋友或多或少都会担心当地人的欺诈行为。对此，Voyagin 团队表示，网站上所有的当地人都是通过审核的，其中有 90% 还跟团队人员有过面对面的交流，而且基本上这些当地人都能用英语沟通。

用户数据方面，Voyagin 表示目前网站的月活跃用户是 8000 名，每天平均有几个订单。不过该团队表示他们将会继续扩大规模，其中一个重要规划就是增添更多的国家。

●案例研究——蚂蚁短租

美国的 Airbnb 为在线短租的鼻祖，目前，其用户遍布 167 个国家，近 8000 个城市，发布的房屋租赁信息达到 5 万条，被一些媒体称为"住房中的 eBay"。

2012 年 7 月，Airbnb 宣布完成第二轮融资，投资方包括 Andreessen Horowitz、"北极熊" DST、亚马逊 CEO Jeff Bezos 等。随后又有消息称，Airbnb 完成了新一轮融资，公司的估值达到 25 亿美元。短租网站的模式被视为目前流行的"O2O"模式的典型代表，其核心是在线预订、支付，然后到线下享受服务。具体而言，就是为房东和租客提供在线沟通和交易的平台，把互联网与线下闲置房源结合。

Airbnb 催生了在线短租的幼苗，国内出现了众多模仿者。据了解，国内类 Airbnb 网站主要包括蚂蚁短租、小猪短租、游天下、爱日租等。前不久，国内知名在线短租平台纷纷获得投资，更是令这片 VC 大佬们垂涎的"沃土"完全地占据了大众的视野。

例如，2013 年蚂蚁短租、小猪短租分别获得了近千万美元的融资。以蚂蚁短租为代表的 C2C 模式搭建了线上平台让租客和房东直接沟通，比较草根。就蚂蚁短租来说，网站向商户提供标准接口，获取商户服务信息，向用户展示并促成在线交易。用户在网站下单并支付后，网站通过与商家确认是否可以完成交易。得到反馈信息且完成交易后，再与商家结算。但是为了降低商家的适应成本，商家端的接口要做得尽可能易用，同时还需要有较强的扩展性。为了业务拓展，可能需要为重要的商户定制接口。发展初期与商家的合作可能会困难重重，太苛刻会逼退他们，太放纵则可能丧失用户，但经过磨合后会渐渐融入商家的销售体系，对商家有一定的控制力。

4.2 展示类业务——基于信息提供的电子商务模式

4.2.1 概况

基于信息提供的电子商务模式是旅游电子商务发展之初就出现的一种商务模式，初期出现的信息提供者大都是旅游企业网站，主要是旅行社、饭店、景区等利用互联网平台发布自己的商业信息，目的是宣传企业形象，吸引网络眼球。

随着信息技术的发展以及人们对网络信息的依赖，逐渐出现了门户类旅游信息网站，其中主要是各地方建立的地方旅游信息网、专业旅游网站以及大型 ICP 门户网站的旅游频道，此类旅游门户网站的信息比较综合全面，主要是为旅游者提供信息服务，并且在提供旅游信息的同时伴随一定的预订服务。

在经过几轮信息化浪潮之后，原有的信息提供服务模式有了比较大的转变。

旅游企业网站上集合了企业管理和客户服务系统，从单纯的信息提供转变为信息交互和信息综合处理与管理。

地方旅游信息网站经过升级与整理，出现了一种更综合、有效的目的地信息服务系统——DMS 目的地营销系统，能够实现整合和管理目的地旅游信息、宣传旅游城市形象、网上营销旅游产品等综合功能。

大型 ICP 门户网站的旅游频道整合了众多的旅游信息网站，更加倾向于从旅游者的需求出发，增加了更多网友之间交互式的交流性栏目以及旅行指导、旅行用品采购、散客自助出游栏目。

大量的专业旅游网站涌现，包括政府型旅游网站、大型旅游门户、自助游型旅游网站等。

而近些年，时尚杂志行业的发展也带来时尚旅游杂志的兴起。除了传统的《Lonely planet》开设网站外，《旅行者》一类的网站也搭建起了线上平台，不仅推出了大量的旅行攻略，还开拓了有别于其他旅游电商的"自制地图"应用供给广大消费者。

在网络信息大量丰富的前提下，一种基于网络信息平台进行检索查询比价的搜索引擎系统应运而生，成为信息服务类旅游电子商务行业的新宠。

综上所述，目前基于信息提供的电子商务模式主要有以下几大类别，如表4-3所示。

表 4-3　基于信息提供的电子商务模式分类

基于信息提供的电子商务模式		
搜索引擎模式	旅游搜索平台	去哪儿（www.qunar.com）
综合信息服务	专业旅游门户网站	一起游（http：//www.17you.com） 中国旅游信息网（http：//www.cthy.com/）
	地方性门户信息网站	四川旅游网（http：//www.dreams-travel.com/）
	DMS 目的地营销系统	中国 DMS 平台（www.yahtour.com）
	大型 ICP 门户旅游频道	新浪旅游频道（http：//tour.sina.com.cn） 百度旅游（http：//lvyou.baidu.com/）
	旅游企业网站	中国旅行社总社（www.ctsho.com）
	旅游杂志网站	旅行者（http：//www.uutuu.com/）
C2C 信息交互服务	旅游者交流平台	蚂蜂窝（www.mafengwo.cn） 驴友论坛（http：//bbs.8264.com/） 乐游社区（http：//www.letourcn.com/） 街旁网、点评网

4.2.2 搜索引擎模式

　　旅游搜索平台是在垂直搜索和在线旅游的交叉点上找到的新的电子商务模式。目前，在美国已经有了几家年收入几千万美元的旅游搜索引擎公司，比较知名的如 Sidestep。这样的模式引入中国后，就如同携程旅行网、艺龙旅行网和 Travelocity、Expedia 等在线旅游网站的对应关系一样，新一代搜索引擎的代表在中国的对应物是去哪儿旅游专业搜索网站（http：//www.qunar.com）。类似的旅游网站还有基于 Web 2.0 新一代网络聚合模式的万里（http：//www.go10000.com）、搜驴（http：//www.chinaevery.com）、全球旅游搜索（http：//www.world163.com）、搜游记（http：//www.soyoji.com/）等。

　　2012 年，使用垂直搜索进行酒店及机票预订的人数，已经达到了网民人数的 29.5%。

　　●案例研究——去哪儿网

　　去哪儿网公司是最近涌现出的"元搜索引擎（meta-search）"公司中的一个。与著名搜索服务提供商 Google 一样，元搜索引擎采用自动执行的远程访问软件 "bots" 遍搜整个网络，用户可方便地搜索相关信息。但去哪儿网不仅列出旅行社网址，还能深入这些网站，列出有关价格和预订情况的详细信息。同时还可以为用户提供价格比对。作为新一代旅游搜索引擎，去哪儿网仅提供信息，不针对顾客收费。目前，可提供国内外机票、酒店、度假和签证服务及景点门票、攻略等的深度搜索。

(1) 存在的意义与市场

与 Google 和百度等综合性搜索引擎相比，去哪儿网的优势在于能满足特殊需求。综合性搜索优势在于庞大的搜索技术，但却是无序排列，一个关键词有一百万项之巨。[386]去哪儿网则按一定的逻辑整合信息，建立智能比价系统。所以，去哪儿网的规模虽然比百度规模小，但能满足特殊顾客的需求，把握住占在线消费者20%的旅游消费群体。

在一些比较大的旅游网站上，可能很难找到折扣很低的特价机票，因为这些机票的回扣非常低；另外，一些地方的旅行社可能会比携程旅行网等拿到更低折扣的酒店客房，但是由于这些网站和旅行社知名度较低，很难被客户发现。而通过搜索的优势，用户可以找到国内外航空公司的超低价机票，在覆盖面上，甚至可以找到三线城市的特价酒店客房。通过搜索网站，房源可以多出 10 多倍，低价票源可以多出 50%。另外，用户还可以通过比较，选定最适合自己的产品。

去哪儿网从成立开始，面向的市场就是对价格敏感的自主旅行者。而这类的消费者也恰好是使用互联网的主力群体，多喜爱自助旅行，因此在短短几年内，去哪儿网便跻身在线旅游服务行业品牌的前三甲。

(2) 盈利模式

一般深度搜索的盈利模式主要有两大来源：付费搜索和网上交易中介费。

针对去哪儿网来说，其主要的盈利来源有以下几点。①针对上游厂商及代理商进行的点击付费的返佣模式：根据浏览网站中的点入该相关页面的实际点击数量和通过界面预订的用户数量提取一定佣金；②针对上游厂商及代理商进行的电话付费的返佣模式：酒店或机票等代理商通过在去哪儿网上建立主页免费推广，用户通过去哪儿网电话预订该酒店，网站将对酒店进行一定比率的抽成；③针对广告投放商进行广告展示收费：在首页及浏览各个页面的边栏或内容过渡处添加广告栏，并提供给上游供应商和代理商进行推广；④前不久，新开启的团购页面，还给去哪儿网带来了一个新的盈利模式：从团购活动中抽取一定佣金。

(3) 进入壁垒

运营方面：百度搜索竞价收入的背后，有多少代理商或者百度的直销人员每天要打多少通电话、说服多少个企业客户购买他们的产品。即使是 Google，在国外基本都是通过客户自助进行关键词购买，进入中国后，也是首先找到了几个代理商代理销售自己的产品，那些代理商的规模是少则一两百人、多则一两千人的销售队伍。作为垂直搜索，首先需要考虑的是如何把搜索结果右侧的广告销售出去。

流量方面：Google、百度等综合搜索厂商的主要盈利产品，都是点击付费的收入模式，这个模式首先必须要求这个搜索引擎有巨大的流量，企业客户在那里做广告才有效果，搜索引擎厂家才能有收入。而对于一个新生的垂直搜索引擎，考虑过如何增大流量吗？假如不能在一定的时间内把流量做大，那么这个盈利模式只能是镜花水月。

竞争方面：垂直搜索引擎首先面临的就是综合搜索厂商的竞争，这个竞争从一开始就存在并且会伴随垂直搜索发展的整个过程。假如进入的领域有很大的市场前景，那么综合搜索厂商一定会跟进，以他们的技术、流量、资金资源，初创企业如何与其竞争？

模式方面：目前出现的几个领域的垂直搜索的盈利模式，一种是分成，去哪儿网的旅游搜索就是采用与相关的产品提供商分成；对于一些不大可能采用分成模式的垂直搜索行业来说，就只有广告这个收入模式，如博客搜索等，这个模式与综合搜索厂商没有太大的区别；如何根据旅游业开发独特、多赢的盈利模式，是进入旅游垂直搜索领域之前首先要考虑的问题之一。

4.2.3 旅游资讯服务类型

旅游网站发展的第一阶段的标志是 1997 年成立的两家网络公司在 1998 年先后推出两个旅游网站：华夏旅游网和中国旅游资讯网，从而拉开了旅游网站大规模发展的序幕。由于当时互联网用户数量还不多，而且旅游企业对互联网的认知水平相对低下，所以第一阶段的旅游网站只能提供基本的旅游资讯，包括简单的产品和企业简介以及旅游者的游记、照片等，但这些功能都被延续了下来，成为各阶段的旅游网站所必备的内容之一和各综合门户网站的旅游频道或栏目的主要组成部分。

专业旅游网站主要包括地区性网站、专业网站和门户网站的旅游频道三大类。

地区性网站主要是对当地景点、景区风光进行介绍，总体实力较差，信息量少，效益难以保证。

在专业网站中，国内互联网上的旅游专业站点十分有限，而且大部分是简单的企业介绍，屈指可数的一些信息网站更多地停留在专业门户阶段，内容主要包括国内主要的旅游路线、景点介绍、出门常识和酒店推广。限于规模、内容及知名度等因素，这些旅游网站的访问量一直不佳。十多年来，起起伏伏，新入与淘汰掉的网站数量都很多。

门户网站的旅游频道主要包括互联网门户（如新浪网、Tom. com 等）和专业垂直门户网站（如滑雪、高尔夫网站）开设的旅游频道。这些依附于大型 ICP 门户网站的旅游频道如今成为消费者继驴妈妈旅游网、途牛旅游网等自助游或线路分享之外的获得资讯的又一大途径。

4.2.4 旅游资讯类网站的盈利模式分析

专业门户旅游资讯类网站遭遇到的最直接的问题是：如果单纯是一个做资讯交互的网站，其前受拥有广大用户群的 B2C 网站同时开发出的 C2C 社群的资源截流的威胁，其后又遭到依靠大型 ICP 门户品牌效应和知名度开发的旅游频道中信息更纯粹、广告较少的挑战。因此，专业门户网站常常很难顺利地发展下去。2005～2006 年，与携程旅行网一起建立的专业门户旅游资讯类网站早已不见踪影，可见有必要了解其盈利模式，以探求该类网站发展时间不长就面临窘境的原因，如表 4-4 所示。

表 4-4　旅游资讯类网站模式分析

网站定位	旅游资讯网，突出文化旅游信息的服务性
市场定位	具有一定文化品位与审美需求的国内拼团散客和自助游散客
自有优势资源	高质量的旅游信息、完善的网络旅游社区，能有效锁定一批高忠诚度的目标客户，且有望转换成为合作旅游企业的有效客源
向旅游者提供的主要产品和服务	线路预订、酒店预订、机票预订和旅游商品购买等，并提供高质量的免费旅游信息
业内协作	线路预订、酒店预订和旅游商品购买等交易方面的服务分别由与其建立联盟合作关系的旅行社、旅游用品商店和艺龙旅行网旅游频道提供，不与目的地酒店直接发生业务关系
利润源和收入结构	合作旅行社在网上推广的"线路预订"产品的盈利分成；订房频道链接：酒店预订频道的租金；合作旅游用品商店通过中华行知网销售其产品的赢利分成，以文化信息吸引客户，以忠实客户群吸引合作企业，以合作企业产品吸引客户消费，通过合作企业的销售实现自身的利润
资金流方式	旅游咨询类网站与目标市场之间一般只有信息流，而没有资金流和服务流。目标市场的资金流以一定的比例和形式经由中华行知网的合作企业流回网站
排他性与客户维系	通过跨媒体合作与在线链接的方式来扩大网站的知名度，并通过网站提供丰富的旅游信息、一对一的旅游资讯服务和组织主题旅游活动来凝聚目标客户的认同并增强其归属感
成长空间	凭借锁定的网站会员资源，可能产生高溢价的并购；凭借资讯优势，可发展在线信息产品与服务

4.2.5 C2C 信息交互服务

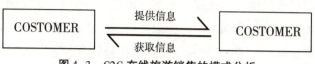

图 4-3   C2C 在线旅游销售的模式分析

Web 2.0 时代的到来，使旅游信息服务实现了从简单的信息提供到满足信息交流需求的巨大改变，旅游社区网络系统（SNS）、旅游知识库（WIKI）、基于标签（tag）的搜索系统、旅游博客（BLOG）的快速发展，成功地实现了新型的旅游交友模式，非正式的知识管理和网络营销等用户信息交互功能。目前，国内比较成功的 C2C 信息交互服务的旅游电子商务网站主要有以旅游者交流内容为主要内容的驴友网，以博客为主要内容的美景博客等。

●案例研究——驴友网

驴友网为户外爱好者提供徒步、登山、攀岩、骑马、滑雪、游泳等活动，并为户外爱好者提供专业的户外装备推荐、常识辅导、最新的户外攻略。驴友网免费为各地驴友客栈（包括家庭旅馆、移动公寓、青年旅舍、经济酒店）提供宣传、推广自己的平台。若驴友按照范文的要求认真整理好自己客栈的资料递交给该网站，该网站的编辑将精心整理、统一发布到驴友网的相关页面。

驴友网下还有一个驴友论坛。与之同名的另一个论坛后改为"户外资料网"，是中国最大的旅游及户外运动社区，其拥有 340 万名注册会员，每日发帖 40000 帖。

这类旅游网站和旅游论坛的建立，成为 C2C 信息交互的一大主导方向。

（1）存在的意义和市场

Web 1.0 时代，Web 只是一个针对用户阅读的发布平台，Web 由一个个的超文本链接而成。随着以 Blog、TAG、SNS、RSS、WIKI 等社会软件的应用为核心，依据六度分割、xml、ajax 等新理论和技术实现的互联网新一代模式 Web 2.0 的出现，Web 不仅仅是 Html 文档的天下，它成了交互的场所。

基于 Web 2.0 的 C2C 型信息交互式旅游信息提供网站顺应了互联网发展的新一代聚合浪潮，充分地发挥了旅游这一人口密集型行业的特征，坐拥数亿潜在内容提供者，增加了旅游网站与旅游者的互动。旅游者与旅游者之间的互动，将旅游者从单纯的信息接受者转变成为信息制造者和传播者，从受众转向主体，从单个个体转向社团的新型互联网服务模式，代表了新一轮旅游网络社区和信息交互时代的来临。

（2）盈利模式

定向广告：继承了 Web 1.0 的广告赢利模式，同时因为 Web 2.0 的交互式与自定义特征，所以可以根据用户的使用特性和专门标签制作定向广告，使得网络广告能够直接"命中"目标客户群体，从而极大地提高网络广告的有效性；企业也有机会只用很小的投入，就可以全面利用互联网资源，赢利能力也成倍地提高，而网站服务商也会因为网站的广告版面的成倍增加实现利润的成倍增长。

短信与交友：成熟的 C2C 型信息交互式旅游信息网站建立在六度分割理论的基础上，构建出功能强大的交友平台，付费的短信与交友信息成为未来信息交互式平台的赢利方式之一。

维基模式（WIKI）：让参与者获得经济利益是其重要特点。维基模式面向的对象主要是有专业专长的用户如科学家、工程师、医生等，他们的个人知识、技能、智慧通过该模式的平台建立信用制度、支付制度、例外处理制度以体现价值。可以说，能力越大，收益越大。为威客提供服务的平台通过分享威客交易知识的收益获取利润。当然，其中，"体现价值"除了定指获得经济利益之外，获得受帮助者的赞扬和公众的认可也是体现价值的方式之一。

（3）进入壁垒

Web 2.0 网站的商业模型已经不是对第一代互联网盈利模式和盈利来源的简单复制，虽然其盈利能力得到风险投资者的追捧，然而其内在的盈利模式还在逐步的探讨和演化中，Web 2.0 的复杂性和丰富性，Web 2.0 用户的多样性，互联网业务和各个产业融合等现实因素本身就决定了 Web 2.0 的 C2C 型信息交互式电子商业模式的交错特征和盈利的复杂性。

维基模式的建立需要实践该模式的平台建立信用制度、支付制度、例外处理制度等，这些制度是否完善是该平台能否持续发展的决定性因素。

4.2.6 基于位置的移动社交服务

随着 GPS 技术的发展，GPS 的技术已经不再局限于地图定位的相关应用中。基于地理位置提供信息的 LBS 类网站近两年已经崛起，成为广大旅游者出游外地时的又一获取资讯的渠道。此类网站是通过用户以"签到"模式分享自己的"行走记录"、"游玩攻略"，从而与已有的朋友进一步互动，同时也带动了 SNS 社区上全新朋友关系的建构。在街旁网的介绍文案中，是这样描述和定位自己的："街旁是一本城市旅人日记，记录双腿的经历，记载心灵的感受。"

●案例研究——街旁网

2010 年 5 月，基于真实位置的社区街旁网上线。它在传统的社交服务所拥有的时间、人物、事件之外，成功引入了第 4 个维度——地点，让用户的网络生活和真实生活更紧密的结合。用户可以使用街旁网来"签到"自己所处的地点，用创新有趣的数字化方式记录足迹，和朋友分享心情。街旁网为目前急需旅游目的地信息的消费者提供了一个广大的平台来查询旅行地的美食及购物信息。2011年，街旁网宣布推出商户平台，为本地商铺店长提供定位服务（Location Based Service，LBS，又称位置服务），帮助店长在线营销推广店铺。这一措施，使得旅游目的地的商家可以通过互联网集合在一起，提供大量可选择的信息给消费者。

（1）存在的意义与市场

消费者通过 LBS 引入的第 4 个维度——地点这一概念，走街串巷，四处签到并交流心得，甚至写出游玩、吃喝等各有侧重的"攻略"以为后来者提供便利，而 LBS 与 SNS 的携手合作也让切克们（网络语，checker，即签到者、检查者）成为一个个小节点，且带来了更多的用户群，而巨大的用户群分享了更多的"现实"信息，形成良性循环，并最终将虚拟与现实进行了接轨。街旁网暂时的主题目标群定位是年轻人。而其中分享的信息，是基于曾经到达过这里的游客和消费者的评价与记录，在某些程度上，弥补了各大旅行电商对当地的详细资讯提供不全面的问题。

（2）盈利模式

第一，品牌广告收费，如阿迪达斯、耐克、麦当劳等国际品牌，将通过合作，为街旁网投入品牌推广费用；第二，街旁网会对用户数据进行搜集、整合、分析，并向合作方收取服务费用；第三，提供个人用户增值服务，如向用户销售实体优惠勋章等。

（3）进入壁垒

LBS 即基于地理位置的服务。用户只用点击手机、平板电脑等移动互联网终端，通过移动运营商的定位技术，就能精准确定自己所在的位置。最初的 LBS 大多用于 GPS 定位等功能，但其蕴含的巨大商机很快便被发现，最先将 LBS 引入网络社区概念的是美国，而如今做得最好的也是美国的 Foursquare 网站。这种 LBS 应用基于手机定位功能和互联网功能的双向交互作用。当你到达某地时，可通过手机客户端上的签到功能发布签到信息，并可同时在其他 SNS 社区更新。

目前，LBS 更像是针对于全民的一场签到运动，而非单纯针对旅游者的信息提供，但在某种程度上为旅游者在当地的资讯查找提供了便利，同时还会引导旅游者的消费决定。由于涉及隐私，目前 LBS 依然处于客户黏性较小，且折扣并无团购网站多的情况，因此如何在 LBS 类社区中寻求利润更大化的模式，显得更为迫切。

4.2.7 旅游电子营销系统

旅游电子商务中提供信息服务的一个重要板块是旅游业的网上信息营销，旅游业网络营销是利用电子网络这一载体的营销活动。据中国互联网络信息中心（CNNIC）统计，截至 2012 年 6 月，中国使用旅行预订的用户规模为 4258 万人，在网民中的渗透率为7.9%。互联网用户大部分具有较高的文化程度并拥有一定的消费水平，同时也是旅游市场的主要消费群体。谁能在互联网的起跑线上抓住机遇，在这一庞大的潜在客源市场中占据优势，必将在未来国内市场的销售中获得巨大收益。

近两年，我国旅游业网络营销发展的速度非常快，根据一些知名搜索引擎的检索，凡是与旅游有关的行业在网络上都有体现。

旅游目的地营销系统（DMS）是以计算机软、硬件为基础，实现目的地各种旅游资源、设施与服务的数据和辅助信息输入、存储、更新、查询、检索、分析、预订、应用和显示的空间信息系统。旅游目的地营销系统对外是目的地宣传服务系统，对内则是目的地管理系统。按照服务对象的不同，可分为两种：一种是面向旅游者的信息模式，主要是为旅游者展示各种旅游目的地信息，方便旅游者；另一种是面向旅游目的地各管理部门及旅游供应商的管理模式，实现各部门、各行业之间的信息更新、传递。[387]目的地营销的目标主要有：增加目的地知名度，带动旅游者的访问；增加旅游者在目的地的旅游消费，增加旅游收入；将企业宣传和目的地宣传相结合。作为一种综合性的解决方案，目的地营销系统还包括针对旅游局、企业的各种服务，如信息技术培训、系统运行规范、运营维护、网络营销导入和网络营销执行等。

在信息模式上，旅游目的地营销系统可以建立旅游目的地触摸式多媒体旅游查询信息系统，安装于各大宾馆、旅行社，主要停车场，旅游景区（点），长途汽车站和游客信息中心，为国内外游客提供丰富的信息。借助该系统，游客可任意查询所需信息，同时为旅游管理部门开展对外宣传、交流等活动提供新型的旅游信息产品。就管理模式而言，旅游目的地营销系统可以建立基于网络的旅游管理信息系统，安装于各旅游管理机构和经营单位。其主要任务是对旅游管理所需的信息进行收集、传递、存储、加工和使用，以便旅游决策管理层充分利用现有的信息数据，系统地进行管理和宏观调控；同时为各行业、部门提供一个清晰的行业信息和游客信息，以便及时调整价格及市场战略，从而提高出租率和使用率。

由于GDS在发布全面的旅游目的地信息方面的局限性，并为了不仅仅服务于旅行商，许多政府机构创建了旅游目的地营销系统来弥补上述缺陷。旅游目的地营销系统可以代替传统的信息传递方式，更好地介绍旅游目的地。它不仅能够为游客提供出行前或出行后所需要的信息，并具有预订功能。游客在GDS中发现旅游目的地只有一些大型、跨国公司的高价位旅游产品，而在旅游目的地营销系统中则能发现全面而且客观的旅游目的地设施信息。目的地营销系统与传统营销模式相比具有以下明显的优势：地理覆盖面广、成本较低、信息更加准确全面及时、制作更新更快、可与顾客互动。

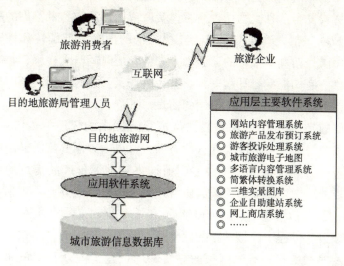

图 4-4　DMS 与软件系统

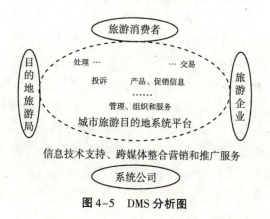

图 4-5　DMS 分析图

　　DMS 的组织结构有三种形式。第一种是以国家为中心的组织结构；第二种是以地区为中心的组织结构；第三种是地区性的网络结构。其中，以国家为中心的信息系统，其数据库储存有全国旅游设施的信息。这种结构的信息系统允许所有的旅游问讯处及设在国外市场的地区旅游办事处通过电信联系获得有关数据。

　　DMS 的经费结构包括两部分：系统创建经费和系统运营经费。多数全国性的信息系统是由政府提供的开发基金。地区性的信息系统在开发资金来源方面则显示了多样性，可以由政府、法人、个人共同提供。一旦 DMS 建立起来以后，必须保持并随时刷新纪录。多数 DMS 免费为旅游供应商发布信息、提供服务，有些则仅仅在每年象征性地收取一些手续费。当 DMS 包含用户预订功能时，旅游供应商可以付费发布信息或为每一份预订付佣金。无论哪一种情况下的收入都将用作营业支出。DMS 的经费结构与它的信息类型和范围息息相关。如果旅游供应商需要付费发布信息，则是否愿意付费就成为信息类型及范围的决定因素。

DMS 的成功在很大程度上依赖于其所容纳的信息的准确性和新颖性。要保持信息准确无误和新颖是很难的，因为旅游信息的时间概念性强，特别容易过时成为无效信息。诸如汇率、日程安排、重大事件及开放时间随时都会变化；而且潜在游客需要对旅游产品有详尽描绘的信息。

更为重要的是 DMS 中的信息质量保证。DMS 中的任何一条信息出现错误，那么，整个系统将失去可信度。在这一方面，可以由国家的旅游部门对信息的准确性进行检查，另外也可以由一些专门机构来辅助评价产品信息的可靠性。例如，在一些目的地中，商业部、饭店协会或汽车俱乐部建立起了评估系统，评估 DMS 中的住宿及其他设施信息的准确性。

在创建数据库过程中，最常用的软件是一种关联数据库，用户可以通过它迅速进行查询及搜索信息。有些国家的旅游部门创建了大众与 DMS 的连接界面。当旅游部门下班后或员工无暇顾及的时候，顾客可以通过设立在外面的电脑终端进行查询。同时，商店、机场及火车站等也开始设立公众查询终端。

在设计 DMS 时应该考虑的一个重要问题是预留下它与其他旅游部门计算机系统的兼容性。DMS 与 GDS 的联结可以使旅行商通过联机而获得旅游目的地信息，而一个全国性的 DMS 更利于这种结合。DMS 也同样可以与视传系统相连接，将信息传递给千千万万的潜在顾客。无数的 DMS 同样可以与其他的许多电脑系统相连接，诸如全国电脑气象预报系统、交通信息系统、饭店业数据库等。

目的地营销的概念和系统，在世界范围内已被广泛研究及有效应用，在英国、新加坡、西班牙、澳大利亚、芬兰等 10 多个发达国家和地区，目的地营销学通过和传统营销业务相结合，大力支持了当地的旅游企业，明显地提高了旅游营销效益。下面通过一个翔实的示例解释旅游城市（目的地）营销系统在旅游目的地机构的典型应用。

●案例研究——奥地利的 TIScover 系统

（1）概述

由奥地利 Tirol 旅游局使用的 TIScover 99 是一个高级目的地营销系统，它是一个基于 Web 的系统，具备信息管理、发布、预订和电子商务功能，支持英文和德文两种语言界面。[388]

（2）建设的背景和基本思路

为准确及时地提供关于住宿设施的可用情况以及积雪情况的信息，满足奥地利游客出游的需要，Tirol 省建立了综合性的计算机旅游信息系统。经过 10 年的发展，该系统的总体目标已确定为："在向未曾到访和已经到访的游客提供准确的综合性信息服务的同时，让来自整个目的地的所有服务供应商都能够直接介入电子化市场中。"

（3）目前状况

该系统同时在奥地利得到广泛推广，并且成为奥地利各省份所使用的唯一的系统，其某些版本在德国和瑞士也被使用。其行业参与程度、系统的可进入性以及交易量正在逐步上升。

目前，该系统内所列的住宿设施总数已超过 15000 个，其中 4500 个提供详细信息后可进行在线预订。最新统计数据表明，其网页浏览次数（page view）每月超过 500 万。通过与奥地利饭店协会协作，该系统还包含了奥地利全国的饭店住宿信息。目前，TIScover 数据库约有 4000 兆字节的数据，相当于超过 7 万张网页的容量。

（4）数据管理、运营与分销

在该系统的日常运营中，各地方旅游机构负责它们自己的数据维护工作，并且还负责要求本地成员的数据符合该系统所要求的标准，对直接与系统连接的独立供应方也有同样的要求。TIS 公司，即运营该系统的服务商，则负责整个系统的维护和信息模块的管理。

（5）盈利模式及财政状况

TIS 公司的资金一部分来自自身运营收入，一部分来自奥地利各省旅游局，据称"有能力实现自负盈亏"。TIS 公司的收入主要来自旅游商列入该系统所支付的费用以及使用该系统的地方旅游机构和其他单位所支付的费用。另外，TIS 公司还可从其他采用该系统的目的地市场获得可观收入。

总体来看，TIScover 99 系统在奥地利及其周边国家得到了广泛应用，其中一些重要因素发挥着效力。这些因素包括 Tirol 省旅游局的长期性支持和资金投入、TIS 公司对信息科技的一贯重视、根据旅游业的用户要求提供信息服务以及广泛地与公有和私营的机构签署有效的合作伙伴协议。

●案例研究——芬兰旅游局的系统：MIS，PROMIS 及 RELIS

芬兰旅游局的系统也是高级目的地营销系统，通过在线旅行指南（Online Travel Guide）接入门户，主要由三部分应用构成。

MIS，该局自己的"市场信息系统（Marketing Information Service）"，使芬兰旅游局及其贸易伙伴能够在世界各地管理、组织销售及市场营销活动。

PROMIS，即"专业市场营销信息服务系统（Professional Marketing Information Service）"，这是一个覆盖全芬兰的旅游数据库。

RELIS，即"研究，图书馆及信息服务系统（Research，Library and Information

Service）"。

芬兰旅游局在许多方面率先使用信息技术，将其作为国家旅游部门工作中一个不可分割的部分，并认为，信息技术是促进芬兰跨行业合作以及接触到世界各地受众的有效工具。通过该系统的应用，不仅改善了芬兰旅游局工作的成本效益比，而且帮助芬兰——一个相对较小并且"偏远"的目的地，在最大程度上进入和影响国际旅游市场。

●案例研究——爱尔兰的 Gulliver 系统

Gulliver 系统是综合性目的地营销系统的最早范例之一，成为"爱尔兰各方面旅游产品的信息和预订的主要分销渠道"。除支持营销活动外，该系统还为爱尔兰各类住宿产品开发出一个综合的、可以提供网上预订服务的目的地信息系统，从而减少了高峰期的容量问题。

该系统还被用来支持电话问讯中心，通过免费电话，向顾客同时提供先期旅行信息和预订服务。其他方面的应用，如公用信息亭（public access kiosk）的数据中心、商业服务系统等，可以处理信息咨询和预订要求。

●案例研究——新亚洲－新加坡

该系统目标是提供新加坡旅游局的有关活动信息，并突出新加坡旅游作为战略目标明确、注重务实行动的机构形象。

"新亚洲－新加坡"不单纯是一个网站，还是一个复杂的多媒体旅游向导。它不仅提供有关信息，还为新加坡进行旅游目的地的形象定位，协助旅游机构的促销活动。游客不仅能从该网站浏览各类旅游信息，还能结合触屏式服务亭、当地广泛分布的"新加坡第一"网络系统以及新加坡旅游服务中心得到服务。

目前，"新亚洲－新加坡"网站每个月的点击次数达到 20 万。另外，链接到该网站的"饭店网络"（HotelNet）网站每天会接到 100～200 个客房预订。

此外，"世界最佳旅游城市"悉尼也采用类似系统，并成功在 2000 年奥运会的推广中成功应用该系统进行宣传。世界旅游组织正在向更多的目的地营销机构（在中国是指各级旅游机构）推广此概念和系统，并认为：信息技术在提高运作效率中能发挥重要的作用，维持信息的最佳质量和完整性十分重要，通过 DMS 编辑旅游信息的核心数据库，并以此支持网站、信息亭、游客信息中心、电话中心以及出版物的制作等传统营销手段，将对旅游营销方式产生巨大影响。

随着中国加入世界旅游组织，各行业开始与国际接轨。同样，旅游信息化建设在中国也越来越受到关注和重视。如今，城市及企业的信息化建设水平已被列为中国优秀旅游城市的评选标准中，诸如：城市须开通旅游信息网站，为海内外旅游者提供信息；星级以上饭店进入国际信息网，能为客人提供电子邮件服务，等等。另据悉，中国最佳旅游城市评选也拟将城市信息化建设水平列入其评选标准，此标准稿正在讨论中。同时，旅游城市的促销指标及国内外旅游市场促销也同为中国优秀旅游城市评选标准。旅游城市（目的地）营销系统不仅能有效实现目的地城市及旅游企业的信息化建设，其兼具的信息技术与传统旅游营销的支持融合，被认为是信息化时代中形成的新的旅游营销模式，对中国的旅游营销势必产生深远影响。

4.2.8 旅游企业单位网站营销

在我国，具有国际顶级域名或国内独立域名，并建立了自己的网站的旅游企业并不多。著名的有华联饭店集团（www.hl.com.cn）、昆仑饭店（www.hotelkunlun.com）、上海春秋国旅（www.chian-sss.com）、"国旅假期"（www.citsgd.com.cn）、中国国际航空公司（www.airchina.com.cn）等。从总体效果上来看，旅游企业建立自己的商业网站投入高，现阶段回报率低，其原因有以下三个方面。

第一，由携程旅行网、同程网及驴妈妈、途牛旅游网等不完全依托旅行社的网站对网络旅游市场抢先入手，开拓了独具一格而有特色的盈利模式，大量资讯汇集和团购等形式的低价与促销，让传统旅行社网站有些难以招架。

第二，企业难以提供足够的技术支持。一个网站的正常运转需要技术人员不断的维护更新，而技术力量薄弱正是大多数国内旅游企业的共同点，由于维持一个足够大的技术队伍代价较高，规模较小的旅游企业通常难以承受。随之出现的问题是网站内容无法及时更新（如在网上发布折扣信息较迟等），对订单申请反应缓慢，系统故障无法及时排除等。

第三，旅游企业网址不易被客户获知，客户必须通过某个确切的网址才能访问主页，因此如何使客户以一种简单快捷的方式获得网址，成为营销上的一个重点和难点，必须以加大投入、多处链接、CIS整体设计等多种广告手段扩大旅游企业网址在公众中的影响，而大多数旅游企业的影响力和广告投入都是有限的。

4.3 支持类业务——信息支持系统

旅游电子商务的信息支持系统可以分为两大部分：服务（serve）和管理（management）。服务指企业通过网络开展的与商务活动有关的各种售前和售后服务，即CRM客户关系管理与服务，通过这种网上的服务，企业可以完善自己的电子商务系统，巩固原有的客户，吸引新的客户，从而扩大企业的经营业务，获得更大的经济效益和社会效益。管理主要指旅游企业内部的信息化建设，即电子化的办公系统，通过企业的内部信息化，更好地连接企业外部的商务信息化，为企业管理和商务活动带来更多的便利。

4.3.1 旅游企业信息化

企业需要找到自身真正的需求，根据需求进行信息化项目的选型。从目前旅游企业信息化的案例来看，在信息化投入的前期都面临着大量资金投入、部分模块坏死、员工培训成本高等问题，成功信息化的企业都是在信息化的过程中真正把握了企业的需求，将企业运营的业务通过信息化进行不断的整合和磨合。如果企业不能真正把握自己的需求是什么、不能明确眼前最需要信息化的环节是哪一部分，还不如原地踏步等这些问题厘清以后再去真正考虑是否需要信息化。

●案例研究——春秋国旅

春秋国旅早在 1994 年便开始了被他们自己称作"春秋企业网"的部署和运营工作，迄今为止已在国内外较成功地发展了 41 家全资分公司及 100 余个全资门店，而每个全资公司大都有 2~10 个连锁店。春秋国旅在全国拥有 4000 余家旅游代理，位居全国第一，形成了一张密实的业务运营网络。

该企业网采用了 20 世纪 90 年代初期的网络技术，运行在 NOVELL 平台环境下，通过终端机内置拨号程序远程登录服务器的方式构建了一个虚拟局域网，是文本状态下的实时信息交换平台。现在的春秋旅游联合体，各分社之间的所有业务，不论是产品信息发布还是下单采购，都围绕这张网进行。[389]其大规模的网上业务流量以及交易数据的实时性令业内众多同行羡慕不已，这也是业内几家大公司一直希望达到的理想运营模式。

春秋国旅是做散拼团业务起家的旅行社，其业务与其他做传统团队接待旅游业务的旅行社相比，对业务人员个人客户关系的依赖程度较小。相应的，公司上层在推行某些制度变革的过程中所遭遇的来自中下层的阻力也小得多。同时，春秋国旅在全国各地的分社都是全资关系，在分社管理上形成了强有力的中央集权制。这也正是春秋国旅将公司所有业务信息搬上网的过程中能够强有力地向前推进的关键。另外，值得一提的是，春秋国旅在扩张初期并不是一帆风顺的，从 1994 年开始到 1998 年足足亏损了 4 年才开始全面盈利。也就是说，如今的一些新兴网络旅游公司的扩张行为失败，并不是所谓的电子商务泡沫造成的，而是正常的战略性亏损。

可以说，春秋国旅在企业网建设方面积累的远程调控制度和业务流程设计经验正是国内其他公司所缺乏的，加之近年来通过企业网汇集的大量实效性很强的产品业务数据，这正是春秋国旅手里最大的竞争优势。于是，业内人士普遍看好春秋国旅的互联网战略，甚至认为如果其网站与企业网实现二网合一，实现动态数据共享，那么春秋国旅的网站将是兼具产品优势、价格优势、渠道优势、时效优势于一体的超级旅游网站，无论是在针对直客的营销方面，还是针对同行的分销方面都将优势尽显。尤其是 B2B 交易方面，将继承原企业网已有的代理网络和业务流量，并通过互联网平台的便捷性、开放性形成更大的交易流量。这样的发展模式，正是美国西北航空公司的"佩剑化"发展策略。应该说，春秋国旅走到今天这一步，发展 B2B 交易平台是水到渠成的市场行为。

4.3.2 旅游企业的客户服务系统（CRM）

客户关系管理是旨在改善企业与客户之间关系的新型管理机制，目标是一方面通过提供更快速、周到、准确和个性化的优质服务以吸引更多的客户，另一方面通过对业务流程的全面管理来降低企业的成本。对于旅游业这一特殊的服务型行业，实施客户关系管理迫在眉睫。

（1）CRM 对于旅游业的意义

国外众多服务型的行业都引入了 CRM 管理理念，如美国航空公司、英格电话公司、南非最大的保险公司 Old Mutual 等跨国型的公司都在实施 CRM 方面取得了惊人的绩效。服务型的行业有其共性的一面，因而中国旅游公司也应该尝试引入 CRM 经营理念，为中国的旅游市场发展开辟新的局面。[390]

实施 CRM 将为旅游公司的发展注入新的活力，其意义主要表现在以下两个方面。

CRM 为旅游公司带来经济效益：作为一个经营理念，CRM 在旅游公司运用时起到了经济效益杠杆的作用。

CRM 为旅游公司有效整合资源：实施 CRM 将有效地整合旅游公司的内外部的资源，从而实现公司利益、客户利益以及社会利益的最佳平衡状态。

（2）CRM 在旅游公司的应用

美国哈佛商业研究报告表明：多次光临的顾客比初次登门者可为企业带来更多的利润。对于强烈依赖顾客消费的旅游业而言，稳定而忠诚的游客群无疑是旅游业宝贵的财富。因此，为了培育国内外稳定的消费群体，旅游公司实施 CRM 将为游客提供更完备周到的售后服务和追踪联系，如对游客期望的引导、游客消费行为管理、游客档案管理（以便有针对性地提供个性化服务）、游客意见追踪调查、游客间的社会关系管理，等等。通过这些系统化的顾客管理措施，将使分散的游客结合成与企业保持紧密联系的社会网络，这将大大有利于旅游服务产品的营销传播，最终使旅游业赢得市场中宝贵的游客资源。

（3）CRM 操作模式

旅游业针对不同的情形可以实施三种不同的 CRM 模式。

操作层次的 CRM：用于集成商业过程，包括对旅游产品（有形产品、无形产品）的销售、营销和客户服务三部分业务流程的信息化，与旅客接触点、渠道、前后端进行集成。

客户互动：关注客户接触点的交互，即与客户进行沟通所需要的手段（如呼叫中心、网络、电话、E-mail 等）的集成和自动化处理。

分析层次的 CRM：用于操作层次的 CRM 和客户互动产生的信息的分析处理，通过基于客户数据仓库的数据挖掘，产生商业智能以支持企业战略战术的决策，包括客户服务支持、客户市场细分、客户变动分析、交互和垂直销售分析、新客户模型、客户接触最优化、广告分析、信用风险得分、客户生命周期价值模型等。

●案例研究——艺龙旅行网通过 CRM 为客户提供个性化服务

2010 年 8 月，艺龙旅行网 CEO 崔广福在接受采访时称，[391] 如今的艺龙已经采用 CRM 进行客户管理，为顾客提供个性化服务，并在此基础上成为旅游网站中第一个实现 24 小时呼叫服务的旅游电商。

CRM 项目计划执行的全过程包括会员分层和标记、沟通方式设计、测试色痕迹、效果预测、项目的报告和效果衡量与分析工作；负责会员 Retention 指标，负责 Retention 设计项目的计划和执行；建立基于会员生命周期的沟通和客户关怀项目；基于 CRM 系统以及订单系统中的会员信息以及订单信息，建立和优化精准沟通模型；提升会员数据库的质量和数量。

●案例研究——呼叫中心系统

呼叫中心系统作为一种新型的服务方式已经得到了越来越多企业的关注。企业需要一个高效率，以顾客为本，提供高效能、高满意度服务的呼叫中心来帮助其有效地管理资源，提高员工整体的工作效率和服务水平，进来实现商业目标。

特别值得一提的是，该系统开发了老客户用老号码打入电话时，即可以在电脑"智能"地弹出老客户的姓名、身份证号码、详细地址和所有历史预订资料（如果电话是某个公司的，将弹出该公司在本公司预订的所有业务），同时在老客户打入电话以后，还会"智能"地优先转接到原来提供服务的话务员坐席中，非常方便为客户提供高品质的服务，是一套把呼叫中心功能、智能来电识别老客户和酒店及机票预订业务功能综合为一体的专业双智能酒店机票预订系统。

5 信息技术在旅游业中的应用

国内外旅游和信息技术的发展是与信息技术的发展及其在旅游业中的应用是紧密相连的。信息技术在旅游业中的应用经历了一系列过程：从20世纪70年代的计算机辅助的饭店中央预订系统到20世纪80年代迅捷的全球分销系统，再到20世纪90年代计算机管理的信息咨询服务，乃至今天互联网支持的网上旅游信息交流和旅游产品的预订、购买。随着信息化技术的更新发展及其与旅游产业的运行机制的进一步融合，旅游信息化的发展也进一步深入。

因此，要把握未来旅游信息化发展的趋势，应将其放到整个大的信息技术发展背景中。信息技术的发展影响着旅游业和旅游活动对技术的应用前景，而这种应用前景的实现进一步引发了旅游实践中的一系列问题和现象，旅游信息化的发展趋势恰恰是对这些现象和问题的关注。将旅游信息化的发展置于信息技术发展的背景下来考察，关注企业对计算机技术（包括软、硬件技术）的重视程度到计算机技术与互联网技术并重，再到关注互联网技术所引发的问题，应该明确的是，网络在旅游业中的应用以及由此引发的种种现象和需要研究的问题，事实上只不过是当前阶段信息技术在旅游发展应用方面一个较为引人注目的分支而已。未来的旅游信息化发展将随着技术的发展而发展，随着技术的应用而不断追随、解决和预测技术应用在旅游业中可能引起的现象、问题和趋势。明确了这一点，借助对信息技术发展趋势的了解，就可预知不久的未来在旅游中有可能出现的新的信息技术应用方向及其产生的影响，如移动通信技术、网络游戏等，从而更有效地发挥科研对于实践的指导作用。本章将对现在和未来影响旅游业的主要信息化技术及其在旅游业中的应用进行详细的介绍。

5.1 互联网

5.1.1 互联网基础

互联网是一种公用信息的载体，这种大众传媒比以往的任何一种通讯媒体都要快。互联网就是一个能够相互交流、相互沟通、相互参与的互动平台。互联网迄今为止的发展，完全证明了网络的传媒特性。一方面，作为一种狭义的、小范围的、私人之间的传媒，互联网是私人之间通信的极好工具。在互联网中，电子邮件始终是使用最为广泛也最受重视的一项功能。由于电子邮件的出现，人与人的交流更加方便，也更加普遍了。另一方面，作为一种广义的、宽泛的、公开的、对大多数人有效的传媒，互联网通过大量的、每天至少有几千人乃至几十万人的访问，实现了真正的大众传媒的作用。互联网可以更快、更经济、更直观、更有效地把一个思想或信息传播开来。

互联网的使用为世界带来了深远的影响。据估计，今后 5 年，G20 中的发达国家互联网年增长 8%，对 G20 GDP 贡献率将达 5.3%，发展中国家增长率高达 18%，2010~2016 年 G20 的互联网经济将近翻番，会增加 3200 万个就业机会。在社会影响方面，据 2012 年 1 月 16 日中国互联网络信息中心（CNNIC）在京发布的《第 29 次中国互联网络发展状况统计报告》显示，截至 2011 年 12 月底，中国网民规模突破 5 亿，达到 5.13 亿，全年新增网民 5580 万。互联网普及率较上年年底提升 4 个百分点，达到 38.3%。2016 年，全球互联网将会有 30 亿用户。

在中国，互联网已成为思想文化信息的集散地和社会舆论的放大器，有着日益强大的社会影响力。充分发挥互联网在我国社会主义文化建设中的重要作用，切实把互联网建设好、利用好、管理好，是我国互联网发展始终秉持的重要战略。一个文明的网络文化环境，既是互联网自身健康发展的内在要求，也符合广大人民群众的热切期待。我们要大力倡导和构建网络文明秩序和道德，要站在世界科技、文化发展的最前沿，以时代的眼光、创新的思维、改革的精神对待网络文化建设，牢牢把握网络文化建设的正确方向。

5.1.2 互联网发展与应用的特点

当前互联网的发展与应用存在以下特点。

第一，网络营销以网络为基础，伴随着网络技术和信息通信技术的发展而发展。当前的世界已进入一个网络信息社会，信息通信技术的发展，已经使互联网络成为一个全球性的辐射面更广、交互性更强的新型媒体，不同于广播电视等传统媒体只能进行单向性的信息传播，而是可以与媒体的接受者进行实时地交互式沟通和联系。

第二，互联网络的信息传播和双向沟通的优点，使互联网今后的发展与应用显示出如下特点。网络的使用者数量呈持续快速的增长，近几年全世界网络使用者的年增长率大于 50%，而且网络使用者大多是具有高学历和较强经济实力的年轻人，这是最具有市场购买力的消费群体之一。网络科技快速发展，骨干网络宽频化持续上升，光纤服务普遍化，压缩技术更使得多媒体信息也可经由一般电话线传输；网络专用电脑的开发，可轻易处理复杂动画与虚拟实境的应用需求；

搜寻工具与多媒体视听软件的开发，将使网络计算机功能越来越完善，而网络主要硬件设备的单位功能成本将呈指数下降趋势，为网络的发展提供了良好的契机。

第三，电子商务将成为网络的重要应用，在网络上进行交易的成本远小于传统营销的成本。互联网上的电子商务市场已经形成规模，单是全球的网络零售在2000年已经达到600亿美元，这是一个非常巨大的市场。

第四，网络在商业、家庭与教育上的应用日趋普及，在网上的新兴虚拟社会将逐渐形成。在这个虚拟社会中，使用界面将更生活化，现今社会所需处理的各项实际事物将可超越时空距离，被瞬间平行地转移至网络上，使未来的社会更为方便、高效与多彩多姿。

5.1.3 互联网的未来发展方向

随着经济和社会的飞速发展，互联网技术取得了突飞猛进的进步。互联网在丰富人们生活的同时，也在不断发展壮大。一些新兴的互联网技术代表了未来互联网的发展方向。

5.1.3.1 在线多媒体技术

所谓在线多媒体技术是一种基于宽带互联网的应用技术，该技术可以用来实现在网上发布图像流、声音流等动态信息的功能。当宽带带宽满足相应的允许条件时，这些信息流可以实现实时传输。该技术目前在美国已经取得了初步的应用，如在一些小学或幼儿园里安装上摄像头，摄像头把这些影像信息通过互联网传输到学生的家里。而学生家长通过多媒体技术在足不出户的情况下可以随时了解自己孩子的实时动态。该技术在实际应用中的费用非常昂贵，它不仅包括设备构架、开发、维护费用，还包括运用整个过程的费用。该技术的普及还需要一段相当长的时间，但这是未来互联网技术的一个发展趋势。

5.1.3.2 网络应用更趋多样化

在大力倡导"应用为主"的互联网时代，海量信息快速检索和丰富的应用服务成为未来互联网吸引用户的主要手段。互联网作为信息服务的载体，其内容丰富与否直接关系到网民对于互联网的使用。计算机软硬件条件的逐渐改善，为互联网技术的发展提供了充分的条件；与此同时，互联网的互动性，如博士论文联盟 WWW. LWLM. COM 整理客、微信、网摘、RSS 等带有 Web 2.0 概念的应用服务也风生水起。在今后的互联网服务中网民将不再仅仅是互联网信息的接受者，同时也是互联网服务的制造者和提供者。Web 2.0 的核心就是把用户作为互联网信息的享用者和提供者，这将是未来互联网技术的发展趋势。网络应用更趋多样化，网站的服务将更加精细化。

5.1.3.3 电子商务更具发展空间

所谓电子商务是指在 Internet 环境下，实现消费者的网上购物、商户之间的网上交易和在线电子支付的一种新型的商业运营模式。互联网上的电子商务主要包括信息服务、交易和支付这三个方面的内容。电子商务的主要交易类型包括企业与个人的交易 B2C 方式和企业之间的交易 B2B 方式这两种。

5.1.3.4 全景图像技术

所谓全景图像（Panoramic Imaging）是指大于双眼正常有效视角，大约水平90°、垂直70°或双眼余光视角大约水平180°、垂直90°乃至360°完整场景范围拍摄的照片。全景图像技术能够以360°的旋转方式来查看一个场景的图像，它是运用一种特殊的数码摄影机拍摄场景并存入计算机，再配以相应开发的浏览程序在互联网上实现的。

5.1.3.5 信息网格

所谓信息网格（Information Grid）是指在全国、全世界范围内对各行业和社会大众提供一体化信息服务的信息基础设施。通俗地讲，网格是指把整个互联网上的资源整合成一台超级计算机，从而来实现数据资源、信息资源、计算资源、存储资源、知识资源和专家资源的全面共享。当然，也可以构造一些区域性网络，如企事业内部网格、局域网网格、家庭网格和个人网格等。网格的根本特征是实现资源共享，它的规模可大可小。信息网格技术与目前的 Web 服务的最主要差别是一体化。信息网格技术将分布在全国甚至全世界的计算机、数据、信息、知识软件等组织成一个逻辑整体，各行业都可以在此基础上运行各自的应用网格。随着互联网技术的不断发展，信息网格技术必将取得广泛的应用。

5.1.4 互联网在旅游业中的应用

互联网在旅游业中的应用包括：旅游信息的汇集、传播、检索和导航；旅游产品和服务的在线销售；个性化服务（在线预订服务）等。旅游电子商务的状况是决定旅游网站生存发展的重要因素之一。现在的旅游电子商务主要以三种网络为基础：一是 Internet（互联网），它为旅游企业和用户提供一条相互沟通的渠道，通过它可以实现查询、预订、产品介绍、广告、电子支付等一系列的网上交易活动。二是 Intranet（企业内部网），可以让各个管理部门之间共享重要信息与程序，增加其间的互助与合作，简化工作流程，让企业内部的运作更有效率。三是 Extranet（企业外部网），可以让企业和相关的协作商通过网络沟通，促进企业合作。

5.1.4.1 Web 2.0 时代的旅游网站营销模式创新

近年来，旅游网站的高速成长使互联网逐步成为网民出游时预订酒店和机票的主要方式，网上旅行预订市场的容量不断扩大，2007 年第 2 季度网上旅行预订市场规模快速增长至 5.46 亿元。目前，全球电子商务交易总额中，旅游电子商务已占到 1/5 的份额，成为全球电子商务的第一行业。特别是，随着 Web 2.0 技术的发展，旅游网站更为注重用户个性化体验，并且积极与传统旅行服务相结合，形成立体的、全方位的用户服务，创新盈利模式，提高旅游网站的吸引力，以持久地留住用户。

（1）旅游网站：注意力转化为现金流的典范

互联网往往被冠以"眼球经济"、"注意力经济"的特征，但是，很多网站虽然点击量很高，现金流却低得可怜，如当下炒得火热的视频网站、社区网站等。旅游网站可以说是将注意力转化为现金流的典范，单纯从点击量来看，旅游网站很难与综合门户网站相比，而从收入来看，旅游网站是较早实现盈利的一类网站。从产品性质来看，旅游产品是非常适合与互联网进行整合，实现电子化经营的。这一方面是因为旅游产品本身是不能流动的，也没有真实的样品可以给消费者陈列，其在市场上的表现形态即信息形态。并且旅游产品这种综合性产品也格外需要电子方式的运作加以综合反映。另一方面，旅游业不需要物流配送系统，因为旅游是人的流动，而不是物的流动，银行可以解决支付系统的问题。旅游网站可以减少传统旅行服务中一些不必要的中间环节，降低交易成本。但是，"传统旅行社受资金、人才和管理等条件的限制，不太容易在信息化建设上亲力而为；而旅游网站除了并购外，也不可能开设很多线下旅行社来支持网络业务。"[149]这就为旅游网站和传统旅行服务的结合提供了良好的条件，并很大程度上决定了旅游网站能够较好地将注意力转化为现金流。

2013 年 4 月 25 日新闻报道，台湾旅游一直是大陆旅游业炙手可热的市场，近日，中青旅遨游网宣布和中国民生银行携手合作，以民生银行信用卡专享特惠的方式，全力打造"遨游台湾–民生银行万人宝岛游"系列线路。

此次中青旅遨游网万人游台湾的产品内容丰富，包括自由行产品、团队产品，囊括台北、台中、日月潭、阿里山、高雄、垦丁、花莲、宜兰等台湾主要目的地；另外会按季节、时令推出主题类产品，如温泉和美食类常规主题产品，并适时推出台北小巨蛋演唱会、元宵灯会等特殊日期的主题类产品。据了解，"万人宝岛游"活动将于 2013 年 4 月末一直持续到 2014 年 2 月底，活动区域包括北京、江苏、浙江、福建、四川、广西、陕西及山东等指定城市。无论客人登录中青旅遨游网还是前往指定连锁店，只要持民生信用卡订购线路，均可享受 300～

2000 元不等的优惠。对于尚未拥有民生银行信用卡的游客，民生银行将开辟便利开卡通道，帮助客人以最快捷的方式享受到相应的优惠。对于所有出行的客人，中青旅遨游网都将赠送旅游意外险，为客人的出行多添一份安全保障。

（2）网络市场的驱动力

网络上新开辟出来的社群环境使得具有个性化的潜在消费群体可以通过虚拟社区的形式，建立起经常性的资讯联系。当网络资讯的参与者共享个性化喜好或者获取信息时，网络用户通过阅读信息所获得的体验可以得到提高。"个性化群体交往"的概念已经在互联网的环境里比以往任何时候都更加盛行。时下，这种网络个性化群体正在逐步向网络以外转移，渗透到现实生活中。事实上，时下许多消费者已很少通过官方旅游机构以及旅游公司等传统网站进行旅行查询，而是更多地到 Web 2.0 互动旅游信息网站上进行搜索，在这种网站上网络用户可以发布各地旅游信息，推荐有游览价值的景点，提示应该注意的事项，并与有共同兴趣的网络社区群体进行交流。

为了适应个性化体验的要求，旅行网站在服务和模式方面进行着积极的探索和创新。携程旅行网在 2006 年年底开始自办旅行社、2007 年年初在北京注册携程旅行社、2007 年 6 月 6 日启动北京的海外团队游业务，全面拓展中高端团队游市场，并与 MSN 中文网合作打造 MSN 旅游频道；艺龙旅行网也在 2007 年 2 月与 WIKI 网站共同推出目的地指南频道；芒果网则推出邮轮频道，开发邮轮航线旅游产品，而 MSN、WIKI 都是 Web 2.0 技术的典型代表。

（3）重视搜索营销和口碑营销

由于网络上大量旅游信息日益泛滥，潜在的旅游消费者更倾向于用搜索引擎来直接搜索所需信息。如今，通过搜索引擎来查找所需信息已成为潜在消费者获取信息的主要途径之一，很多中小型旅游网站通过付费的方式加入搜索引擎超链接。如果想使自己的旅游网站在被搜索时进入分类搜索信息的最前列，旅游网站需要为每次点击付费 4 元左右。除了芒果网、携程旅行网等主流的旅行网站之外，很少有网站能够承受得起这项支出。

很多旅行网站为了使自己的页面更频繁地出现在搜索引擎的前排，开始使用技术方法优化搜索引擎的排名结果，而不是付费购买的方式，如研究搜索引擎的算法机制，页面标题和网页内容中的关键词避免重复，页面内容尽量多地出现热门关键词等。传统网站进行营销的重要缺陷之一是缺乏与受众的互动，Web 2.0 条件下的旅行网站营销更强调通过受众的参与和传播，形成良好的口碑。很多网络用户的舆论领袖、重度消费者会起到产品推销员的作用，真正好的旅行网站会让这些舆论领袖、重度消费者去告诉别人，再让别人告诉大家。将用户变成活的广告载体，通过用户的口碑宣传，信息可以快速传播和扩散。

为了提高口碑营销的效果，旅游网站在新的网络环境中应更加注意决策的有效性，作出的决策应有客观依据。这就要求旅游网站对旅游目的地、消费者消费需求、每种旅游产品消费数量、消费者反馈意见等作出准确分析，从而为制定营销策略提供技术支撑。旅游网站不妨在博客、论坛、网络杂志、社会网络、网络书签和维基百科范围内设置定向性更高的网络链接，从而提高旅游网站与用户的互动性。

5.1.4.2 基于互联网的新兴服务业务

旅游业在电子网站方面的发展具有天然的适应性，而且有着越来越突出的优势。随着旅游网站的市场份额不断扩大，除了传统的销售业务以外，各大旅游企业正在积极拓展基于互联网的新兴服务业务。

例如，携程旅行网表示：一直以来，携程旅行网都是通过传统的呼叫中心为用户提供服务的，在采用 VoSKY 的融合通信服务方案后，帮助携程旅行网快速地在互联网国际市场上占据了一席之地，这不仅有利于携程旅行网在线业务的发展，同时也顺应了整个商业领域转向互联网化服务模式发展的大趋势。在应用 VoSKY 方案的同时，也为携程旅行网带来了 Skype 在全球 6.4 亿的庞大用户群，而且其大部分都是以商业应用为目的的主流消费者。这些来自世界各地的互联网用户，不仅会为携程旅行网带来巨大的财富和商机，也为其树立全球品牌形象起到了促进作用。

携程互联网通信融合方案

携程旅行网联合 VoSKY 共同发布，携程旅行网全面采用 VoSKY 的互联网通信融合服务方案，实施互联网化的国际服务战略。携程旅行网在国内拥有庞大的传统呼叫服务中心，本次与 VoSKY（全球知名互联网通信服务方案提供商）合作，通过部署 VoSKY 的互联网语音网关设备，启动全新的互联网化服务模式，拓展在线业务，目的为打造满足国际业务发展需要的网络化呼叫服务中心系统，更好地服务来自互联网的用户，向全球市场进军。

携程旅行网采用了两台 VoSKY 语音网关产品，利用 VoSKY 方案中固网与互联网双网融合的特性，把传统呼叫服务中心升级为可同时服务于来自互联网用户的呼叫服务中心系统。两台设备分别承担为国际互联网用户提供产品咨询、酒店机票预订服务，和与供应商、渠道代理、合作伙伴之间的联络服务。

通过在携程旅行网的中英文网站上设置一个 VoSKY 互联网呼叫服务按钮，访问网站的用户点击该按钮即就可以使用 Skype 向携程旅行网发起免费的呼叫，利用 VoSKY Exchange 直达服务坐席。所有的在线查询和语音咨询服务过程可以完全通过互联网实现，减少了用户网上查询、网下电话预订的繁琐步骤，更加简单便捷。通过这种方式，携程旅行网可以 7×24 小时服务于来自全球各地的用户。由于该服务的整个过程对用户是完全免费的，因此有助于提升用户对携程旅行网的忠诚度，从而扩大全球用户对携程旅行网品牌的认识。

VoSKY 融合方案，不仅提供了出色的语音质量，还为携程旅行网提供了 Skype 超低资费长途服务。携程旅行网称，每年仅消耗在与合作伙伴、供应商和渠道方面的电话联络费用就是一笔巨大的投入。通过使用 VoSKY 的系统服务，仅在运营成本方面，就可以节省较高比例的资金，使携程旅行网能够在短期内回收对系统的投资。

5.1.4.3 互联网在旅游企业内部网与外部网的应用

互联网的交互性、实时性、丰富性和便捷性等优势促使传统旅游业迅速融入网络经济的浪潮之中。网络作为新的旅游信息平台，为旅游业的发展提供了新的契机。

用完整的电子商务的概念来衡量旅游业电子商务的发展现状和阶段，已经成为新时代的要求。目前，我国还处于亚电子商务阶段，如何利用网络的巨大潜力将企业的核心业务流程、客户关系管理等都延伸到网上，使产品和服务更贴近用户需求，让旅游信息网成为企业资源计划、客户关系管理及供应链管理的中枢神经，实现网络对旅游业的整合，将原来市场中分散的利润点集中起来，获得一种成功的旅游网站运行的商业模式，构建具有中国特色的旅游电子商务平台，具有时代意义。

5.1.4.4 互联网在旅游企业内部网的应用

对企业来说，互联网能够利用信息技术实现以前不能想象的管理规模和管理形式的突变。跨地域、连锁制、加盟、子母公司等，通过信息技术以及数据库的运用，企业可以对整个运营有一个直观的控制。

艺龙旅行网的互联网运营

艺龙旅行网是中国领先的在线旅行服务提供商，致力于为消费者提供最好的酒店、机票、旅行度假产品和高效率的预订服务。其中，在线预订酒店返现高达20％。艺龙旅行网通过资本合作，与全球领先的在线旅游品牌 Expedia 紧密携手，通过多资源、多渠道的市场整合，将自身已有的国内旅游服务网络与 Expedia 丰富的海外旅游资源、先进的服务理念及服务技术紧密结合，为会员提供高品质的出行服务。

技术点评：Travel 系统是艺龙旅行网为合作网站、企业商旅专门打造的高效快捷的酒店、机票预订平台，可以用于合作网站快速开展机票、酒店预订业务，也可以用作企业内部商旅服务平台，使企业的整个差旅流程更加顺畅、便捷，成本控制更加有效。

E-Booking 系统是艺龙旅行网依托网络技术，独立开发并运用在 Call Center 与酒店之间的互动高效的软件平台，可以直接将会员的酒店订单通过这套系统传递到指定酒店，从而实现艺龙旅行网与酒店的联机操作。MIS 是艺龙旅行网独立研发的用户数据、市场资源、业绩统计等综合的公司信息管理系统，并引入了国际领先的客户关系管理系统，对所有注册用户的信息及其每一次消费情况都进行了详细的记录，为艺龙旅行网更好地根据用户需求、偏好等提供个性化和人性化的服务提供了强有力的支持。

5.1.4.5 互联网在旅游企业外部网的应用

利用互联网的独特优势——便捷、高效，使人们足不出户就可以及时地了解国内甚至国外目的地的酒店、购物等一些具体信息。

同时，一个优秀的旅游网站，也是对企业本身最好的宣传，可以提高企业在该行业中的影响力。打破传统的宣传促销方式，网上促销更广泛有效。旅行社传统的宣传手段主要是印发小册子和做电视、报纸广告，这种促销方式的范围较狭小。由于是单向的灌输式信息交流，当接收者不需要旅游时对广告不在意，当他需要旅游时又感到信息量不足，因此促销效果不理想。随着互联网电子商务的迅速发展，旅行社的网上促销迫在眉睫。因为网上促销的宣传面广泛、网页设计图文并茂、表现手法灵活、内容容易更新、成本低廉，而且可与旅游者进行双向信息交流，引人入胜，说服力强，因而促销效果好。

旅行社设计、推销旅游产品和旅游者被动购买旅游产品的关系将受到旅游者在计算机网络上主动设计旅游线路的挑战。传统的旅行社是旅游产品构成要素的组合者，这种职能是以旅行社占有各种旅游产品要素的市场综合信息为基础的。而旅游者则无法通过旅行社以外的其他途径获取这些综合信息（或者说旅游者不会有精力和时间去获取和综合这些信息）。基于对这种综合信息的垄断，旅行社确立了其"旅游产品生产者"的行业地位，也决定了在旅游产品的购买和消费过程中，旅游者只能在旅行社对市场要素组合之后去购买"旅游成品"。互联网络则将打破这种生产者和消费者之间的传统关系。在网络中，大量详尽的信息资源可以共享，旅游者可以在互联网上查询各种自己感兴趣的旅游产品要素信息，并根据自己的情况进行组合，从而设计适合于自身的旅游消费品。旅行社的信息垄断不复存在，旅游产品生产者的地位也随之发生动摇。

5.1.4.6 对互联网应用的展望

如今，数量巨大的旅游网站的发展趋势将是走向大一统。从组织上形成一种近似联邦式的结构，从关系上建立一种节点网络结构，从形式上是个开放系统，这将使网络的市场组织结构与互联网自身特点相契合。从发展的角度来说，旅游网站必须做好三个结合：一是资金、资源、技术和市场的结合，尤其是网站资源与市场的结合还很不够；二是国际与国内的结合，借助国际资金和技术，启动国内市场，整合国内资源；三是电子网络和经营网络的结合，要向紧密化结合发展。未来的工作是使这三个方面结合起来，加大网络技术对旅游发展的影响，更加充分地体现旅游在网络文化中的优势。现在，我国的大环境跟不上旅游电子商务的发展，但抢占时机又要求现在发展，所以，旅游网站必须背靠传统行业实体，这样就有一定的客户群，大的旅行社做旅游网站是最理想的，其旅游网站也是可能存活的。咨询可以增加人流，电子商务则带来资金，这是必要的生存条件。旅游专业网站在发展中举步维艰的事实在很大程度上证明，专业网站发展电子商务还需要强大的专业产业资源做后盾。最具实力的是统治着传统旅游市场的大的国有旅行社，他们未来的工作是在市场化竞争中激励企业对新技术和新经营方式的迅速反应。我国旅游电子商务与发达国家的差距不在技术形态上，而在使用者和社会形态上，如在体制、法律、支付、信息化基础等方面，也在指导旅游电子商务的理念上，它们成为中国旅游网站发展的最大瓶颈。对此，旅游网站应该加强对整体旅游市场的细分，并从中选择目标市场。改变旅游网站与传统旅游企业从事相同服务，仅停留在粗线条、大范围的层次上的局面。发挥旅游网站知识密集型的企业优势，为不同的客户分别提供更加细致、更有特点、更具专业性的服务。

5.2 移动通信

5.2.1 移动通信基础

5.2.1.1 基本概念

移动通信（Mobile communication）是移动体之间的通信，或移动体与固定体之间的通信。移动体可以是人，也可以是汽车、火车、轮船、收音机等在移动状态中的物体。移动通信系统由两部分组成：空间系统、地面系统。

移动通信具有以下特点。

（1）移动性：就是要保持物体在移动状态中的通信，因而它必须是无线通信，或无线通信与有线通信的结合。

（2）电波传播条件复杂：因移动体可能在各种环境中运动，电磁波在传播时会产生反射、折射、绕射、多普勒效应等现象，产生多径干扰、信号传播延迟和展宽等效应。

（3）噪声和干扰严重：在城市环境中的汽车火花噪声、各种工业噪声，移动用户之间的互调干扰、邻道干扰、同频干扰等。

（4）系统和网络结构复杂：它是一个多用户通信系统和网络，必须使用户之间互不干扰，能协调一致地工作。此外，移动通信系统还应与市话网、卫星通信网、数据网等互连，整个网络结构是很复杂的。

（5）要求频带利用率高、设备性能好。

5.2.1.2 分类

移动通信的种类繁多。按使用要求和工作场合不同可以分为以下几种。

（1）集群移动通信：也称大区制移动通信。它的特点是只有一个基站，天线高度为几十米至百余米，覆盖半径为 30 公里，发射机功率可高达 200 瓦。用户数量约为几十至几百户，可以是车载台或手持台。它们可以与基站通信，也可通过基站与其他移动台及市话用户通信，基站与市站有线网连接。

（2）蜂窝移动通信：也称小区制移动通信。它的特点是把整个大范围的服务区划分成许多小区，每个小区设置一个基站，负责本小区各个移动台的联络与控制，各个基站通过移动交换中心相互联系，并与市话局连接。利用超短波电波传播距离有限的特点，离开一定距离的小区可以重复使用频率，使频率资源可以充分利用。每个小区的用户在 1000 户以上，全部覆盖区最终的容量可达 100 万户。

（3）卫星移动通信：即利用卫星转发信号实现移动通信，对于车载移动通信可采用赤道固定卫星，而对手持终端，采用中低轨道的多颗星座卫星较为有利。

（4）无绳电话：对于室内外慢速移动的手持终端的通信，则采用小功率、通信距离近的、轻便的无绳电话机。它们可以经过通信点与市话用户进行单向或双向的通信。使用模拟识别信号的移动通信，称为模拟移动通信。为了提高通信质量和增加服务功能，目前大都使用数字识别信号，即数字移动通信。

5.2.2 移动通信技术发展

移动通信技术经历了以下几个阶段的发展。

1G：模拟制式的移动通信系统，得益于 20 世纪 70 年代的两项关键突破——微处理器的发明和交换及控制链路的数字化。风靡全球十几年的数字蜂窝通信系统，是在 20 世纪 80 年代末开发出来的。

2G：包括语音在内的全数字化系统，新技术体现在通话质量和系统容量的提升。GSM（Global System for Mobile Communication）是第一个商业运营的 2G 系统，GSM 采用 TDMA 技术。

2.5G：在 2G 基础上提供增强业务，如 WAP。

3G：移动多媒体通信系统，提供的业务包括语音、传真、数据、多媒体娱乐和全球无缝漫游等。3G 技术提供 2Mbps 标准用户速率（高速移动下提供 144Kbps 速率）。

4G：真正意义的高速移动通信系统，用户速率 20Mbps。4G 支持交互多媒体业务、高质量影像、3D 动画和宽带互联网接入，是宽带大容量的高速蜂窝系统。

5.2.3 适用于旅游业的移动技术

旅游与移动技术更广阔的合作前景有赖于移动网络技术的发展。目前，移动运营商在大力建设现有移动网络的同时，正大力进行新的移动网络技术的研发工作，使得在移动网络上能提供更多、更丰富的业务。目前，适用于旅游业的移动技术包括以下几种。

（1）移动通信技术

3G 移动通信技术支持数据网络和多媒体通信与移动网络融合，移动多媒体与移动 IP 将成为未来移动通信发展的必然趋势。在 3G 移动通信网络上，支持 2Mbps 以上更高分组数据业务，将为移动用户提供清晰的视频图形。移动旅游信息服务可以向旅游者提供虚拟导游服务，用语音、视频图像为旅游者提供丰富的实时解说；结合移动位置服务，移动旅游信息服务可以跟踪旅游者行踪，让旅游者在不同地点接收到准确及时的景点解说；同时，也能为旅游者提供图文并茂的酒店设施、用餐菜品、娱乐设施的介绍，让旅游者接收到大量的文字、图像、语音和视频信息。

（2）手机 App 业务

App 是 AMD 针对旗下图形处理器（GPU）所推出的通用并行计算技术。利用这种技术可以充分发挥 AMD GPU 的并行运算能力，用于对软件进行加速运算或进行大型的科学运算。App 就是应用软件，现在主要指的都是 ios Mac android 等系统下的应用软件。手机客户端作为登录移动互联网最便捷的方式，扼守着移动互联网的第一入口，为旅游企业进入营销时代开辟了一条康庄大道。手机客户端为旅游企业提供完善、便捷、多样、高效的移动营销，为依然徘徊在移动营销门外的企业提供了一条可供借鉴的营销模式和企业实现信息化的道路。

5.2.4 移动电子商务在旅游中的应用模式

由于各旅游企业现有的电子商务运用水平和深度不同，企业的规模不同，经济技术实力等会有较大差别，将移动电子商务应用到旅游中的模式也会千差万别。现阶段，旅游移动电子商务系统构建模式主要有：基于移动运营商的旅游移动电子商务模式，基于 PDA 的旅游移动电子商务模式和基于短信平台的旅游移动电子商务模式。

5.2.4.1 基于移动运营商的旅游移动电子商务模式

中国移动、联通等移动运营商具有强大的资金实力和技术基础，有覆盖面广的网络分布，能对移动电子商务活动提供较好的安全保障和成熟的认证支付体系，已建立的成熟的客服系统拥有完整的客户资料，最适宜于移动电子商务的开展。移动运营商具有参与移动电子商务竞争、争夺移动电子商务市场的实力。大型旅游企业可以利用自身专业经验和内容优势，向移动运营商申请成为服务提供商，成为移动运营商的合作伙伴，建立基于移动运营商的移动旅游电子商务平台，开展旅游移动服务。在这种模式的旅游移动电子商务中，移动运营商的主要工作在于移动网络的建设和维护，为移动信息的发送提供信息传输载体。而旅游企业利用其丰富的专业经验，对各个景区、企业提供的信息素材进行全面加工，完成信息整合的功能。

5.2.4.2 基于 PDA 的旅游移动电子商务模式

基于 PDA 的旅游移动电子商务是指 PDA 设备事先通过无线或有线下载景区旅游信息，游客在景区游玩过程中随时通过 PDA 运行相关软件获取所需信息；并且在无线网络覆盖的范围内，快捷地享受相关旅游服务。例如，旅游提供商可以通过文字、图片及音、视频手段，把景区详细的地理位置、文化背景、自然景观分布、特色旅游商品等相关旅游信息实时传送给游客，并基于移动导航服务系统，满足游客个性化的服务需求，增强旅游效果，树立良好的景区形象。同时，提供查找旅游线路、订餐、租车、订房等扩展增值服务。

5.2.4.3 基于短信平台的旅游移动电子商务模式

基于短信平台的旅游移动电子商务模式是指游客进入景区之后，将获得短信通知。如果短信平台与蓝牙基站、热点结合可以获得基于位置的短信服务，游客还可以通过短信回复、查询景区相关信息，进行信息交互互动。

5.2.5 移动电子商务的创新

5.2.5.1 移动电子商务在旅游中的服务创新

一般来说，在传统旅游电子商务方式下，只能为旅游者提供信息内容和交易等售前服务，而旅途中及旅游后缺乏相应的服务支持。在旅游过程中，难免出现游客不满意的状况，而问题如得不到及时解决，势必影响旅游活动的质量，严重破坏旅游企业的社会声誉。移动电子商务能提供基于现场的投诉手段和解决办法，通过移动设备与相关机构、人员进行协调，取得游客的理解与支持，使得后续旅游活动不受或少受影响。可见，旅游移动电子商务能提供全程 24 小时的创新服务，具体创新服务可分为以下 3 个阶段。

旅游前的创新服务：在旅游前，旅游者搜索、计划和预订旅程的每一部分，需要详尽的信息和交易服务。对于传统的旅游电子商务，由于大屏幕连接高速的互联网，在预览旅游地景色、预订机票和酒店、设计行程等方面更胜一筹。然而，移动旅游电子商务能提供更好的机会。如果旅游者在行前计划阶段对自己所感兴趣的目的地信息做标注，那么在途中就可以通过移动设备随时查询这些内容。另外，旅游企业也可以通过桌面互联网接入设备捕捉和整合某一个性化线路所需的旅行内容，并将这些信息同步传递到旅游者的移动设备中，以扩展旅游代理商和旅游信息供应商对整个旅游行程的影响。

旅途中的创新服务：首先，在旅途中，旅游者会发现传统旅游电子商务所提供的所有内容和便利全部消失了，而这个阶段旅游者才真正需要了解飞机检票、离港起飞的时间以及始发和终点港口的情况。同时，旅游过程的每一个环节都可能导致旅游行程被中断或改变。旅游移动电子商务提供商既能帮助用户节约时间，又能节省费用地处理这些旅途中的突发事件。其次，旅游者在旅游活动过程中还需要各种与当前所处地理位置直接相关的服务内容，具体可概括为安全救援服务、交通和导航服务、移动导游服务、移动广告服务、基于位置的信息查询服务等。最后，旅游者在旅游活动过程中，可能产生一些事先未设想到的消费欲望，如更改旅游线路、增加旅游景点、获得额外的信息与服务等。传统的旅游电子商务无法解决这些费用的支付问题，游客可能不得不放弃，从而留下遗憾。而移动电子商务能随时随地完成支付过程，这就使得旅游活动更加完美。

旅游后的创新服务：当旅游者拖着疲倦的身体返回时，旅游移动服务能让旅游者重温旅游中的美景，放松心情，减轻疲劳。另外，在旅游结束后，旅游移动服务能及时进行客户满意度调查，同时表达关切、友好之情，打消旅游者由于各种原因在旅途中产生的疑虑。另外，对不满意的客户，可为其提供一定的补偿服务，以重新得到这部分客户的认可。

5.2.5.2 基于移动电子商务的旅游营销创新

旅游市场营销是一种持续地、有步骤地进行的管理过程。旅游企业经营者可在此过程中通过市场调研，了解市场环境和顾客需要；通过市场细分，选择特定的市场，找准特定的位置，提供适合市场需要的产品和服务，使顾客满意、企业获利，而同时又为企业带来一定的社会效益。由于移动电子商务依赖的是特定的个人随身携带的移动设备而开展的商务活动，因而更容易实现个性化的营销，满足不同人的不同需要。基于移动的客户关系管理通过无线网络，更容易贴近客户，能主动地将关怀送给客户，并识别、记录、跟踪客户的个性化需求的变化，及时地帮助销售人员针对其提供个性化的旅游产品和服务。基于移动电子商务的旅游营销是速度最快的营销方式，可以提供最快、最广泛的个性化和自助式旅游服务，最终实现一系列创新性的旅游营销活动。

推（Push）业务能帮助旅游企业更好地开展促销活动。企业可将促销活动内容，如具体旅游景点信息、优惠活动信息、新旅游线路信息等，直接发送到用户随身携带的移动设备，做到100%命中目标群体、100%的阅读，使促销活动能更准确地定位到合适的人群中，节约了宣传费用。同时，有意向的客户可以立刻通过手机进行进一步了解和预订，减小了宣传活动与客户响应之间的时间差，避免了潜在客户的流失，提高了促销效果。

拉（Pull）业务特别适合于定制营销活动的开展。定制营销能使企业销售产品时变被动为主动，更好地迎合旅游者需求，旅游者不再满足于参加旅行社规定的旅游线路，听导游千篇一律的解说，而是有更高层次的要求，其中一个非常明显的趋势便是从成团旅游向自助游发展。移动电子商务的定制营销，由旅游者按个人意愿选择出游的路线、费用支付的方式，在其希望的地点、时间，将其需要的内容、信息提供给他，充分满足个人的需求与期望，从而体现出移动电子商务无处不在、无时不在的巨大优势。

交互式（Interactive）业务，为旅游产品的营销提供了快捷、有效的手段。在现代的市场营销活动中，旅游产品营销渠道是否畅通，直接关系到旅游企业的生存与兴衰，是关系到企业发展的重大问题。旅游产品营销渠道是指旅游产品从旅游生产企业向旅游者转移过程中所经历的各个中间环节连接起来而形成的通道，包括旅游经营商、旅游代理商、旅游者以及饭店、航空公司、酒店等。旅游者进行旅游活动的过程，也就是旅游产品的销售过程，在此过程中，旅游者随时有可能产生新的需求，如订餐、租车、改变旅游路线等，传统的旅游电子商务活动很难满足旅游者这种个性化的要求，而移动电子商务就可以利用旅游者自身携带的手机等移动设备，向相关旅游服务机构发出请求，并得到及时的应答和服务。

5.2.6 移动通信在旅游业中的应用

20世纪以来，伴随着计算机技术及通信技术的飞速发展，各传统产业均发生了翻天覆地的变化。为寻找新的业务增长点，各传统产业均围绕信息产业进行了大规模的产业调整。旅游业作为一种传统产业，近年来，在网络化及电子商务方面都进行了许多可贵的探索。以旅行社为主体的专业旅游网站和各种介绍旅游产品、旅游信息的综合性网站的出现，标志着旅游业正利用计算机技术及通信技术，使传统的旅游业务进入一个前所未有的信息化时代。值得注意的是，在信息化浪潮中，近几年全球移动通信业务发展迅猛。在中国，以中国移动和中国联通为代表的两家移动运营商建立了庞大的移动通信网络，并且在该网络上开通了语音通信业务以及各种数据业务。而移动电话因其携带方便、灵巧、联络及时等特点也已被普通百姓所接受。

5.2.6.1 手机旅游信息服务

就目前来看，手机旅游信息服务已经涵盖了旅游的六大要素，无论是旅游组织者，还是电信服务提供方，都会主动寻求合作，为消费者提供旅游信息服务。按照信息来源，手机旅游信息服务可分为以下三种。

（1）旅游组织者提供的手机旅游信息服务

目前，很多旅行社都有自己的旅游管理信息系统，在此基础上增加短信服务平台，就能实现手机信息服务功能。这个短信服务系统模式的工作原理是：首先，信息从旅游管理信息系统中发出，通过通信应用接口，进入短信服务平台。然后由短信服务平台将各类信息发送到短信服务中心，最后再发送到相应的地接社、客户和本旅行社工作人员的手机上。例如，旅游活动预订这一服务包括客房预订、票务预订、游程预订等。目前中国各大旅行社都相继推出了旅游线路短信预订服务。用户只需把自己的需求发送到该社的短信服务平台就会收到反馈电话。又如旅游祝福赠送，通过短信平台发送旅途祝福成为旅行社的人性化服务内容之一。再如景点导游，通过高技术的互动式语音应答业务使手机导游成为现实。

（2）内容服务商提供的手机旅游信息服务

从某种意义上说，旅游组织者提供的信息服务，最终还是为了更好地完成某一旅游活动，是旅游的一种辅助形式。内容服务商提供旅游信息的最终目的并不是要用户去完成某一具体的旅游活动，而是为用户提供一种与旅游相关、比旅游概念更广泛的信息服务。内容服务商提供的旅游信息更注重知识的传播，而传统旅行社提供的旅游信息则多与其旅游线路产品有关。

（3）旅游信息咨询

这类产品以文字信息为主，如景点介绍、旅游线路推荐、旅游小常识等。以新浪网为例，用户发送指定代码，每周就能固定收到旅游景点介绍、旅游线路推荐等各种相关信息。由于新型手机不仅能支持纯文字，还能下载彩信图片和铃声，这使得信息内容不再枯燥乏味。以前要买了门票才能看到的景色，现在通过手机短信下载就能在手机上欣赏，还能转发给亲朋好友做成手机屏保。如果用户对某一旅游地的特色民族音乐感兴趣，也可以下载。又如智力问答游戏，旅游类游戏是一种边缘性旅游信息产品，包括旅游知识问答、模拟现场游等。再如地图查询，手机信息业务在旅游交通中也发挥了巨大的作用。游客哪怕身处一个陌生城市，也能将全城的"食、住、行、游、购、娱"一网打尽。

手机旅游信息服务给旅游业带来了巨大的影响，其中包括创造新型旅游服务形式。手机时代的到来产生了"拇指经济"，随着手机用户规模的扩大和使用率的提高，手机旅游信息增值服务的市场发展空间也在迅速增长，有可能成为继传统旅行社服务、网络旅游服务之外的第三种新型旅游服务形式。

（1）拓宽传统旅游营销渠道：旅游企业能够通过手机短信、手机电视等信息服务进行"无线互动营销"，以吸引大规模的手机用户。另外，通过建立短信平台系统，使企业经营朝着多样化、科技化、智能化方向发展。

（2）增加旅游业产值：和传统的旅游企业相比，手机旅游信息服务企业的用户基数大、服务周期长、利润率高，它将手机用户聚集起来形成庞大的潜在旅游消费群体，从而增加旅游收入。

（3）形成新的休闲方式：手机用户可以足不出户环游世界。人们可以使用手机下载、浏览旅游目的地的风景图片和视频，参与旅游智力问答游戏等，这逐渐成为一种新的休闲方式。

（4）手机电子地图：具有语音提示功能，就像飞机上装了导航仪一样。手机订票系统也将更完善，纸质票有可能被电子票所替代。电子导游让旅游的每个过程都变得更方便、更有乐趣。

5.2.6.2 手机 App 在旅游信息传播中的应用

App，即以手机等移动通信设备为使用平台的无线应用软件，旅游类 App 是以提供旅游资讯服务为主的行业应用软件。问及旅游类 App 未来的发展趋势，多位业内专家都不约而同用"移动和旅行具有高契合度"回答了这个问题，而开发覆盖旅途各个环节的 App 应用群则是主要的发展方向。通过 App，旅行社、旅游景点、酒店、电商可以为用户提供能装进口袋的服务，只要拥有智能移动终端设备，就能将旅游咨询、打折信息、网友攻略、旅行社服务带在身上。更有甚者，下载同一款 App 的游客，能实时与出现在同一景点的游客进行沟通交流，拼车、拼玩。在实现信息共享的同时，增加了旅游的乐趣。通过为用户提供全方位的服务，从而增强用户的忠诚度，达到口碑宣传、拓展用户市场的目的。

高端智能手机用户规模的快速增长，使移动互联网炙手可热，更带动了移动应用的快速及多样化发展。2010 年，中国手机应用下载规模突破 8.63 亿次，到 2013 年，应用下载量达到 200 多亿次，类别涉及商业、图书、教育、游戏、娱乐、医疗等各个领域。而另一个可以与之抗衡的 Android 应用商店，上线 App 也多达几十万款。自以苹果为代表的手机 App Store 模式引发了这场软件消费革命以来，从一开始的小型游戏应用，到移动社交应用、微博手机客户端，各种完全足以替代 PC 软件的办公化实用 App 开始出现，互联网公司、终端厂商和运营商都在积极推动零售模式在移动应用市场的发展。全新的移动互联网时代已经到来。

对于营销人来说，智能手机应用的主流用户群体普遍拥有较强的经济购买实力，且思想活跃，因此将广告促销或品牌信息投放到手机应用程序上显然收效更明显。另外，App 形式丰富多样，可以针对不同群体设计不同的 App 广告形式，这样精准性更强。例如，通过微博、SNS 等方式分享给他人，这种基于社会化关系链的信息分享和传播，会使广告效益实现裂变式增长。目前，苹果、谷歌、宝马、可口可乐等广告主纷纷进军 App 营销领域，截至 2015 年程序内嵌广告收益将达到 240 亿美元。App 不会是今后互联网应用、抑或营销通路的全部，但必将成为用户的主流选择。未来，Web Store 将与 App Store 并行发展。随着手机网民渐呈超越 PC 网民之势头，移动媒体很快将成为跨媒介营销的主角之一。

以去哪儿网近期发布的 iPhone 3.6 版手机客户端为例，不仅可以搜索、购买机票，还能实时查询到达航站楼、机型、准点率、是否含餐食、飞行时间等信息；在酒店导航上，可以为用户提供人性化搜索、定位功能；还加入了去哪儿网的团购产品，使用户可以直接在手机上查询购买所提供的特价酒店、景点门票、旅游线路、机票等旅游团购产品。用户可随时获得去哪儿网提供的各种实用旅行信息，并有机会与家人和朋友分享。它不仅能全方位、全天候地提供满足用户需求的服务，还能让营销创意和形式更具个性化、更精准，"贴身"、"关注"将贯穿于用户体验的始终，而这也是以往任何营销媒介都无法比拟和超越的。

国家旅游局政策法规司、国家统计局城市社会经济调查司等机构通过调查发现，2010 年国内旅游突破 21 亿人次。在浩浩荡荡的旅行大军中，非旅行社组织的出游者占 80% 以上，像旅游无线客户端这样的旅行帮手的作用会逐步凸显，旅行无线化让旅游变得更简单，并将在市场上占得先机。

从旅游类 APP 平均下载排行榜看，去哪儿旅行排在第 1 位，单个平台平均下载量为 351 万次，排在第 2 位的是携程无线，单个平台的平均下载量为 131 万次，仅为去哪儿旅行下载量的 37.32%。艺龙旅行以 32 万次的平均下载量排在了第 3 位。米途订酒店以酒店预订的独特定位排在了第 4 位，平均下载量为 26 万次。这一排行榜显示出旅游类 App 应用程序呈现多样化的发展趋势，有综合性的旅游类 App，如去哪儿旅行、淘宝旅行等；有专门预订类 App，如米途订酒店、国航无线；有旅游攻略类 App，如旅游攻略；有语言翻译类 App，如旅行翻译官；有分享类 App 在路上等。旅游类 App 软件的用户好评率的整体水平在 85% 左右，可见其满足了用户的基本需求，但仍需继续完善，以提高用户的体验。移动互联网的到来，改变了在线旅游的游戏规则，旅游类 App 应用程序呈现迅速的增长和多样化的发展趋势，独特的细分定位、较高的用户体验是旅游类 App 应用程序的未来发展方向。

旅游行业在 App 应用上投入颇多，并试图从用户旅游的各个方面接触用户，包括旅游规划、预订以及分享旅行体验。2012 年 5 月，Nielsen 的调研发现，美国旅游 App 应用在行业 App 应用中使用率年度增长率最高，为 116%，超过总体 App 应用的增长率（84%）。而旅行者也不仅仅使用他们的智能手机在移动状态下预订，ComScore 的调研发现美国旅行者经常使用他们的智能手机来进行移动酒店相关的搜索，如寻找酒店附近的地点或吃饭的地方。与之对应，旅游营销者在旅行 App 中整合了社会化媒体、礼宾服务、定制化优惠券和其他深度的服务，从而为客户提供服务接触点和品牌忠诚度计划。

目前，国内携程旅行网、去哪儿网、驴妈妈旅游网等均推出了提供不同服务的 App 软件，如旅游资讯查询，景区服务查询、门票打折优惠、机票酒店查询预订等，并且均通过优惠的方式吸引用户下载 App 软件，占领用户的智能终端。用户一旦安装了旅游企业提供的 App 软件，就能获得旅游资讯的实时推送、最新优惠活动等服务。快捷的互动式体验，让旅游类 App 软件已然成为企业 App 软件的领航者。

不过，虽然各个在线旅游企业都希望在 App 软件市场上能形成全面进攻之势，但从现阶段的产品来看，依然存在在线旅游服务代理商、垂直搜索等较为明显的优势划分。需要注意的一点是，从市场的角度，App 无疑已成了在线旅游企业另一个强有力的竞争平台，而对用户来说，选择多了，要求自然也就高了。未来旅游类 App 的开发和应用将牢牢把握"安全"和"便捷"这两大要素。各大服务商也在为用户安全地使用手机支付作出了更多的努力。旅游服务商已经将他们提供的 App 从简单的展示类工具发展到消费工具，为企业创造利润。

5.2.7 移动通信技术在旅游信息传播中的前景展望

旅游业作为信息依存度极高的信息密集型和信息依托型产业，尤其能感受到信息时代和技术进步的机遇和召唤，旅游目的地和旅游企业必须认识到推动信息化战略的重要性，以实现效率和效益的突破性提高。手机旅游信息服务目前还处在新兴时期，普及率不高，但手机用户规模仍在不断增大，这将使手机增值服务的市场空间不断增长。将手机运用到旅游信息的传播中能为企业带来较高的利润，将使企业经营朝着多样化、科技化、智能化方向发展；同时为旅游者带来新的信息渠道，使旅游者可以足不出户环游世界。

5.3 物联网技术

5.3.1 物联网技术基础

5.3.1.1 基本概念

物联网是新一代信息技术的重要组成部分，其英文名称是"the Internet of

things"。中国物联网校企联盟将物联网定义为当下几乎所有技术与计算机、互联网技术的结合，实现物体与物体之间的环境以及状态信息的实时共享以及智能化的收集、传递、处理、执行。广义上说，当下涉及信息技术的应用，都可以纳入物联网的范畴。另外，顾名思义，物联网就是物物相连的互联网。这包含两层意思：第一，物联网是一个基于互联网、传统电信网等的信息承载体，是能够让所有被独立寻址的普通物理对象都能实现互联互通的网络，其具有智能、先进、互联三个重要特征；第二，其用户端延伸和扩展到了任何物品之间。物联网通过智能感知、识别技术与普适计算、泛在网络的融合应用，被称为继计算机、互联网之后世界信息产业发展的第三次浪潮。物联网是互联网的应用拓展，与其说物联网是网络，不如说物联网是业务和应用。因此，应用创新是物联网发展的核心，以用户体验为核心的创新2.0是物联网发展的灵魂。

物联网的本质概括起来主要体现在三个方面：一是互联网特征，即对需要联网的"物"一定要能够实现互联、互通的互联网络；二是识别与通信特征，即纳入物联网的"物"一定要具备自动识别与物物通信的功能；三是智能化特征，即网络系统应具有自动化、自我反馈与智能控制的特点。

5.3.1.2 特点

和传统的互联网相比，物联网有其鲜明的特点。

首先，它是各种感知技术的广泛应用。物联网上部署了海量的多种类型传感器，每个传感器都是一个信息源，不同类别的传感器所捕获的信息内容和信息格式不同。传感器按一定的频率周期性采集环境信息，并不断更新数据，即获得的数据具有实时性。

其次，它是一种建立在互联网上的泛在网络。物联网技术的重要基础和核心仍旧是互联网，通过各种有线和无线网络与互联网融合，将物体的信息实时、准确地传递出去。物联网上的传感器定时采集的信息需要通过网络传输，由于其数量极其庞大，形成了海量信息，在传输过程中，为了保障数据的正确性和即时性，必须适应各种异构网络和协议。

再次，物联网不仅仅提供了传感器的连接，其本身也具有智能处理的能力，能够对物体实施智能控制。物联网将传感器和智能处理相结合，利用云计算、模式识别等各种智能技术，扩充其应用领域。从传感器获得的海量信息中分析、加工和处理出有意义的数据，以适应不同用户的不同需求，发现新的应用领域和应用模式。

最后，物联网的精神实质是提供不拘泥于任何场合、任何时间的应用场景与用户自由的互动，它依托云服务平台和互通、互联的嵌入式处理软件，弱化技术色彩，强化与用户之间的良性互动。更佳的用户体验，更及时的数据采集和分析建议，更自如的工作和生活，是通往智能生活的物理支撑。

5.3.1.3 物联网分类

私有物联网：一般面向单一机构内部提供服务。

公有物联网：基于互联网向公众或大型用户群体提供服务。

社区物联网：向一个关联的"社区"或机构群体（如一个城市政府下属的各委办局：公安局、交通局、环保局、城管局等）提供服务。

混合物联网：上述的两种或以上的物联网组合，但后台有统一运维实体。

5.3.2 物联网技术的发展与应用

5.3.2.1 初期问题

物联网行业主要面临着三大矛盾：标准不统一、技术不统一、市场不统一。

标准不统一主要表现在中小型企业按照不同的标准设计生产；大型企业的标准虽然逐渐成为该领域的行业标准，但是依然难以带动所有物联网领域标准的统一。同时，一些公司在发展过程中也需要制定自己公司产品的标准，把握行业动向，选择和制定正确的标准，对公司今后的扩张以及合作是很重要的。

技术不统一主要表现在某领域中由于原理和适用场合的不同往往采用不同的技术完成相同的功能，而这些产品并不具有相同的兼容性，即无法与其他领域的产品进行集成，从而阻碍了物联网系统的建立与扩展。

市场不统一主要表现在当下物联网行业虽然市场庞大，但都是不同领域进行简单相加的结果。例如，传感器、射频识别技术（RFID）、互联网、生物识别等产品虽然市场巨大，但是这个巨大的物联网市场是被打散的。

针对上述问题，中国物联网校企联盟提出了三大整合的思路。所谓的"三大整合"是指技术整合、市场整合、标准整合。在这"三大整合"中，标准整合是核心，技术整合是途径，市场整合是孕育物联网的重要环境和第一推动力。

5.3.2.2 相关产品

物联网概念这几年可谓是炙手可热，物联网家电也是风生水起，从狭义上讲，物联网家电是指应用了物联网技术的家电产品。从广义上讲，是指能够与互联网连接，通过互联网对其进行控制、管理的家电产品，且家电产品本身与电网、使用者、处置的物品等能够实现物物相连，通过智慧的方式，达成人们追求的低碳、健康、舒适、便捷的生活方式。

5.3.2.3 物联网环境

业内专家认为，物联网一方面可以提高经济效益，大大节约成本；另一方面可以为全球经济的复苏提供技术动力。美国、欧盟等都在投入巨资深入研究探索物联网。我国也正在高度关注、重视物联网的研究，工业和信息化部会同有关部门，在新一代信息技术方面正在开展研究，以形成支持新一代信息技术发展的政策措施。

此外，物联网普及以后，用于动物、植物、机器和物品的传感器与电子标签及配套的接口装置的数量将大大超过手机的数量。物联网的推广将会成为推进经济发展的又一个驱动器，为产业开拓了又一个潜力无穷的发展机会。按照对物联网的需求，需要以亿计的传感器和电子标签，这将大大推进信息技术元件的生产，同时增加大量的就业机会。

物联网拥有业界最完整的专业物联产品系列，覆盖从传感器、控制器到云计算的各种应用，涉及产品服务智能家居、交通物流、环境保护、公共安全、智能消防、工业监测、个人健康等各种领域，具有"质量好、技术优、专业性强，成本低，满足客户需求"的综合优势，可持续为客户提供有竞争力的产品和服务。物联网产业是当今世界经济和科技发展的战略制高点之一，据了解，2011 年，全国物联网产业规模超过了 2500 亿元，预计 2015 年将超过 5000 亿元。

5.3.2.4 广泛应用

物联网用途广泛，遍及智能交通、环境保护、政府工作、公共安全、平安家居、智能消防、工业监测、环境监测、老人护理、个人健康、花卉栽培、水系监测、食品溯源、敌情侦查和情报搜集等多个领域。

物联网把新一代 IT 技术充分运用在各行各业之中，具体地说，就是把感应器嵌入和装备到电网、铁路、桥梁、隧道、公路、建筑、供水系统、大坝、油气管道等各种物体中，然后将"物联网"与现有的互联网整合起来，实现人类社会与物理系统的整合。在这个整合的网络当中，存在能力超级强大的中心计算机群，能够对整合网络内的人员、机器、设备和基础设施实施实时的管理和控制，在此基础上，人类可以以更加精细和动态的方式管理生产和生活，达到"智慧"状态，提高资源利用率和生产力水平，改善人与自然间的关系。

5.3.2.5 发展

2010 年 6 月 22 日在上海开幕的中国国际物联网大会指出：物联网将成为全球信息通信行业的万亿元级新兴产业。到 2020 年之前，全球接入物联网的终端将达到 500 亿个。我国作为全球互联网大国，未来将围绕物联网产业链，在政策市场、技术标准、商业应用等方面重点突破，打造全球产业高地。

物联网是继计算机、互联网和移动通信之后的又一次信息产业的革命性发展。物联网被正式列为国家重点发展的战略性新兴产业之一。物联网产业具有产业链长、涉及多个产业群的特点，其应用范围几乎覆盖了各行各业。

5.3.3 物联网技术在旅游业中的应用

5.3.3.1 基于物联网技术、启动"智慧旅游"城市建设

北京市"智慧旅游"城市建设及首批建设项目于 2011 年 10 月 11 日启动，3 年内北京市所有的景区、宾馆及机场、车站都将覆盖无线宽带网，游客将可通过网上下载，利用自助导游讲解系统和自助导览系统游览京城。该项目将以"智慧北京便利旅游"为目标，利用信息化、物联网技术手段，推动现代信息技术在旅游产业的应用。

"智慧旅游"城市建设项目介绍：

配齐一张屏（触摸屏），建好两个网（无线宽带网和北京旅游信息网），开发三个系统（自助导游讲解系统、城市自助导览系统、网络虚拟旅游系统），推进四个数字（数字景区、数字酒店、数字旅行社、数字乡村），推出一卡一亭（一卡通和北京礼物网上特色商亭），唱响一台戏（北京旅游游戏软件）。

建设、安装无线宽带网和旅游信息触摸屏，为"智慧旅游"城市建设铺路搭桥。首先，在 3 星级以上饭店、A 级以上景区建设开通无线宽带网、装配旅游信息触摸屏。其次在此基础上，在所有的景区、宾馆饭店、机场、车站等公共场所建设开通无线宽带网、安装旅游信息触摸屏，为旅游者随时随地通过信息触摸屏登录北京旅游信息网或手机上网提供便利的条件。

建立全新的北京旅游信息网。利用、融合旅游行政管理信息和旅游企业信誉公示信息，丰富北京旅游信息网的旅游信息和旅游服务内容，将"实用、时效、诚信、便利、实惠"打造成北京旅游信息网在旅游者心目中响亮的品牌，旅游者只要登录北京旅游信息网，就能放心地查询旅游信息，预订旅游服务，下载旅游软件，上传意见反馈和旅游投诉。为此还要构建旅游信息数据库，建设旅游公共服务信息平台，进行相应的机制体制改革，并制定严格的规章制度，以维护北京旅游信息网内容的权威性和可信度。

推广使用景区自助导游讲解系统。开发景区自助导游讲解软件并投放到北京旅游信息网上，供旅游者下载，或在旅游信息触摸屏上复制。购置景区自助导游讲解手机投放到各旅游咨询站，供旅游者租借使用。旅游者通过景区自助导游讲解软件或手机，可以根据手机里的导览图进行游览，每到一个景点，手机将自动播放讲解，从而体验到"智慧北京，快乐畅游"所带来的愉悦。

研制生产城市自助导览系统。以北京市地理背景及历史、人文、民俗、建筑为内容，挖掘北京深厚的文化底蕴（请历史文化名人编写，并编辑出版），利用

GPS 定位等技术，制作城市自助导览手机和软件供旅游者租借或下载，旅游者在城市自助导览手机的引导下对城市进行游览，每到一讲解点，手机就自动播放讲解，让旅游者很方便地感受到北京旅游的文化内涵，增加旅游者对"智慧北京，快乐畅游"的受益度。

开发网络虚拟旅游系统。利用 3D 制图技术，开发北京城市及景区三维网络虚拟导游导览系统，旅游者可以在北京旅游信息网上对北京城市和景区进行游览，三维虚拟导游导览系统的音乐解说效果和视觉的逼真度将让旅游者充分感受"智慧北京，快乐畅游"带来的快感。

推出北京旅游"一卡通"。做到"一卡"在手，快乐畅游，旅游者购买北京旅游"一卡通"，就能在北京官方认定的地方享受到便捷的服务、承诺的优惠。

打造"北京礼物"网络购物亭。依托北京旅游信息网，推出数个各具特色的"北京礼物"购物亭，旅游者可购买到货真价实、特色突出的北京礼物。

研发"智慧北京，快乐畅游"游戏软件。将北京城市、景区的相关故事编入游戏，针对各旅游企业的实景、历史故事和人物故事分别设置游戏中不同的场景和关卡，旅游者通过到该企业场景游览、与人物交流，掌握其故事并过关，从而获得积分，最后将获得的各旅游企业积分累加，兑换成不同企业的不同优惠度的电子优惠券，在规定的时间内到北京来完成实际的旅游，享受通过战胜游戏得到优惠旅游的喜悦。

逐步推进数字景区、数字酒店、数字旅行社、数字乡村四个数字建设。与有关科研机构、生产单位合作，推出游客动态管理系统，安全警示、引导标识及监控系统，自动导游导览及网上虚拟游览系统等，促进四个数字规范化建设。

完成北京市"智慧旅游"城市建设规划，建立一个集研究、生产于一体的北京旅游科技产品研发中心，为后续的"智慧旅游"城市建设建立保障机制。

5.3.3.2 海南借力物联网建设智慧国际旅游岛

物联网正成为我国乃至全球信息产业的新亮点。2010 年 5 月 15 日，上午，在海口举行的"世界电信日"主题论坛上，来自国内的权威专家就物联网如何助力国际旅游岛建设畅谈构想，一个"智慧国际旅游岛"的蓝图展现在人们眼前。采用泛在的识别技术，将赋予国际旅游岛上的酒店、景点、商场等唯一的固有识别码，由后台系统自动识别，用户通过移动装置读取实体位置或物体上的资讯标签，将真实世界的资讯或内容进行数字化处理后与虚拟现实空间结合，以获取便捷、个性化的资讯服务。游客可以通过手机读取二维码，获取包含商店资讯、地图路线、观光资讯、设施导游等旅游信息，在欣赏国际旅游岛优美自然风光的同时，感受另一个智慧国际旅游岛。

目前，海南省正在联合国内相关科研机构制定海南物联网服务国际旅游岛建设总体规划，计划将物联网应用与海南国际旅游岛战略相结合，建立一个面向游客的旅游融合平台。据了解，该平台不仅融合三网，还将融合党政系统、家庭应用等局域网络，今后来海南岛旅游的游客将可通过此服务平台方便地选择需要的服务，而不需要繁琐地与各个商家进行单独交易。

5.3.3.3 盛大借助物联网进军旅游业打造云旅游

盛大进军旅游业是从虚拟世界迈向现实世界的关键一步，其旅游业务不会重复传统模式，而是将创新运用"云服务"打造虚实结合的新旅游消费概念。盛大旅游的主要载体云游天地（中国）有限公司（以下简称"云游天地"）起步于网游，而这与旅游有相通之处，只是在另一个不同的环境体验而已，因此盛大从很久以前就有进军旅游业的计划。"旗下业务涵盖互联网游玩区、线下创新旅游度假产品及相关服务等多个方面。"云游天地不会以目前市场上所看到的住宿、出行、电子商务、景区等传统形式运作，而是借助互联网和物联网等创新科技及运营理念，打造以基于"云旅游"为标志的互动旅游。"云旅游"提供的是"云服务"，就是运用"云计算"技术使得线上和线下的虚拟与现实相结合的旅游解决方案，形成对旅游全过程的服务整合，以基于云端海量的旅游资讯及最具活力的互动运营平台，根据用户的位置、行为信息，为互联网时代的用户提供随时随地休闲度假游乐的全程服务。简单来说，就是通过技术手段让身处度假酒店内的客人与其他空间的客人形成互动、沟通等。

国内首个物联网互动娱乐主题公园落户无锡

盛大网络牵手无锡，规划在蠡湖边共建"国内第一个基于物联网的互动娱乐主题示范园区"。他们认为，互联网娱乐实现了突破空间限制的现实世界虚拟化，而与物联网技术的结合，将实现虚拟世界现实化与现实世界虚拟化的有机结合，引导全新娱乐方式的革命。回顾10年的发展，互联网行业成就的巨头集中在文化产业和运营领域，而并非技术和设备制造企业。为此，第三次浪潮物联网的出路仍然在于运营商，最早的产业突破点也依然在文化产业。无锡位于长三角核心地段，地理位置优越、经济发达，是年游客数量达到4000万人次以上的著名旅游城市，更是中国物联网技术"感知中国"的核心研发基地，其综合优势得天独厚。

娱乐区突出互动，主题公园拼科技。从规划方案中可看到，该项目互动娱乐开发一期投资约1010亿元，整个项目完成将需要5年时间。一期主题内容将包括1800座高科技互动秀大剧场、200座网络互动多功能虚实互动小剧场、电子竞技馆、巨星互动KTV、作家创作山庄和配套餐饮、虚拟之眼水景、盛大游戏场景现实体验、虚拟现实婚礼、模拟CS战场等互动主题室外活动、影视拍摄外景地、露天音乐会。二期将有互动健身馆、网络互动影院、互动休闲棋牌吧、互动餐厅，主要突出与游客的互动。整个互动娱乐主题旅游区，就是一个综合的虚拟与现实相结合的游戏社区。

如果说第一代旅游景点是人与景观的互动，第二代传统主题乐园是人与设备的互动，那第三代互动娱乐主题旅游区的核心应该是最高层次的人与人的互动，其吸引力、生命力都将有望产生本质的提升。

5.4 GIS 技术

5.4.1 GIS 技术基础概念

5.4.1.1 概念

地理信息系统（GIS）又称"地学信息系统"或"资源与环境信息系统"。它是一种特定的十分重要的空间信息系统。它是在计算机硬、软件系统支持下，对整个或部分地球表层（包括大气层）空间中的有关地理分布数据进行采集、储存、管理、运算、分析、显示和描述的技术系统，由以下五部分组成。

人员：是 GIS 中最重要的组成部分。开发人员必须定义 GIS 中被执行的各种任务，开发处理程序。熟练的操作人员通常可以克服 GIS 软件功能的不足，但是相反的情况就不成立。最好的软件也无法弥补操作人员对 GIS 的一无所知所带来的副作用。

数据：精确的、可用的数据可以影响查询和分析的结果。

硬件：硬件的性能会影响处理速度、使用是否方便及可能的输出方式。

软件：不仅包含 GIS 软件，还包括各种数据库，绘图、统计、影像处理及其他程序。

过程：GIS 要求明确定义一致的方法来生成正确的可验证的结果。

5.4.1.2 分类

按功能来分，GIS 可分为专题地理信息系统（管理专题数据的地理信息系统，如出租车监控系统、地下管线系统等）、区域地理信息系统（在内容、结构、功能以及服务目标和对象上，具有区域综合特点的地理信息系统，如以流域、城市、行政区域、经济区直至以全球为单元的区域地理信息系统）、地理信息系统工具（GIS Tools）。

按内容来分，GIS 可分为城市信息系统（在计算机软硬件支持下，把各种与城市有关的信息按照空间分布及属性，以一定的格式输入、处理、管理、空间分析、输出的计算机技术系统，是用以反映城市规模、生产、功能结构、生态环境及其管理的信息系统）、自然资源查询信息系统、规划与评估信息系统、土地管理信息系统（土地管理的特色是对土地空间特性的管理。土地空间特性，包括土地的地理位置、相邻关系、土层的划分及与土地相关的各种空间属性和人文属性。土地的这种空间特性，为 GIS 的应用提供了广阔的天地）。

5.4.1.3 特点

系统以分析模型驱动，具有极强的空间综合分析和动态预测能力，并能产生高层次的地理信息；公共的地理定位基础，具有采集、管理、分析和输出多种地理空间信息的能力；以地理研究和地理决策为目的，是一个人机交互式的空间决策支持系统。

5.4.1.4 主要功能及相关应用

空间分析能力是 GIS 的主要功能，也是 GIS 与计算机制图软件相区别的主要特征。空间分析是从空间物体的空间位置、联系等方面去研究空间事物，并对空间事物作出定量的描述。一般地讲，它只回答 What、Where、How 等问题，但并不能回答 Why。空间分析需要复杂的数学工具，其中最主要的是空间统计学、图论、拓扑学、计算几何等，其主要任务是对空间构成进行描述和分析，以达到获取、描述和认知空间数据，理解和解释地理图案的背景过程，空间过程的模拟和预测，调控地理空间上发生的事件等目的。

空间分析技术与许多学科都有联系，地理学、经济学、区域科学、大气学、地球物理学、水文学等学科均为其提供知识和机理。除了 GIS 软件捆绑空间分析模块外，也有一些专用的空间分析软件，如 GISLIB、SIM、PPA、Fragstats 等。地理信息系统（GIS）与全球定位系统（GPS）、遥感系统（RS）合称3S 系统。一个地理信息系统（GIS）是一种具有信息系统空间专业形式的数据管理系统。

在严格的意义上来讲，这是一个具有集中、存储、操作和显示地理参考信息的计算机系统。地理信息系统技术能够应用于科学调查、资源管理、财产管理、发展规划、绘图和路线规划。

5.4.2 GIS 的发展与应用

通过与流动装置的结合，地理信息系统可以为用户提供即时的地理信息。一般汽车上的导航装置都是结合了卫星定位设备和地理信息系统的复合系统；汽车导航系统是地理信息系统的一个特例，它除了一般的地理信息系统的内容以外，还包括各条道路的行车及相关信息的数据库。这个数据库利用矢量表示行车的路线、方向、路段等信息，又利用网络拓扑的概念来决定最佳行走路线。

许多学科的发展受益于地理信息系统技术。活跃的地理信息系统市场促进了GIS 组件的硬件和软件的低成本和持续改进。这些发展反过来促进这项技术在科学、政府、企业和产业等方面更广泛的应用，主要包括房地产、公共卫生、犯罪地图、国防、可持续发展、自然资源、景观建筑、考古学、社区规划、运输和物流方面。随着 GPS 功能与日益强大的移动电子的整合，这些服务将继续发展，运用范例包括以下几种。

（1）Web 地图

近些年，地图应用爆炸性的蔓延于网站，如 Google 地图和 Bing 地图。这些网站使公众获取了大量的地理数据。其中，Google 地图和 Open Layers 等，公布了API，使得用户能够创建自定义的应用。这些工具包一般提供街道地图、天线/卫星图像、地理编码、搜索和路由的功能。其他出版网络上的地理信息的应用包括Cadcorp 的 GeognoSIS，ESRI 的 ArcIMS 服务器，Google 地球，Google 融合表和开源的替代品 Map Server，Mapnik，Geo Server。

（2）全球气候变化预测

地图通常被用于探索地球和开发利用地球资源。地理信息系统技术，作为一个扩展的地图科学，提高了工作效率和传统地图的分析能力。当科学界识别影响气候变化的人为活动的环境后果时，地理信息系统技术正在成为一个理解环境随时间变化的基本工具。地理信息系统技术使各种来源的资料能够与现有地图和来自地球观测卫星的最新信息随着气候变化模型的输出结合。这可以帮助人们在复杂的自然系统中了解气候变化带来的影响。其中一个经典的例子就是对北极冰层融化的研究。一个地理信息系统结合卫星图像的地图形式的输出让研究人员以前所未有的方式查看他们的研究对象。这些照片对于传输气候变化的效果给非科学工作者也是非常重要的。

（3）地理信息查询

GIS 的搜索数据库并进行地理信息查询的能力，为许多公司节约了百万计美元。GIS 可以缩短回答客户请求的时间；找到适合于开发的土地；在粮食、土壤和天气之间找寻相关关系；电气线路故障定位；房地产经纪人可以用 GIS 在一定的区域内寻找满足特定条件的所有房屋并列出它们的所有特点。查询可以通过增加准则来进一步细化，如每平方英尺的房价少于 100 美元的房屋；房屋离学校在一定的距离之内。许多采用了 GIS 的机构发现其主要效益之一是改进了自身机构和资源的管理。由于 GIS 具有将数据集合和地理信息链接起来的能力，通过产生可共享的数据库，一个部门可从另一个部门的工作中得到好处，这是由于数据只需采集一次，但应用多次。由于个人和部门之间的通信在增加，冗余被减少，生产力得以提高，整体组织的效率也在提升。

5.4.3 GIS 在旅游业中的应用

5.4.3.1 基于 GIS 的数字城市旅游信息服务系统的设计与实现

　　传统的城市旅游地图所提供的旅游信息，存在以下问题：传统的城市旅游地图的现势性不强，"这是由于旅游地图的编制和生产周期过长，而社会的发展迅速，交通形式等条件变化很快，导致与实际情况不符，降低了旅游者旅游过程中的满意度"[393]；"而随着旅游者对于旅游的认识越来越具有主动性，迫切要求管理者提供具有丰富表现力的地图，能多层次、多角度地展现自然景观和人文景观"[394]；传统旅游地图通常只是提供旅游景点的信息，其他要素体现得不够，已经不能满足旅游者个性化的需求"。随着现代旅游中散客和自助游客的增多，旅游行为的个性化趋势增强，"很多游客，尤其是青年游客，热衷于自驾游，为了提高旅游效率和满意度，不愿意聘用导游或随同旅游团队的线路和节奏，喜欢自己查询和搜集信息，然后作出决策，自己来设计旅游线路。GIS 系统的出现和越来越多的应用使得这些问题有了一个较好的解决方案。"[395]

　　通过 GIS 技术可以完成以下任务：城市空间信息的有效组织与管理；城市信息的有机分类与表达；各类空间实体的定位查询与信息检索；空间信息的动态更新与发布；企业和公众对空间信息的共建共享；建立面向全社会的空间信息服务体系。以基于 GIS 的数字济南旅游信息服务系统为例，其应该满足如下的总体功能需求：能够为用户提供最新的、现势性很强的旅游信息；不但能提供旅游景点的信息，而且能够提供与旅游相关的旅游设施等方面的旅游信息；能够通过一定的技术手段，丰富旅游信息的表现能力；能够为用户出游提供决策。数字济南旅游信息服务系统的建立是以游客为中心，为旅游者提供旅游活动过程中所涉及的一些旅游信息和相关服务项目，尽量方便旅游者的食、住、行、购、娱等活动，为其创造一个舒心愉快的旅游环境，"该系统就是在综合考虑了旅游者出外旅行所需要的各种信息的前提下，为方便旅游者的出外旅游而设计开发的"[396]。在进行信息的查询时，旅游者可以选择不同的方式来检索所需要的旅游信息，如按名称查询、点击查询、矩形查询、圆查询以及多边形查询等，系统可以根据的旅游者操作，快速、有效地检索出最新旅游信息，并以简洁明了的用户应用界面显示出来，供旅游者查阅，并且系统还具有空间分析的功能，如距离量算、面积量算、缓冲区分析、最优路径等，便于旅游者进行决策。

济南市旅游信息系统

　　济南市旅游信息系统采用非常人性化的交互式查询方式，对于广大的普通旅游者，即使计算机水平不是非常的专业，也可以很方便地利用该系统进行旅游信息的查询，"利用该系统可以实现方便快捷的旅游信息管理、查询、显示等，又能借助于多媒体，如图片、声音、视频等文件来增加旅游景点的表现力，从而吸引更多的游客来济南旅游，方便游客的出行选择，树立济南市现代化旅游的新形象"[181]。在系统进一步完善和补充后，可以满足旅游资源管理部门日常的办公需要，实现对旅游资源的信息化管理，并提供辅助决策。"旅游信息系统设计的任务就是充分利用和发挥系统分析的成果，把这些成果具体化和结构化，通过综合性地、系统地运用有关学科的知识、技术和经验，创造满足设计目标的硬件、软件和数据库系统。"[397]

系统在 GIS 平台下，将各种专题图件和相关信息引入计算机中处理，使图像与数据库有机结合，实现计算机一体化管理，"将数据的输入、编辑、制图、查询等有效集成为统一的界面，利用简捷的菜单、方便的操作便能完成复杂的空间数据与属性数据的处理工作，使许多复杂的计算由系统自动或半自动处理，从而完成数据库的建立和地图的制作处理工作"[398]。

首先，系统必须具备地图操作功能，空间和属性数据的双向查询以及空间分析等功能，如"地图的放大、缩小、移动、漫游、复位；地图的分层显示和管理；地图图层可视性、可选择性、可编辑性；地图的合成和分割操作；空间数据和属性数据的一体化管理；空间属性的双向可视化查询"；其次，系统增加了特殊的功能，如用于公交系统的最短路径分析、查询功能和"统计数据的图形化分析；空间分析和网络分析；桌面制图"[399]；最后，着重实现对济南的名胜古迹、自然风光所在地以及附近的酒店、旅馆、旅游社团、交通、银行、医疗等配套服务设施和气候特点等实时查询；"实现用户对最佳旅游线路的查询，使游客在旅游出行方面，花费较少、收获较大"[400]。通过 GIS 技术发布旅游信息，既可对城市的旅游资源起到宣传作用，又可简化操作，使游客得到全方位、多视角的旅游信息。

5.4.3.2 基于 WebGIS 的乡村旅游地理信息系统的开发研究

近几年来，"随着 Internet 和 GIS 技术的飞速发展，将地理信息发布于国际互联网上，可超越单机和局域网的限制，可实现可视化信息查询，这是当今 GIS 发展的一大热点。利用 WebGIS 技术，可构建乡村旅游地理信息系统的框架、内容、数据库等，为乡村旅游信息化提供一个初步平台"[184]。乡村旅游地理系统基于 B/S 结构，实现了图文资料的网上浏览、查询，实现了旅游资源共享，使数据源及其展现形式更加多样化、数据更新及系统维护操作更加方便、交互性能更好。

于家石头村旅游地理信息系统

针对目前于家石头村旅游发展管理水平相对滞后的实际情况，石头村旅游地理信息系统采用了 WebGIS 数据库等先进技术，结合该村旅游开发现状，实现了对旅游信息的科学组织和有效管理。基于 WebGIS 的石头村旅游地理信息系统为管理者提供了一个专业化、数字化、网络化、科学化的管理平台，极大地提高了旅游信息收集、储存及利用的效率，促进了旅游业中高新技术的应用，便于管理者全面掌握信息，利于决策者规划开发；同时系统还能够为游客提供便捷廉价的搜寻旅游信息的途径以及更多的便利。

此外，该系统还是一个网络系统，能够及时地对信息进行更新、维护，以达到信息及时更新及旅游资源共享的目的。"系统具体目标主要有以下几个方面：为游客提供旅游信息查询服务——系统以多媒体的形式显示地图、图像、声音、文字等形式的数据，生动形象地介绍景区内的旅游资源、服务设施等方面情况，为游客提供高效查询、检索旅游信息的功能"[401]；为旅游管理部门提供服务——系统管理员能够方便地操作数据库，及时准确地存储和更新景区有关的旅游数据，满足对数据的现时性需求；为旅游决策者提供科学的决策依据——系统利用地理信息系统强大的空间分析功能，建立旅游资源评价模型、风景区容量模型和旅游开发条件评价模型等，旅游决策部门借助这些模型可以合理地分析并策划景区的长远规划。

根据系统构建目标，按照模块划分，可分为六大模块：地图控制管理模块、信息查询检索模块、分析统计模块、预测与评价模块、系统维护管理模块、结果输出管理模块。

地图控制管理模块：在该模块中，数据维护用户可以为数据库导入、创建、绘制、导出各种格式的电子地图；在客户端，游客可以缩小、放大、平移显示自己需要的各种类型的旅游相关地图，并且系统具有鹰眼导航功能，其中包括的地图有井陉县政区图、井陉县交通图、旅游产品专题图等。

信息查询检索模块：这一模块的主要功能为了满足不同层次的用户需求，提供多种数据查询方式；查询方式有通过属性查图形、通过图形查属性、通过空间分析查询、自定义查询等，系统可以保存、显示及打印查询结果。

分析统计模块：该模块的主要功能是对石头村景区内的饭店及宾馆的规模、经营状况，景点游客接待情况，购物点的销售状况进行统计分析，统计结果以柱状图、饼状图等形式进行直观反映"[184]；该模块的另一个主要功能是进行地图空间分析，经常用到的空间分析包括距离量算、缓冲区分析、最佳路径分析、叠加分析等。

"预测与评价模块：该模块的主要功能是通过一系列专业应用模型，为游客提供旅游路线评估、最优旅游日程安排、旅游信息预报等信息"；为旅游管理部门提供旅游销售预测、旅游景区规划、旅游资源评价等决策信息。

"系统维护管理模块：该模块的主要功能包括用户权限与账号维护、数据库维护"[402]。根据用户对系统功能的使用权限，可将系统用户分为一般人员、中级人员、高级人员三种级别：一般人员可进行调入地图、简单操作地图、空间查询检索、数据打印输出等操作；中级人员除了具有以上权限外，还可以进行复杂的地理数据空间分析功能；高级人员除具有中级用户的使用权限外，还可以进行数据输入、编辑、删除功能。数据库维护主要包括数据库更新、数据库恢复、数据使用权限的设置、数据备份等。

"结果输出管理模块：该模块的主要功能包括两个方面，一方面是用绘图机或打印机把用户关心的区域制作成普通旅游地图；另一方面是以文字、图表专题图的形式，屏幕显示或打印输出用户的各种查询、分析的结果"[403]。

5.4.3.3 基于 GIS 的自主旅游信息系统的研究与设计

目前，国外已有一些成型的基于 GIS 的旅游信息系统，但多数还停留在旅游资源的管理和旅游产品的介绍，无法满足用户的需要。"自主旅游"的这种理念是近几年兴起的，这种理念的理论已基本成熟，加之人们的生活水平提高，已经有这种自主旅游的要求，"但自主旅游信息系统还迟迟未能研发出来，主要是自主旅游这种特殊的要求和游客所具备的客观条件的不同，自主旅游信息系统的针对性很强，可以针对不同的游客，如徒步自主旅游游客、骑车自主旅游游客和驾车自主旅游游客，所以无法同时满足不同类型的游客，而且游客类型的多样化影响自主旅游的因素的统一化。基于 GIS 的自主旅游信息系统不仅是向普通游客提供旅游、交通、住宿、餐饮、娱乐等旅游相关信息及相应服务信息，而且和普通的旅游信息系统的最主要区别在于为普通的游客提供自主出游的路线，使游客对目的地和出游时间的选择自主化与个性化，真正实现自主旅游的理念"[404]。

自主旅游信息系统中的旅游路线都涉及在某区域内公路图中任意选择的城市，按要求得出在它们之间的最佳路径。"两城市间的铁路或公路的行进路线少则几条，多则几百条，要从中选择出最佳线路，来保证能够迅速、准确地按决策部门的要求到达指定目标，完成各项任务，这样的问题相当于交通系统中的最优路径的规划"[392]，这是地理信息系统中的一个关键问题。

要实现基于 GIS 的自主旅游信息系统中的自主旅游主要是实现对目的地和出游时间选择的自主化与个性化，系统在实现自主旅游的功能时，要考虑这些自主旅游影响因素，以得出在这些因素影响下的自主旅游路线；在网络分析设计方面应主要考虑系统本身的特点和实际的需要，单纯地用 Super Map Objects 中的网络分析功能无法完成自主旅游路线的设计，因此在 Super Map Objects 中的网络分析功能的基础上，应对得到的数据集结合自主旅游影响因素进行再次优化设计，以实现自主旅游路线的安排。

5.5 移动定位技术

5.5.1 移动定位技术基础

5.5.1.1 基本概念

移动定位技术是利用无线移动通信网络，通过对接收到的无线电波的一些参数进行测量，根据特定的算法对某一移动终端或个人在某一时间所处的地理位置进行精确测定，以便为移动终端用户提供相关的位置信息服务，或进行实时的监测和跟踪。根据移动定位的基本原理，移动定位大致可分为两类：基于移动网络的定位技术和基于移动终端的定位技术，也有人把这两者的混合定位称为第三种定位技术。

定位服务又叫移动位置服务，它是通过电信移动运营商的网络（如 GSM 网、CDMA 网）获取移动终端用户的位置信息（经纬度坐标），在电子地图平台的支持下，为用户提供相应服务的一种增值业务。

移动定位技术在近几年取得了很大的发展，尤其是各种技术的混合研究和应用。但就其商业应用的开发来说，目前不过是刚刚起步，除了某些特定的跟踪或监测用途，作为民用的巨大商业潜力尚待进一步的开发，在未来的手机业务中，位置服务很可能带来巨大的商机，并给人们带来极大的便利。

移动位置服务最早是从美国开始的。早在 1996 年，美国联邦通信委员会（FCC）要求移动运营商为手机用户提供紧急求助服务，即提供呼叫者的位置以便及时救援，他们将这种移动位置服务命名为 E911。此后，日本、德国、法国、瑞典、芬兰等国纷纷推出各具特色的商业化的位置服务。目前，世界许多国家都以法律的形式颁布了对移动位置服务的要求，如美国"US FCC E911"以法律的形式规定了运营商为 E911 用户提供的定位服务精度标准，而欧盟也颁布法律，遵循"US FCC"标准，并于 2003 年 1 月 1 日起实施。

5.5.1.2 分类

近年来，随着用户需求的不断增加，移动定位技术受到越来越多的关注，推动了对移动定位技术的研究及测距技术的发展。如何尽可能地利用现存网络资源，低成本地实现对用户的精确定位一直是研究的焦点。实现移动定位主要有两大类解决方案。

第一类是由移动站（MS）主导的定位技术。单从技术角度讲，由于这种技术可利用现有的一些定位系统，所以更容易提供比较精确的用户定位信息。例如，在移动站中集成 GPS 接收机，从而利用现成的 GPS 信号实现对用户的精确定位。但这类技术需要在移动站上增加新的硬件，这将对移动站的尺寸和成本带来不利的影响。

第二类是由基站（BS）主导的定位技术，这种解决方案需要对现存的基站、交换中心进行某种程度的改进，但它可以兼容现有的终端设备。其可选用的具体实现技术主要包括测量信号方向（信号的到达角度，简称 AOA）的定位技术、测量信号功率的定位技术、测量信号传播时间特性（到达时间，简称 TOA；到达时间差，简称 TDOA）的定位技术。为了提高定位的精度，也可以采用上面数种技术的组合。

5.5.2 移动定位技术的发展与应用

5.5.2.1. 技术发展

目前，世界各国的移动运营商均在大力研发和推广移动定位技术。利用此技术，移动网络可以查询到每个移动用户的准确位置。在欧洲，移动定位精度可以达到几米；在北美，移动定位精度可以达到 50 米；中国各个研发机构正加大力度，致力于移动定位技术的完善和商用。利用移动定位技术，移动网络可以自动了解进入某景区的移动用户号码，进而在数据库内查询其身份、职业、年龄等数据，根据用户特性决定为旅游者提供定制化的信息服务。

现在，任何人只要拥有一部手机就可以随时随地地实现人与人之间的语音交流和数字信息交互。目前，我国的移动通信正在由第二代向第三代过渡，第三代将完全过渡到数字数据通信和分组业务上来，由此推动了移动计算技术的飞速发展。移动计算技术指将有用、准确、及时的信息提供给在任何时间、任何地点需要它的任何客户。人们将通过具有移动计算功能的移动计算机、汽车、手机甚至是手表等新一代的智能化设备，随时随地利用移动数据连接所需的信息系统，获取所需的信息。人类需要的最基本信息是时间、地点和内容。而在人们的移动中，最需要的信息就是"位置信息"，特别是出现紧急情况时更需要"确切的位置信息"。移动定位服务无疑代表着一个全新的商机，移动通信领域的商家都看好这一潜力巨大的市场。

5.5.2.2 新兴定位技术

（1）超声波定位技术

超声波测距主要采用反射式测距法，通过三角定位等算法确定物体的位置，即发射超声波并接收由被测物产生的回波，根据回波与发射波的时间差计算出待测距离，有的则采用单向测距法。超声波定位系统可由若干个应答器和一个主测距器组成，主测距器放置在被测物体上，在微机指令信号的作用下向位置固定的应答器发射同频率的无线电信号，应答器在收到无线电信号后同时向主测距器发射超声波信号，得到主测距器与各个应答器之间的距离。当同时有 3 个或 3 个以上不在同一直线上的应答器作出回应时，可以根据相关计算确定出被测物体所在的二维坐标系下的位置。超声波定位的整体定位精度较高，结构简单，但超声波受多径效应和非视距传播影响很大，同时需要大量的底层硬件设施投资，成本太高。

（2）蓝牙技术

蓝牙技术是通过测量信号强度进行定位的。这是一种短距离、低功耗的无线传输技术，在室内安装适当的蓝牙局域网接入点，把网络配置成基于多用户的基础网络连接模式，并保证蓝牙局域网接入点始终是这个微微网（piconet）的主设备，就可以获得用户的位置信息。蓝牙技术主要应用于小范围定位，如单层大厅或仓库。蓝牙室内定位技术最大的优点是设备体积小、易于集成在 PDA、PC 以及手机中，因此很容易推广普及。理论上，对于持有集成了蓝牙功能移动终端设备的用户，只要设备的蓝牙功能开启，蓝牙室内定位系统就能够对其进行位置判断。采用该技术进行室内短距离定位时，容易发现设备且信号传输不受视距的影响。其不足在于蓝牙系统的稳定性稍差，受噪声信号干扰大。

（3）射频识别技术

射频识别技术利用射频方式进行非接触式双向通信交换数据以达到识别和定位的目的。这种技术作用距离短，一般最长为几十米。但它可以在几毫秒内得到厘米级定位精度的信息，且传输范围很大，成本较低。同时，由于射频识别技术的非接触和非视距等优点，有望成为优选的室内定位技术。目前，射频识别研究的热点和难点在于理论传播模型的建立、用户的安全隐私和国际标准化等问题。优点是标识的体积比较小，造价比较低，但是作用距离近，不具有通信能力，而且不便于整合到其他系统之中。

（4）超宽带技术

超宽带技术是一种全新的、与传统通信技术有极大差异的通信新技术。它不需要使用传统通信体制中的载波，而是通过发送和接收具有纳秒或纳秒级以下的极窄脉冲来传输数据，从而具有 GHz 量级的带宽。超宽带可用于室内精确定位，如战场士兵的位置发现、机器人运动跟踪等。超宽带系统与传统的窄带系统相比，具有穿透力强、功耗低、抗多径效果好、安全性高、系统复杂度低、能提供精确定位精度等优点。因此，超宽带技术可以应用于室内静止或者移动物体以及人的定位跟踪与导航，且具有十分精确的定位精度。

（5）ZigBee 技术

ZigBee 是一种新兴的短距离、低速率无线网络技术，它介于射频识别和蓝牙之间，也可以用于室内定位。它有自己的无线电标准，在数千个微小的传感器之间相互协调通信以实现定位。这些传感器只需要很少的能量，以接力的方式通过无线电波将数据从一个传感器传到另一个传感器，所以它们的通信效率非常高。ZigBee 最显著的技术特点是它的低功耗和低成本。

除了以上提及的定位技术，还有基于计算机的视觉、光跟踪定位，基于图像分析的定位技术、信标定位、三角定位等。目前很多技术还处于研究试验阶段，如基于磁场压力感应进行定位的技术。

5.5.2.3 相关应用

野外作业的探险家、采矿或地质勘探人员、登山运动员可以利用手机定位服务作为安全方面的技术保障措施之一。一旦发生意外的情况，救援人员可迅速获知其具体位置，方便及时救护，如美国的 E911 计划和欧洲的 E112 计划，以及国内 110 或 120 的救助业务。

一些具有流动特性的工作，如警察，可以随时与总部保持联系，并可通过互联网查询信息，而总部可以随时知道每个警察的位置，便于从总体上进行警力调度。

开通了移动定位服务，手机用户就可以方便地获知自己目前所处的位置，并用手机查询或获取附近公共设施的分布状况等，如离得最近的医院在哪儿、周围有哪些银行。总之，移动位置服务的魅力在于能在正确的时间、正确的地点把正确的信息发送给需要相关信息的人。

定位商务将是电子商务的新宠，它会使许多服务业的服务质量和水平大大提高。例如，美国的 Info Move 公司主要为无线上网的汽车提供互联网服务，包括提供汽车所在地附近的实时交通状况报告。

许多商家考虑将定位装置作为商店扩大影响、联系顾客的工具。此外，他们还预测移动电话和定位技术将与网上即时聊天系统结合起来，这样，人们不仅能知道自己的伙伴是否在网上，而且可以知道他们正在世界的哪个角落。

5.5.2.4 市场前景

近几年，全球移动电话用户数量突飞猛进，除了传统的语音业务外，手机的增值业务已成为这两年的热点，必将为信息产业发展带来巨大商机。我国的定位服务虽然刚刚起步，但也取得了很好的市场效益和社会效果。

中国电信的移动梦网计划把电子地图系统纳入到统一平台中来，使更多的应用提供商得以进入移动定位服务领域。未来几年中，我国移动定位业务规模很快会达到 10 亿元以上的规模，而且会加速地持续增长。Ericsson、Nokia、Motorola、Siemens 等移动巨头纷纷推出自己的移动定位系统并进军中国市场，福建移动、广东移动已经推出或正在测试其移动定位服务，而中国移动也在天津、长春、沈阳、大连等城市推出了基于 STK 卡的定位服务。移动定位服务在中国呈现出蓬勃发展的势头。

5.5.3 移动定位技术在旅游业中的应用

5.5.3.1 基于 GPS 的旅游业应用

利用 GPS 系统，用户能够进行高精度的时间传递和精密定位。随着 GPS 的发展和完善，其应用层面日益增大，嵌入式 GPS 的手持终端应运而生。随着旅游业的蓬勃发展，传统的导游解说式旅游已经不能满足游客的需求。人们更希望自主游玩，而不是跟着导游走马观花，然而对于景区的陌生常常又会给游客带来困扰，使其不能随心所欲。此时，GPS 定位在 GIS 上的应用即可解决这一问题。

在我国，智慧城市的提出又将带来嵌入式 GPS 在 GIS 领域上新的应用，且具有美好的发展前景。

以游乐园为例，游客手持带有 GPS 的手持终端进入游乐园，即可进行自主游玩。当游客进入一个区域时，这里假设游客进入城堡区，通过 GPS 定位，此时手持终端将自动弹出界面，告知游客处于城堡区，而在城堡区界面中将设有几个窗口，分别标有城堡区中各城堡的名称，如白雪公主城堡、灰姑娘城堡、美女与野兽城堡等。用户挑选自己感兴趣的城堡点击进入界面，此时便可查看相关城堡图片、阅读相关资讯等。游客可根据自身喜好选择是否前去游玩。

5.5.3.2 基于手机的定位技术在旅游业中的应用

旅游者在景区旅游的过程中，移动网络可以主动根据旅游者的具体位置向旅游者及时提供景点信息、附近的餐饮娱乐信息、旅游线路指导等服务，移动电话成为根据旅游者行踪进行全程个性化及时服务的最佳工具。同时，当旅游者发生意外情况时，旅游者可以通过移动网络发出求救信号，利用移动定位技术可以得到旅游者当前准确的位置信息，从而使旅游者在最短的时间内得到救助。

国内某些公司已经针对旅行过程的某些领域提供服务。例如，易到租车推出的"打车小秘"，能为用户提供周边区域当前打车难易度的信息分享，并提供当地的出租车公司或者车辆调度中心电话，不仅实现了信息收集、发布和分享，同时借助微博这些 SNS 平台的"病毒式传播"，使公司的知名度和品牌得到快速的提升。

5.6 本体技术与语义网

5.6.1 本体技术与语义网基础

5.6.1.1 本体的定义

本体（ontology）是共享概念模型的明确的形式化规范说明。概念模型是指通过抽象客观世界中现象的相关概念获得的相应模型；明确是指概念及其应用的约束是明确定义的；形式化是指可为计算机理解和处理；共享是指所表达的概念集是被某个领域所共同理解和广泛接受的。可见，本体是描述概念及概念之间关系的概念模型，通过概念之间的关系来描述概念的语义，是一种有效表现概念层次结构和语义的模型。

本体作为一种知识表示方法，与谓词逻辑、语义网络等方法有所区别：本体层次的表示方法是通过对领域实体的概念分析，表达概念的结构和概念之间的关系等领域中实体的固有特征，而不是在逻辑层、认识层或概念层等的高度上对实体的一个任意或主观的解释。

5.6.1.2 语义网的定义

语义网是对未来网络的一个设想，2001 年由伯纳斯·李提出，现在与 Web 3.0 这一概念结合在一起，作为 3.0 网络时代的特征之一。简单地说，语义网是一种能理解人类语言的智能网络，它不但能够理解人类的语言，而且还可以使人与计算机之间的交流变得像人与人之间的交流一样轻松。在语义网上连接的每一部计算机不但能够理解词语和概念，而且还能够理解它们之间的逻辑关系。它的核心是：通过给万维网上的文档（如 HTML）添加能够被计算机所理解的语义（Meta data），从而使整个互联网成为一个通用的信息交换媒介。语义网中的计算机能利用自己的智能软件，在万维网上的海量资源中找到所需要的信息，从而将一个个现存的信息孤岛发展成一个巨大的数据库。语义网的建立极大地涉及了人工智能领域的部分，与 web 3.0 智能网络的理念不谋而合，因此语义网的初步实现也是 web 3.0 的重要特征之一。但是想要成为网络上的超级大脑，需要进行长期的研究，这意味着语义网的相关实现会占据网络发展进程的重要部分，并且延续于数个网络时代，逐渐转化成"智能网"。

例如，某天早上你突然想去可可西里旅游，于是打开计算机，连通语义网，输入"预订今天下午两点到六点之间任意时刻的到可可西里的飞机票"，此刻计算机代理将先与你所住地点附近的航空公司代理进行联系，获得符合要求的飞机票信息，然后联系航空公司的订票代理，完成订购。而不必像现在这样上网查看时间表，并进行复制和粘贴，然后打电话或在线预订机票和宾馆等，安装在计算机上的软件会自动完成上述步骤，你所做的仅仅是用鼠标按几个按钮，然后等着送飞机票的人上门，甚至直接去机场登机就可以了。

5.6.2 本体技术与语义网的发展与应用

语义网的体系结构正在建设当中，当前国际范围内对此体系结构的研究还没有形成一个令人满意的严密的逻辑描述与理论体系；中国学者对该体系结构也只是在国外研究的基础上做简要的介绍，还没有形成系统的阐述。语义网的实现需要三大关键技术的支持：XML、RDF 和本体技术。XML（extensible Marked Language，即可扩展标记语言）可以让信息提供者根据需要，自行定义标记其属性名，从而使 XML 文件的结构可以复杂到任意程度。它具有良好的数据存储格式和可扩展性、高度结构化以及便于网络传输等优点，再加上其特有的 NS 机制及 XML Schema 所支持的多种数据类型与校验机制，使其成为语义网的关键技术之一。目前，关于语义网关键技术的讨论主要集中在 RDF 和本体技术身上。

5.6.3 本体技术与语义网在旅游业中的应用

5.6.3.1 Ontology 在旅游信息资源网站中的应用

Ontology 自 20 世纪 90 年代初被提出以来，在国外就备受众多科研人员的关注，并在计算机及相关领域得到了广泛的应用。信息发布的自由化和信息提供的简单化促进了网站的繁荣，然而，数据量的激增，网站上大量分布的无结构和半结构化数据日益加剧了信息检索的困难。现在人们普遍使用的检索方式是基于超链接的网页浏览或者利用搜索引擎的快速查找，它们的检索效果都不十分令人满意。每个业务都有各自的领域 Ontology，旅游也不例外，特别是要建立一个好的旅游资源网站就更需要根据风景名胜区自身的特点获取相应的空间与属性数据，包括风景名胜区资源空间数据、资源属性数据、业务管理数据、游客管理数据等。Ontology 在旅游资源信息共享、系统集成、基于知识的软件开发等方面都具有重要的作用和广阔的应用前景。

旅游信息网站大部分是旅行社等商家根据其自身的特点做的推销自身品牌的

网站，它们的根本目的是盈利。旅游信息网站是单纯的电子商务网站。在这样的环境下，不同的商家可能采用不同的内容标准和目录描述标准对其产品进行描述，这就为他们之间的信息交换和用户的个性化服务带来了一定的困难，从目前旅游景区的社会服务系统来看，多数都存在着信息更新不及时、信息分类不科学、资源描述不客观、展示内容不全面、表现形式不丰富、服务对象不明确等严重缺陷；而且，不仅缺乏用户的互动性与参与性内容，也缺乏系统性与完整性内容。这些方面都有待改进。

Ontology 作为通信、互操作和系统工程的基础，在收集相关旅游信息资源的数据过程中，应参照已建立的 Ontology 把收集来的数据按规定格式存储在元数据库中；对用户检索界面获取的查询请求，查询转换器按照 Ontology 把查询请求转换成规定的格式，在 Ontology 的帮助下从元数据库中匹配出符合条件的数据集合，检索的结果经过定制处理后再返回给用户。使不同的 Ontology 之间进行映射、扩充与合并处理，再根据特定的需要由一个大的 Ontology 提取满足要求的小 Ontology。此外，如果现实的知识体系发生变化后，先前创建的 Ontology 也必须进行相应的演化，以保持 Ontology 与现实的一致性。这就是基于 Ontology 的信息检索的基本思想。

建立旅游信息 ontology 本体实体的具体方法如下。

首先，确定旅游信息 Ontology 覆盖的领域和范围，明确要解决的问题。模拟旅游信息资源的产生组织过程，建立旅游信息资源模型，详细分析旅游信息资源状况。其中包括旅游信息生产涉及的部门、机构以及人员，也包括旅游信息资源的使用者。

其次，是领域专家对模型进行评估、修改、校正（此时可以使用专家调查法）。根据模型列出核心概念及概念之间关系，领域专家对概念及概念间关系进行评估、修改、校正（运用专家调查法）。使用 protégé 工具，将概念及其关系形式化表达，并保存。同时利用 protégé 工具及其插件对概念及概念间关系进行推理检验，并修改校正。此时接受用户的检验，可以使用旅游领域主题词作为用户的检验标准。

Ontology 在信息网站，特别是旅游信息资源网站的应用也仅仅是刚刚开始，还有诸多问题亟待研究和解决。旅游服务网站的信息平台必须包括游客管理信息系统与安全保障信息系统；旅游景区的决策支持平台也应该是建立在旅游景区信息管理平台与众多应用系统之上、为旅游景区管理机构高层决策人员提供综合分析与定性定量支持的高级信息平台，同时也是"数字旅游景区"建设的远期目标。

5.6.3.2 基于语义 Web 的旅游信息服务的研究与应用

近年来，网络的发展日新月异，已经成为一个巨大的全球化信息资源库。网络信息资源数量飞速增长，网络信息资源组织呈现多种模式并存的局面。专家学者们在尝试了多种提高网络信息资源组织质量、改进检索效率的措施之后，正尝试综合运用不同层次的元数据模型来构建语义 Web，使 Web 文档的语义能清晰地体现出来，并为检索程序所理解。而传统的旅游信息系统是在数据库系统的基础上发展起来的，欧洲在这方面有许多成功的例子。这些系统功能强大，涵盖了旅游业的食、宿、行、导、购、游等各项服务功能，但随着旅游服务信息和服务需求信息呈几何级数的速度增长，基于传统的旅游信息查询已不能适应当前旅游者对旅游信息快速多变的需求。在此基础上，结合目前语义 Web 技术的新发展，一种基于语义 web 的旅游信息服务的新构建被提出，其在 Web 系统中增加机器可理解的语义内容，实现了语义信息的推理查询，有效地提高了旅游信息查询的广度和准确度。

基于语义 Web 的旅游信息服务应用最重要的一个功能就是在系统中使用了基于本体的语义推理查询，由于使用本体可将语义处理结合到应用模型中去，利用 Jena 推理机结合自定义的规则库进行更广泛的推理，很好地实现了信息查询的智能化。基于语义的推理查询可实现如周边信息查询，即查询从指定地点周边指定距离内的旅游资源、公共服务设施及企事业单位。

用户可以对某一地点周边指定范围内的指定资源类别进行查询分析，如对桂林市区"漓江"周边"2000 米"范围内的"4 星级的景点"进行查询分析，得到了七星公园、象山公园、伏波山、叠彩山共 4 条查询结果，点击其中 1 条即可显示出相关旅游信息。最近信息查找，即查询离指定地点最近的旅游资源、公共服务设施及企事业单位。用户可查询距离某一地点最近的一类指定资源类别，并显示查询结果和相关旅游信息。如要查询距离"广西师大"最近的"4 星级景点"，推理查询后得到"伏波山"1 条查询结果。

基于语义 Web 的系统构建是未来网络发展的必然趋势。本体是语义 Web 中最关键的技术，它使得 Web 上的信息共享和重用成为可能。但当前的本体编辑工具发展得还不成熟。要使得本体编辑工具得到更广泛的应用，还应在界面化、功能完善、推理支持和与其他开发工具结合上更进一步。同时本体集成、映射方法还很不成熟。虽然语义 Web 技术的研究取得了很大的发展，但是 Internet 上基于本体的语义的应用却不能得到很好的实现，使得信息的共享查询不能很好地在各个领域中得以交融，这些都有待进一步的深入研究。

5.7 虚拟现实技术

5.7.1 虚拟现实技术基础

5.7.1.1 概念

虚拟现实（Virtual Reality，简称 VR，可译作灵境、幻真）是近年来出现的高新技术，也称灵境技术或人工环境。虚拟现实是利用计算机模拟产生一个三维空间的虚拟世界，提供使用者关于视觉、听觉、触觉等感官的模拟，让使用者如同身临其境一般，可以及时、没有限制地观察三度空间内的事物。

虚拟现实是一项综合集成技术，涉及计算机图形学、人机交互技术、传感技术、人工智能等领域，它用计算机生成逼真的三维视觉、听觉、嗅觉等感觉，使人作为参与者通过适当装置，自然地对虚拟世界进行体验和交互。使用者进行位置移动时，计算机可以立即进行复杂的运算，将精确的 3D 世界影像传回产生临场感。该技术集成了计算机图形技术、计算机仿真技术、人工智能、传感技术、显示技术、网络并行处理等技术的最新发展成果，是一种由计算机技术辅助生成的高技术模拟系统。

概括地说，虚拟现实是人们通过计算机对复杂数据进行可视化操作与交互的一种全新方式，与传统的人机界面以及流行的视窗操作相比，虚拟现实在技术思想上有了质的飞跃。虚拟现实中的"现实"是泛指物理意义上或功能意义上存在于世界上的任何事物或环境，它可以是实际上可实现的，也可以是实际上难以实现或根本无法实现的。而"虚拟"是用计算机生成的意思。因此，虚拟现实是指用计算机生成的一种特殊环境，人可以通过使用各种特殊装置将自己"投射"到这个环境中，并操作、控制环境，实现特殊的目的，即人是这种环境的主宰。

5.7.1.2 虚拟现实技术的特点

多感知性（Multi-Sensory）：多感知性是指除了一般计算机技术所具有的视觉感知之外，还有听觉感知、力觉感知、触觉感知、运动感知，甚至包括味觉感知、嗅觉感知等。理想的虚拟现实技术应该具有人所具有的一切感知功能。由于相关技术，特别是传感技术的限制，目前虚拟现实技术所具有的感知功能仅限于视觉、听觉、力觉、触觉、运动等几种。

浸没感（Immersion）：浸没感又称临场感，指用户感到作为主角存在于模拟环境中的真实程度。理想的模拟环境应该使用户难以分辨真假，使用户全身心地投入到计算机创建的三维虚拟环境中，该环境中的一切看上去是真的，听上去是真的，动起来是真的，甚至闻起来、尝起来等一切感觉都是真的，如同在现实世界中的感觉一样。

交互性（Interactivity）：交互性是指用户对模拟环境内物体的可操作程度和从环境得到反馈的自然程度（包括实时性）。例如，用户可以用手去直接抓取模拟环境中虚拟的物体，这时手有握着东西的感觉，并可以感觉物体的重量，视野中被抓的物体也能立刻随着手的移动而移动。

构想性（Imagination）：构想性强调虚拟现实技术应具有广阔的可想象空间，可拓宽人类认知范围，不仅可再现真实存在的环境，也可以随意构想客观不存在的甚至是不可能存在的环境。

一般来说，一个完整的虚拟现实系统由虚拟环境，以高性能计算机为核心的虚拟环境处理器，以头盔显示器为核心的视觉系统，以语音识别、声音合成与声音定位为核心的听觉系统，以方位跟踪器、数据手套和数据衣为主体的身体方位姿态跟踪设备以及味觉、嗅觉、触觉与力觉反馈系统等功能单元构成。

5.7.1.3 分类

（1）桌面级的虚拟现实

桌面虚拟现实利用个人计算机和低级工作站进行仿真，计算机的屏幕用来作为用户观察虚拟境界的一个窗口，各种外部设备一般用来驾驭虚拟境界，并且有助于操纵在虚拟情景中的各种物体。这些外部设备包括鼠标、追踪球、力矩球等。它要求参与者使用位置跟踪器和另一个手控输入设备，如鼠标、追踪球等，坐在监视器前，通过计算机屏幕观察 360°范围内的虚拟境界，并操纵其中的物体，但这时参与者并没有完全投入，因为它仍然会受到周围现实环境的干扰。桌面级的虚拟现实最大的特点是缺乏完全投入的功能，但是成本也相对低一些，因而应用面比较广。常见的桌面虚拟现实技术有以下几种。

基于静态图像的虚拟现实技术：这种技术不采用传统的利用计算机生成图像的方式，而采用连续拍摄的图像和视频，在计算机中进行拼接以建立实景化虚拟空间，这使得高度复杂和高度逼真的虚拟场景能够以很小的计算代价得到，从而使得虚拟现实技术可能在 PC 平台上实现。

VRML（虚拟现实造型语言）：它是一种在 Internet 网上极具应用前景的技术，它采用描述性的文本语言描述基本的三维物体的造型，通过一定的控制，将这些基本的三维造型组合成虚拟场景，当浏览器浏览这些文本描述信息时，在本地进行解释执行，生成虚拟的三维场景。VRML 的最大特点在于利用文本描述三维空间，大大减少了在 Internet 网上传输的数据量，从而使得需要大量数据的虚拟现实得以在 Internet 网上实现。

桌面 CAD 系统：利用 Open GL、DirectDraw 等桌面三维图形绘制技术对虚拟世界进行建模，通过计算机的显示器进行观察，并有能自由控制的视点和视角。这种技术在某种意义上来说也是一种虚拟现实技术，它通过计算机计算来生成三维模型，模型的真实感和复杂度受桌面计算机计算能力的限制。

（2）投入的虚拟现实

高级虚拟现实系统提供完全投入的功能，使用户有一种置身于虚拟境界之中的感觉。它利用头盔式显示器或其他设备，把参与者的视觉、听觉和其他感觉封闭起来，并提供一个新的、虚拟的感觉空间，并利用位置跟踪器、数据手套、其他手控输入设备、声音等使得参与者产生一种身在虚拟环境中，并能全心投入和沉浸其中的感觉。常见的沉浸式系统有以下几种。

基于头盔式显示器的系统：在这种系统中，参与虚拟体验的参与者要戴上一个头盔式显示器，视、听觉与外界隔绝，根据应用的不同，系统将提供能随头部转动而随之产生的立体视觉、三维空间。通过语音识别、数据手套、数据服装等先进的接口设备，从而使参与者以自然的方式与虚拟世界进行交互，如同现实世界一样。这是目前沉浸度最高的一种虚拟现实系统。

投影式虚拟现实系统：它可以让参与者从一个屏幕上看到他本身在虚拟境界中的形象，为此，使用电视技术中的"键控"技术，参与者站在某一纯色（通常为蓝色）背景下，架在参与者前面的摄像机捕捉参与者的形象，并通过连接电缆，将图像数据传送给后台处理的计算机，计算机将参与者的形象与纯色背景分开，换成一个虚拟空间，与计算机相连的视频投影仪将参与者的形象和虚拟境界本身一起投射到参与者观看的屏幕上。这样，参与者就可以看到自己在虚拟空间中的活动情况。参与者还可以与虚拟空间进行实时的交互，计算机可识别参与者的动作，并根据用户的动作改变虚拟空间，如来回拍一个虚拟的球或走动等，这可使参与者感觉就像是在真实空间中一样。

远程存在系统：远程存在系统是一种虚拟现实与机器人控制技术相结合的系统，当某处的参与者操纵一个虚拟现实系统时，其结果却在另一个地方发生，参与者通过立体显示器获得深度感，显示器与远地的摄像机相连，通过运动跟踪与反馈装置跟踪参与者的运动，反馈远地的运动过程（如阻尼、碰撞等），并把动作传送到远地完成。

（3）增强现实性的虚拟现实

增强现实性的虚拟现实不仅是利用虚拟现实技术来模拟现实世界、仿真现实世界，而且要利用它来增强参与者对真实环境的感受，也就是增强现实中无法感知或不方便感知的感受。这种类型的虚拟现实典型的实例是战机飞行员的平视显示器，它可以将仪表读数和武器瞄准数据投射到安装在飞行员面前的穿透式屏幕上，使飞行员不必低头去读座舱中仪表的数据，从而可集中精力盯着敌人的飞机和导航偏差。

（4）分布式虚拟现实

如果多个用户通过计算机网络连接在一起，同时在一个虚拟空间共同体验虚拟经历，那虚拟现实则提升到了一个更高的境界，这就是分布式虚拟现实系统。目前，最典型的分布式虚拟现实系统是作战仿真互联网（Defense Simulation Internet，DSI）和 SIMNET，作战仿真互联网是目前最大的 VR 项目之一。该项目是由美国国防部推出的一项标准，目的是使各种不同的仿真器可以在巨型网络上互联，它是美国国防高级研究计划局 1980 年提出的 SIMNET 计划的产物。SIMNET 由坦克仿真器（Cab 类型的）通过网络连接而成，用于部队的联合训练。通过 SIMNET，位于德国的仿真器可以和位于美国的仿真器一样运行在同一个虚拟世界，参与同一场作战演习。

5.7.2 虚拟现实技术的发展与应用

随着虚拟现实技术在城市规划、军事等方面应用的不断深入，在建模与绘制方法、交互方式和系统构建方法等方面，对虚拟现实技术都提出了更高的需求。为了满足这些新的需求，近年来，虚拟现实相关技术的研究遵循"低成本、高性能"原则并取得了快速发展，表现出一些新的特点和发展趋势，主要表现在以下方面。

（1）动态环境建模技术

虚拟环境的建立是 VR 技术的核心内容，动态环境建模技术的目的是获取实际环境的三维数据，并根据需要建立相应的虚拟环境模型。

（2）实时三维图形生成和显示技术

三维图形的生成技术已比较成熟，而关键是如何"实时生成"，在不降低图形质量和复杂程度的前提下，如何提高刷新频率将是今后的重要研究内容。此外，VR 技术还依赖于立体显示和传感器技术的发展，现有的虚拟设备还不能满足系统的需要，因此有必要开发新的三维图形生成和显示技术。

（3）适人化、智能化人机交互设备的研制

虽然头盔和数据手套等设备能够增强沉浸感，但在实际应用中，它们的效果并不好，并未达到沉浸交互的目的。采用人类最为自然的视觉、听觉、触觉和自然语言等作为交互的方式，会有效地提高虚拟现实的交互性效果。

（4）大型网络分布式虚拟现实的研究与应用

网络虚拟现实是指多个用户在一个基于网络的计算机集合中，利用新型的人机交互设备介入计算机产生多维的、适用于用户（即适人化）应用的、相关的虚拟情景环境。分布式虚拟环境系统除了满足复杂虚拟环境计算的需求外，还应满足分布式仿真与协同工作等应用对共享虚拟环境的自然需求。分布式虚拟现实系统必须支持系统中多个用户、信息对象（实体）之间通过消息传递实现的交互。分布式虚拟现实可以看作是基于网络的虚拟现实系统，是可供多用户同时异地参与的分布式虚拟环境，处于不同地理位置的用户如同进入到同一个真实环境中。目前，分布式虚拟现实系统已成为国际上的研究热点，相关标准也相继推出。在国家"863"计划的支持下，由北京航空航天大学、杭州大学、中国科学院计算技术研究所、中国科学院软件所和装甲兵工程学院等单位共同开发了一个分布虚拟环境基础信息平台，为我国开展分布式虚拟现实的研究提供了必要的网络平台和软硬件基础环境。

5.7.3 虚拟现实技术在旅游中的应用

5.7.3.1 景区网上推广展示

虚拟现实技术就是一种逼真地模拟人在现实世界中视、听、动等行为的人机界面技术，它是一种多源信息融合的交互式的三维动态视景和实体行为的系统仿真，使用户沉浸到该环境中去。目前的网络旅游信息产品的宣传主要是通过文字、表格和图片等静态的形式展现出来，其中绝大多数图片都是二维平面的，即使是透视效果图，也只能反映两个侧面，缺乏逼真的全方位立体感和动态感，对游客产生的吸引力不大。网络虚拟现实技术则不同，它能够将一个旅游景点的所有旅游信息建成信息数据库，并构建一个旅游景点虚拟现实环境，然后借助人机对话工具使人进入具有视听功能的三维效果的虚拟现实环境中漫游，给人多种感观的刺激、创设真实的旅游情境，既改变了传统"被动营销"和营销资料"五十年不变"的状态，又有效地激发了游客的兴趣，从而提高了旅游信息服务的质量。现有景观模拟一方面可以对现存景观起到预先宣传、扩大影响力和吸引游客的作用；另一方面可以在一定程度上满足一些没有到过或没有能力到该景点的游客的游览需求，如天山虚拟旅游、喜马拉雅虚拟旅游、异国风情虚拟旅游等。

5.7.3.2 虚拟景区制作

虚拟现实系统还涉及对于即将出现的旅游资源进行保护和开发，或者对不可能现实旅游的景区进行模拟旅游。

再现景观的虚拟旅游。这是针对不存在或即将不复存在的旅游景观，它不仅具有保存价值，而且还可以满足一些人的好奇心，甚至给人们的怀旧心理以某种程度上的安慰，如对昔日三峡风光的虚拟旅游。

未建成景观的虚拟旅游。这是针对正在规划建设中但未建成的旅游景点而言的，其目的主要是起到一种先期宣传和吸引游客的作用。

另外，还有一些目前人类还不太可能到达的地方的虚拟旅游，如太空旅游、深海旅游等。

5.7.3.3 规划中的景区——虚拟景点制作

景区景点的规划要经过很多审批程序，将虚拟现实引入到景区全景规划中来，虚拟现实技术可以通过虚拟现实创造出所开发景区的真实三维画面，以便审批者审视未来的景区，确保景区美学意义上的和谐和运营运作上的顺利；同时给审批者一个三维可视的环境，更有利于缩短审批周期。虚拟现实技术借助虚拟现实技术无须规划方案的真正实施，就能先期检验该规划方案的实施效果，并可以反复修改以确定最终方案，规避景区开发投资的风险。

5.7.3.4 导游专业仿真实训室

导游专业仿真实训室又被称为旅游教学–导游培训系统。虚拟现实技术应用虚拟现实系统平台，可以将客户提供的旅游景点虚拟数据全部集成到播放平台，利用虚拟现实培训平台，导游人员、旅游管理人员不用花费大量时间、精力，就可以通过旅游实训系统平台随意浏览旅游景点，通过文字、图片、影片介绍，学习景区、景点、景观的历史、文化知识，为日后社会实践做好准备。

5.8 其他技术

信息技术的发展层出不穷，新开发的信息通信技术在旅游旅行业的应用具有极大的潜力，主要包括 3D 互动视觉、电影成像技术、背景智能（ambient intelligence，即将所有网络资源整合，利用电子技术转换为背景，将消费者转为前景）、定位预警服务、过程描述匹配、互动地图、互动电视、人机互动、虚拟旅游网等。旅游业中移动技术的扩散、旅游目的地无线技术、移动通信电影技术在文化旅游中的应用、互动地图作为旅游信息源、结合移动技术的欧洲航运网络信息系统、结合移动技术的电子导游、3D 互视技术和基于图像漫游旅游、定位复合体、基于 MMS 技术的旅游服务及产品、ISO 软件系统——欧洲电子移动旅游导游、从纸质地图导游册到电子导游、山地目的地的移动商务实务等方面将是未来发展的重点，并且产品化趋势明显。

6　旅游企业的信息化

　　旅游企业信息化的内涵十分丰富，主要是指将互联网及相关技术应用于旅游企业的经营管理中，通过发挥新技术的优势，形成一种新的经营管理模式。这种模式将为旅游企业带来更大的商机、更低的成本和更多的利润。它既包括旅游企业内部管理以及流程的信息化改造，亦包括利用电子商务手段提供信息服务、开展宣传、建设分销或者直接销售渠道、提供更为贴心的客户服务。

　　前面详细介绍了现代信息手段可能为旅游企业提供的各种应用解决方案，并指出了旅游电子商务道路上的各种选择和可能性。在这些可能性下，旅游企业究竟"做什么"、"何时做"和"如何做"，还需要结合旅游企业自身资源和实力、定位与经营状况、技术可能性、外部环境等进行综合判断，进行切实思考并作出战略选择。

　　本章首先从一般层面的经验和原理讲述旅游企业信息化策略和战略选择，然后提供一些具体而鲜活的旅游企业信息化建设的经验，介绍具体旅游企业的信息化决策、实施过程以及实施效果，以使大家对旅游企业信息化有更贴切和更直观的了解。

6.1 旅游企业信息化道路

6.1.1 旅游企业信息化的概念界定

　　旅游企业信息化是指将互联网以及相关技术应用于旅游企业的经营管理中，通过发挥新技术的优势，形成一种新的经营管理模式，既不是单纯的线上交易活动，也不是单纯的企业内部信息化，而应该是一条基于 3S 模式的信息化道路。这种模式会为旅游企业带来更大的商机、更低的成本和更多的利润。

我国旅游业信息化发展现状

　　信息技术应用于我国旅游企业是在 20 世纪 80 年代初期。1981 年，中国国际旅行社引进美国 PRIME550 型超级小型计算机系统，用于旅游团数据处理、财务管理和数据统计。1984 年，上海锦江饭店引入美国 Conic 公司的计算机管理系统，用于饭店的预订、排房、查询和结账。

进入 20 世纪 90 年代以后，旅游信息化开始被旅游机构和部分旅游企业所关注。国家旅游局从 1990 年起开始抓信息化管理并筹建信息中心，1994 年信息中心独立出来，专为国家旅游局和旅游行业的信息化管理提供服务和管理技术。2000 年 9 月，国家旅游局正式开通了国家旅游门户站点——"中国旅游网"，同时旅游办公自动化等系统也在建设中。

　　进入 21 世纪以后，我国旅游信息化开始大力发展，包括旅游饭店、旅行社、旅游景区景点的信息化建设都取得了一定的成绩。[2]

　　少数大型旅行社企业建立了信息管理系统和网络，且应用规模和深度发展较快；而中小型旅行社企业仍处在信息化的起步阶段，发展较为迟缓。从总量来看，旅行社企业建立独立网站的数量十分有限，绝大多数的旅行社选择在门户网站和旅游专业综合网站建立数量有限的网页的方式。

6.1.2　旅游企业信息化的步骤

　　（1）第一步：环境分析

　　环境分析是旅游企业信息化规划的依据，主要是深入分析企业所处的国内外宏观环境、行业环境、企业具有的优势与劣势、面临的发展机遇与威胁等。

　　（2）第二步：企业战略分析

　　在明确旅游企业的发展目标、发展战略和发展需求，明确为了实现企业级的总目标，企业各个关键部门要做的各种工作的同时，还要理解旅游企业发展战略在产业结构、核心竞争力、产品结构、组织结构、市场、企业文化等方面的定位。明确上述各个要素与信息技术特点之间的潜在关系，从而确定信息技术应用的驱动因素，使信息化规划与企业战略实现融合。

　　（3）第三步：分析与评估企业现状

　　分析旅游企业的业务能力现状和旅游企业的技术能力及现状，旨在帮助企业明确现存的技术投资与最初业务战略的结合，即帮助企业定义所需要进行的改进和变化的关键点以至信息技术可以创造企业所要求的业务成果。

　　（4）第四步：企业关键业务流程分析与优化

　　发现能够使旅游企业获得竞争力的关键业务驱动力以及关键流程，使其和信息系统相融合，以德州交通集团金桥旅行社业务流程分析为例，如图 6-1 所示。

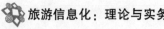

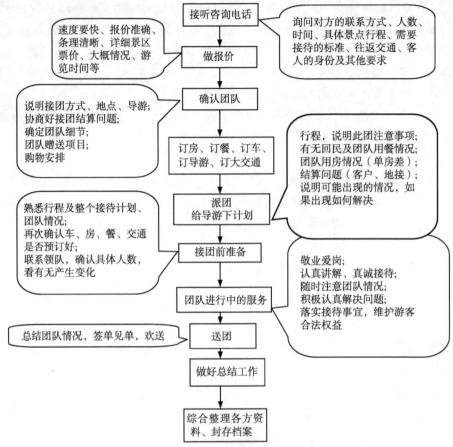

图 6-1　德州交通集团金桥旅行社业务流程分析

（5）第五步：信息化需求分析

在对旅游企业战略分析和现状评估的基础上，制定适应旅游企业未来发展的信息化战略，指出信息化的需求。需求分析包括系统基础网络平台、应用系统、信息安全、数据库等需求。

廊坊市虹宇国际旅行社有限公司信息化需求分析

廊坊市虹宇国际旅行社有限公司是目前廊坊市最大、实力最强、业务素质最全面、客户满意度最高的旅行社。公司要想提升旅游服务水平就需要建立标准化的服务工作流程和严格的管理体系。这些方面的提升都需要 IT 技术的手段来实现。具体的信息化需求有以下几个方面。

打造成旅行社电子商务综合服务平台，实现旅行社网站宣传、对外产品和形象展示、促销活动，前台和后台办公同时在一个网站上实现且可以分开；

财务报表和管理系统能及时显示，系统能及时反映财务收支状况，并能及时获得相关财务管理数据和报表，能及时监控财务漏洞；

成熟、全面的客户管理系统，必须能做到及时准确地反映客人的个性化需求，当客人来前台报名或咨询的时候，做到任何一个接待员只要输入该客人的姓名就能及时反映其个性化消费特征和需求；

及时准确的旅行社产品销售（外联）管理系统；

方便且可操作性强的旅行社计调管理系统；

网上会员服务与管理系统。

（6）第六步：信息化战略的制定

首先是根据本企业的战略需求，明确企业信息化的远景和使命，定义企业信息化的发展方向和企业信息化在实现企业战略过程中应起的作用。其次是起草企业信息化基本原则，即为加强信息化能力而提出的基本准则和指导性方针。最后是制定信息化目标。

四川旅游创新融入信息化[1]

基于国际主流的"旅游目的地管理系统（DMS）"的理念，结合我国旅游业发展的实际，殷千红带领四川旅游信息中心提出了"旅游目的地管理扩展系统（DMX）"。这一系统具有以下主要特点：更加突出政府引导建设信息化的职能，在横向上可更加有效地整合和共享旅游行业资源、跨行业跨部门资源、社会资源；在纵向上可建立部、省、市、县"四级一体"的机制，整合企业资源，并有效获取和更新数据，使得目的地的资源整合及营销效益最大化；此外，结合我国互联网应用相对滞后的情况，更广泛地应用短信、呼叫中心等各种通信及信息技术促进行业信息化，通过 EDM、CRM、Web GIS、旅游产品/服务在线预订等方式突出以客户为中心的主动营销和产品直销。

此外，四川旅游信息中心还在国内率先编制实施了省级旅游信息化建设总体规划、旅游基本信息资源规范、旅游行业等级评定信息化建设细则，率先编制执行市（州）和试点区（县）旅游局信息化工作目标考核办法、全省旅游信息员管理办法。

通过上述创新和有力的举措，旅游信息中心最终实现了政府主导、市场驱动、高起点、高标准、规范化的信息化建设。

"我们始终坚持走政府引导与市场推动的道路，通过利益整合达到信息整合、应用整合，实现行业价值链的整合与优化，同时结合国际国内最新的旅游目的地管理模式和旅游电子政务模式，结合四川省旅游信息服务平台建设的实际需要，进行理念创新、业务创新、架构创新和技术创新"，殷千红解释道。

（7）第七步：确定信息化的总体构架和标准

从系统功能、信息架构和系统体系三方面对信息系统应用进行规划，确定信息化体系结构的总体架构，拟定信息技术标准，使旅游企业信息化具有良好的可靠性、兼容性、扩展性、灵活性、协调性和一致性。

（8）第八步：信息化建设成果分析及评估

旅游企业可以根据项目建设前期所确定的项目建设目标和成功标准，与项目建设后取得的成效进行对比，找到其中的不足，以便在持续改进的过程中"推广优点、弥补缺点"。另外，企业可以对其全过程进行全面的评价，彻底检查企业信息化的现状，确定信息化建设的阶段，从而为后续的信息化建设提供经验与参考，并消除信息化建设成为一种投入"无底洞"，而产出"无人问津"的现象。

6.2 旅游企业信息化内容

旅游企业信息化指各种类型旅游企业在其办公流程、业务开发、市场营销、产品销售、经营管理、决策分析等各方面全面应用信息技术，建设信息网络和信息系统，通过对信息和知识资源的有效开发利用，调整和重组企业组织结构与业务模式，服务企业发展目标，提高企业综合竞争能力。

其主要内容包括信息基础设施的建设，各种应用系统的设计（包括办公自动化系统、业务管理信息系统、客户关系管理系统、供应链系统、企业资源计划等），各项信息资源的开发、规划与管理，有关信息化复合人才的培养以及企业信息化管理相关标准、规范、制度的确立。

6.2.1 旅游电子商务

6.2.1.1 旅游电子商务定义

旅游电子商务旨在利用现代信息技术手段宣传促销旅游目的地、旅游企业和旅游产品，加强旅游市场主体间的信息交流与沟通，整合旅游信息资源，提高旅游市场运行效率，提高旅游服务水平。

6.2.1.2 旅游电子商务流程

（1）第一步：澄清对旅游电子商务的认识

首先，要去掉那些对电子商务的既定假设与偏见。其次，才能在信息化过程中更真实地了解电子商务是什么。电子商务就是运用网络、互联网以及其他网络技术来改善商务的任何方面，这可以是提高商务过程的效率和有效性、设计业务流程，也可以是对整个企业的重新设计。而且并不是局限在单个企业，因为企业的边界正在消失，企业越来越像一个包括合作伙伴、供应商和客户的无边界的实体。电子交易和电子商务是不同的，电子交易只是通过网络或者运用网络技术进行交易，并不会涉及企业流程、组织等方面，因而只是电子商务的一部分。

相对于旅游企业来讲，在其信息化过程中必须时刻想到实施电子商务可能的成果是什么以及要得到什么。这些成果可以是降低成本，能减少回应旅游者的反应时间，改善与旅游者、合作伙伴的关系，也可以是收入增长、扩大市场、改变自身在行业中的竞争地位等。从旅游者行为来看，教育水平的提高使他们更加关注自我，价值观念也已发生了相应的改变，消费品位越来越高。需求更多了，变化更多了，消费者的选择余地越来越大，这种选择性的增加扩展到了付款方式和购买渠道，包括在哪里买、怎样买、如何付款。逐渐地，消费者成为消费准则的制定者。如何赢得新型的顾客，这其中包括一系列技术的、观念的、社会的、文化的亟待进行的改革或变革。

（2）第二步：确定实施旅游电子商务的层次

用一个金字塔来描述旅游企业可能实施电子商务的层次（如图 6-2 所示），从金字塔底到金字塔尖，电子商务的影响逐渐扩大，但实施的难度也逐渐增大。

在信息层次里，旅游企业信息化所做的是简单的信息交流业务，诸如通过网络搜索和发布旅游信息，这一层次的电子商务目标是提高效率。这些是旅游企业信息化过程中的较低层次，也是旅游企业开始尝试电子商务的地方，但对企业的核心业务影响有限。

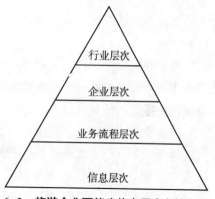

信息层次之上是业务流程层次。旅游企业可能实施电子商务改变某一业务流程，如客户关系管理系统，这一层次的商务目标是提高效能。

图 6-2　旅游企业可能实施电子商务的层次

第三个层次是企业层次。在这个层次，企业将整个业务转变为电子商务，企业层次的商务活动给企业带来独特的竞争优势和改变整个企业的思维方式。企业层次的电子商务包括作业和业务流程方面的变化。

在金字塔的顶端是行业层次，电子商务将改变整个旅游行业的运作方式，在行业层次的电子商务中，行业中的企业和旅游者交易的方式将彻底转变，行业的领头羊将是电子商务利润最大的受益者。

旅游企业信息化的步骤应该是阶梯式的，可分为 4 个演变阶段。

第一阶段：存在。企业在互联网中呈现"信息存在"，如一个旅游企业建设介绍产品和业务信息的静态网站。在现阶段维持在互联网上的信息存在是部分企业不得不做的事情。

第二阶段：探索。企业自动化一些业务流程，如和客户的接触方式、将部分信息存放到数据库中的企业，在这一步中通常还会伴有企业电子品牌建设的努力。

第三阶段：整合。所有的业务流程都实施了自动化。客户可以通过企业提供的电子商务网站下订单、跟踪订单、支付。在这一步中，电子商务已不仅限于旅游企业自身，客户和供应商都成了企业旅游电子商务的相关者。

第四阶段：变革。这是企业全面实行电子商务的阶段，企业内部的信息化与外部电子商务合理衔接。变革的目标是获得竞争优势，需要由旅游企业的高层决策所推动。

(3) 第三步：旅游企业信息化整体解决方案的设计与实施

旅游企业信息化战略的制定要经历以下 3 个阶段。

首先确定目标优势，即分析电子商务是否可以促使市场增长，是否可以通过提高效率来增加市场收入，是否能通过改进目前的营销策略和措施，降低营销成本。

其次是分析计算信息化的成本和收益，须注意的是计算收益时要考虑战略性需要和未来收益。

最后是综合评价信息化战略，主要考虑的有三个方面：成本效益问题，成本应小于预期收益；能带来多大的新的市场机会；考虑企业的组织、文化和管理能否适应所采取的信息化战略。

旅游企业在确定信息化战略后，要在战略的指导下进行详细的步骤规划，并实施这个规划。电子商务不是一种简单的新的营销方法，它是通过采取新技术来改造和改进目前的营销渠道和方法，涉及公司的组织、文化和管理的各个方面。如果不进行有效规划和实施，该战略可能会流于片面，成为一种附加的营销方法，不能体现出战略的竞争优势，相反只会增加公司的营销成本和管理复杂性。策略规划分为下面几个阶段。

目标规划。在确定使用该战略的同时，识别与之相联系的营销渠道和组织，提出改进目标和方法。

技术规划。电子商务很重要的一点是要有强大的技术投入和支持，因此资金投入和系统的购买安装以及人员培训都应统筹安排。

组织规划。实行数据库营销后，企业的组织需进行调整以配合该策略的实施，如增加技术支持部门和数据采集处理部门，同时调整原有的营销部门等。

管理规划。组织变化后必然要求管理的变化，企业的管理必须适应电子商务需要，如销售人员在营销的同时还应记录顾客情况、严格控制费用等。

信息化战略的实施是一项系统工程，首先应加强对规划实施情况的评估，评估是否充分体现了该战略的精髓，评估是否有改进的余地；其次是要对实施规划时的问题及时识别并加以解决；再次是对技术的评估和采用，目前的计算机技术发展迅速，在成本不断降低的同时功能显著增强。如果不跟上技术发展的步伐，很容易丧失电子商务的时效性和竞争优势，而且采取新技术可能改变原有信息化规划，因此信息化战略的实施是需要不断调整的过程。

　　（4）第四步：重新设计核心业务流程

　　旅游企业信息化建设完成后的下一步就是重新设计核心业务流程并找到改变企业运作方式的全新企业业务流程。企业业务流程包括三类：面向供应商的业务流程，包括信息化的采购和供应商管理；面向顾客的业务流程，包括营销、销售、客户关系管理等；内部流程，包括人力资源管理、知识管理等。

　　下面以旅行社为例说明核心业务流程设计。以往，旅行社都是先自己踩点，设计旅游线路，然后自行或通过代理商销售旅游线路产品。在实施电子商务后，旅行社从与旅游者的交互过程中了解其需求，有时旅游者会直接提出需求，因此很容易了解其兴趣和要求以及市场发展趋势。这时，旅行社克服了传统市场调研中的滞后性、被动性和片面性以及很难有效识别市场需求而且成本高等缺陷。通过为旅游者设计个性化产品，旅行社非常容易形成开发新产品的思路。最初为个别旅游者做的个性化设计可能被发展为有广大市场的旅游线路产品。最成功的新产品开发往往是由那些与企业相联系的潜在顾客提出的。

　　（5）第五步：对销售渠道的重新配置

　　网络为旅游企业开拓了更直接的旅游销售渠道，如前面谈到的基于销售（sale）的各种销售渠道和运营模式都是旅游企业可能采用的渠道。在销售渠道的配置上，一般大型的旅游企业都会选择多种销售渠道并行，不会因为采取网络销售渠道而使中间商消失。所以如何处理直销渠道和间接销售的中间商之间的关系是旅游企业信息化之后最应注意的问题之一。

　　传统旅游企业的渠道中有大量的中间商，企业实施电子商务对中间商构成了挑战，这就是被称为"渠道冲突"的问题：从中间商的角度来看，他们对旅游企业实施电子商务的直接销售抱有负面情绪，认为它会分流原来从中间商购买产品的旅游者，对渠道销售量构成威胁，他们还非常关心企业直销的价格。从旅游企业的角度来看，他们关心的是，网络渠道究竟是开拓了原来无法到达的市场，引进了新的顾客，还是仅仅使原来通过传统渠道购买旅游产品的顾客改成网上预订产品了。

　　因此，旅游企业应从以下3个方面认真分析每种销售方式的价值以及相应的报酬比例。首先是各种销售渠道所占的市场份额以及旅游企业对代理商的依赖情况。其次是代理商承担的咨询工作量，也就是在销售过程中客户和销售人员之间交换的信息有多少，是否需要代理商分担这份工作，否则旅游企业自由销售将负担过重；再次是渠道成本，如需给代理商多少折扣，电子商务的直销价格定位以及哪种销售渠道会带来更大的利益。

（6）第六步：信息化时代的企业组织建构

不管是商务还是电子商务，最关键的是"人"。管理组织是企业的重要问题。旅游企业信息化的事实会给旅游企业的组织方式带来重大影响，表现在如下几个方面。

组织结构的改变。由于信息传输方式的根本改变，建立在逐级上传下达方式基础上的传统金字塔式等级制的科层组织结构（包括政府组织和企业组织）正在逐步解体，有时可能会发生突变。20世纪70年代，以阿尔文·托夫勒等为代表的未来学家对社会信息化特征作出过预测。他们预言将产生符合时代节拍的新的组织形式，组织结构呈现出频率越来越快的变化，非常规部门快速增长，职能部门依然存在，但越来越多地为解决一个专门问题而组织的项目小组将在企业中"时隐时现，快速来去"。新的组织形式将是暂时性很强、适应性很强、变化迅速的。这也导致了观念的改变：过去一直强调人适应机构和职位的要求，而现在，情况变得模糊了，工作在改变，人也在改变，信息时代的变化性特点突现出来。

工作岗位的流动与业务过程的多层面交互性。组织结构的变化也会带来工作岗位的不稳定性。例如，今天美国的非全日制工作岗位越来越多，同时，衡量工作结果的方式和观念也大大改变，目前已有3/4的工作脱离了按"岗位付酬"的旧观念与旧制度，转而按"业绩付酬"。传统官僚组织包括政府和大企业的科层制组织的典型特点是严格的专业分工、部门分工下的业务过程。在信息技术时代，取而代之的方式是跨专业学科、跨部门和跨地域的多层面的交互式业务过程。

知识型工作人员的工作方式。等级权威正在信息时代的前夜逐步瓦解。知识权威重于等级权威。对以知识为中心的工作的组织管理和支持是管理科学研究和信息系统构造的中心课题。与我国传统的尊重知识分子的观念不一样，知识分子只是一种身份，有时还演变为一种等级身份，而知识管理不重视等级身份，重视的是知识，一切围绕知识组织起来，既不为等级所阻隔，也不为专业所阻隔。围绕知识的任务一旦完成，组织的使命也就结束了。所以，支持知识中心的组织机构或信息系统是最有创造性的系统。

总之，信息化时代的旅游企业组织应是强调灵活应变性、开放交互性、知识中心性的。

（7）第七步：进行信息化战略的效果评估

评估电子商务为企业带来的价值是一项复杂的工作，需要考虑的因素很多。根据现代经济理论，企业价值主要取决于企业在目前和将来创造利润的能力。同样，电子商务企业的价值也取决于影响电子商务企业创造利润的能力因素，如收入、市场占有率、品牌和技术能力等。

与传统的商业模式相比，电子商务是一种全新的商业模式，其价值评估体系与传统的评估体系不同。首先，企业投资信息化后必然经历相当长时期的高投入、低回报或负利润的阶段，这是因为信息化有导入期，效益的显现是渐进的。其次，信息化的效应有的是有形的，有的是无形的。除财务指标、技术能力指标之外，网站访问量、浏览者停留时间等指标具有非常重要的作用，因为它们显示了企业的宣传效果。最后，企业应关注未来的价值，而不只是当前的价值。关于评估的另一个建议是不要简单地采用其他企业的标准，评估必须是实际的、与环境相符的。

经过对国内外电子商务发展经验和价值评估体系的分析得出，电子商务企业的价值评估体系包含如下的内容。

联合/开放结构程度。选择性是电子商务最基本的特征之一，而联合/开放结构是提供选择性的手段之一。所以，电子商务企业的联合/开放结构程度是影响电子商务企业发展的重要因素。衡量联合/开放程度可以从两个方面来进行：历史发展和行业比较。既要考察一个电子商务企业的联合/开放程度（联合的企业数目和市场规模）的历史变化，又要考察其他旅游企业的发展状况，并进行比较。

财务状况指标。电子商务须为旅游企业带来赢利。衡量财务状况的指标包括：总收入和各部分收入增长率；现金流量增长率；市收率（即市价/收入）；总成本及各部分成本增长率；资产负债比例、速动比率等。

品牌。研究显示网络更能体现出品牌的重要性。由于几乎有无穷多的选择，消费者很快会依赖于可以信任的品牌，即使该品牌意味着更高的价格。电子商务的品牌同传统商业模型的品牌一样，影响和衡量着电子商务企业吸引客户的能力。衡量企业品牌可以用某些调研机构的排名作为指标，也可以用网站点击率等作为间接指标；市场占有率则主要与同类型旅游企业相比较来评估。

客户规模指标。客户规模分现实客户规模和潜在客户规模。现实客户规模指通过电子商务途径预订旅游产品的旅游者数量。旅游企业可与实施信息化程度相近的同类型企业相比，衡量实施电子商务的成功程度。潜在客户则是指通过浏览旅游企业电子商务网站了解并关注企业的人。通常的测度指标有 3 个：访问量即点击频率及其增长率；网站停留时间及其增长率；注册网站会员数及其增长率。但是这些指标存在很多的问题，如企业和个人的点击率、在不同社区滞留时间的长短具有不同的商业含义等。所以，需要用更加细致的指标衡量电子商务企业的潜在客户规模。

目标市场的潜力。电子商务是计算机技术、通信技术和信息管理技术发展的产物，是一种新的商业模式，已经迅速改变了人们的生活方式。但是，互联网的普及率还很低，同时消费者对电子商务的理解和接受仍需要相当长的一段时间。因此，评价企业电子商务实施与目标客户群的关系是非常必要的。如果企业的目标客户群是教育程度高的、喜欢尝试新事物的、熟悉和喜欢互联网的，实施电子商务将提升旅游企业在这一客户群中的市场能力，并为旅游企业带来良好的发展前景。目标市场的潜力可以用客户的年龄、教育程度等指标来衡量。

客户服务。旅游企业是服务型企业，服务质量是旅游企业竞争力的关键要素。互联网导致产品的选择性无限扩大，竞争加剧，价格大幅降低，价格已经无法作为竞争的手段，优质的、个性化的服务将成为旅游企业占领市场最重要的手段之一。衡量客户服务的指标为信息服务和咨询服务专业程度、服务反应速度、个性化服务程度。

企业内部的管理优化和效率提高。这主要包括建立强有力的数字系统，管理公司外部和内部信息；业务流程加速、工作准确性提高；雇员从从事低附加值工作到最大限度利用其才能；管理决策水平提高，等等。

进行旅游企业信息化的效果评估是非常重要的。信息化实施过程中可能遇到的另一个问题是电子商务方案遭到企业管理层直接或间接的抵制。这种抵制可能有多种原因，譬如管理层有其他紧急的事情要做，对技术有恐惧情绪，担心渠道冲突和盈利减少，等等。建立客观的评估体系，不仅有利于形成旅游企业各层级对信息化效果的正确认识，建立信息化的认同和支持氛围，而且有利于将企业的信息化战略不断调整到最能产生实际效果的方向上来。

6.2.2 旅游企业办公系统

当前，办公自动化、网络化的积极作用正日益凸显，并在正处于发展阶段的旅游业中得到了很好的体现。随着技术难题的攻克和旅游公司观念的变化，办公自动化在旅行社的推行将迎来更为广阔的发展空间。

（1）办公自动化的介绍

信息存储和传输的媒介不同是传统的办公系统和现代化的办公自动化系统最本质的区别。利用模拟存储介质如纸张记录文字、数据和图形，利用照相机或摄像机胶片记录影像，利用录音机磁带记录声音的称为传统的办公系统。在传统的办公系统中难以实现高效率的信息处理、检索和传输，存储介质占用的空间也很大。因为它主要通过利用各种设备之间非自动化的配合。现代化的办公自动化系统的主要原理是利用计算机和网络技术使信息以数字化的形式在系统中完成存储和流动，在软件系统管理方面，各种设备自动地按照协议配合工作，从而达到高效率地进行信息处理、传输和利用的功效。办公自动化技术的发展将使办公活动从以往的传统型拓展向着数字化的方向发展，最终将实现无纸化办公。

（2）办公自动化在现实中的应用

以智能化的计调功能为例，可以将计调工作全面集成：导游、车辆、酒店、票务、景点及公司内部管理全面接合；计调操团全电脑化检索，可方便地从上万条组团资源中查找出性价比最高的组团资源；出团通知书、团队运行计划表等管理报表智能生成，从而大量节约了时间和办公成本；客人的线路咨询、线路报价，不需每次都打印或者传真。

（3）实现办公自动化的优点

实现办公自动化的优点主要是通过先进的技术和完善的设备来提高办公质量和办公效率，改善办公条件，降低劳动强度，最大限度地实现管理和决策的科学化，杜绝或减少人为的差错和损失。

在旅行社实现办公自动化方面，大多数发达国家由于其良好的经济条件办公自动化早期就已经比较成熟，但在国内因各方面的因素制约，办公自动化的发展缓慢且缺少代表。目前，办公自动化已在国内旅行社内进行推广，这将会使中国现行的旅游业发展产生重大的突破，具体且实际的转变包括提高员工的工资待遇和福利等，争取给广大群众带来更加便利、便宜的旅游服务，实现旅游市场利润的最大化是办公自动化的优点也是最终目标。

6.2.3 客户关系管理系统

客户关系管理是一种以客户为中心的管理思想和经营理念，旨在改善企业与客户之间关系的新型管理机制，实施于企业的市场、销售、服务、技术支持等与客户相关的领域，目标是通过提供更快速和周到的优质服务吸引和保持更多的客户，并通过对营销业务流程的全面管理来降低产品的销售成本；同时它又是以多种信息技术为支持和手段的一套先进的管理软件和技术，它将最佳的商业实践与数据挖掘、数据仓库、一对一营销电子商务、销售自动化及其他信息技术紧密结合在一起，为企业的销售、客户服务和决策支持等领域提供了一个业务自动化的解决方案。客户关系管理系统的核心内容主要是通过不断的改善与管理企业销售、营销、客户服务和支持等与客户关系有关的业务流程，并提高各个环节的自动化程度，从而缩短销售周期、降低销售成本、扩大销售量、增加收入与盈利、抢占更多市场份额、寻求新的市场机会和销售渠道，最终从根本上提升企业的核心竞争力，使得企业在当前激烈的竞争环境中立于不败之地。客户关系管理系统将先进的思想与最佳的实践具体化，通过使用当前多种先进的技术手段，最终帮助企业来实现以上目标。

（1）客户关系管理类型

运营型客户关系管理（Operational CRM）是指客户数据采集、查询和报表生成系统，应用在与客户接触的部门，功能包括营销自动化、销售自动化、服务自动化、呼叫中心和电子商务网站。

分析型客户关系管理（Analytic CRM）是将运营型客户关系管理系统采集的客户数据转换成用于指导经营活动的客户信息，主要包括数据采掘和数据仓库。

协作型客户关系管理（Collaborative CRM）是公司内部、公司与业务伙伴、公司与客户的沟通与信息共享中心，包括传统沟通工具与在线沟通工具。

广东易通商旅资讯服务有限公司应用 CRM 系统通过客户统一服务中心，将来自网络、电话以及传真的用户信息整理分类，同时依靠自动语音分别将不同类型的需求信息和客户信息经过滤后添加至企业用户数据库和产品数据库中。数据库中包括了客户的基本信息、以往行为记录、咨询记录等。这就是协作型的客户关系管理系统在旅游电子商务中的应用。

（2）客户关系管理系统的应用

整合沟通交流渠道：客户关系管理系统可以整合几乎所有媒体沟通交流的渠道，包括 Web，TEL，FAX，E-mail，FTP，WAP 以及传统的面对面交流、信件等，以满足不同旅游者的需求。不论顾客通过什么样的渠道和企业联系，都可以及时、准确得到一致的信息，这一点极大地提高了旅游企业提供给顾客的服务质量，并且降低了企业的经营成本，使一些员工可以从接待工作中解脱出来，转向其他工作职位，从而减少人力资源的开销。

整合旅游企业内部的服务：客户关系管理系统包括销售功能和企业计划市场功能，企业充分利用廉价的网络多媒体资源，降低企业服务成本。同时，建立了多种业务项目、多种客户群组的统一客户数据库，并通过分析结果划分企业客户群体，制订不同的销售计划和营销手段。通过 CRM 系统的管理使企业内部的信息化建设更加完善，销售、管理系统更加规范。还有，通过系统选线管理，企业各级负责人可直接浏览下级客服专员在服务中所交办给销售部门的代办事项，并进行及时处理。

提供个性化的人性服务：随着信息技术的迅速发展和电子商务成为现代社会的主流，个性化服务的概念已经深入人心，尤其是旅游行业这种出售特殊的服务和旅游产品的特殊行业，顾客个性化服务的需要更加突出。一方面，要细分目标客户，利用数据库里的信息对客户群体进行细分；另一方面，利用数据挖掘技术对用户数据进行统计、整理，进一步作出相应的数据分析，并作出关联性，让企业尽可能地了解客户的偏好和需求，从而在最合适的时机通过最便捷的渠道为客户提供更个性化、更适宜的服务。

6.2.4 供应链系统

旅游产业的运行方式有以下两种。

一是以旅行社为主体的"点线旅游"经济体系，点线模式下的旅游供应链的运行核心是旅行社，所有旅游活动的正常运行都将依赖于旅行社。

旅游业是由能够提供各种满足旅游者需求的产品的行业所构成的，其中包含交通运输业、观赏娱乐业、餐饮住宿业、旅行社、旅游购物业等。在以旅行社为核心的企业的运行模式下，旅行社是以旅游产品生产者和消费者之间的纽带和桥梁的身份出现的，各个单位的旅游产品供应商要靠旅行社的组合形成整体旅游产品，并通过旅行社与旅游者的交易实现旅游产品的买卖。即旅行社通过采购相关旅游企业的产品和服务，形成旅游组合产品销售给旅游者来满足旅游者的各种需求，如图6-3所示。

二是以旅游目的地散客服务中心为主体的"板块旅游"经济体系，板块模式下的运行核心是旅行代理商和散客服务中心，他们根据当时当地的情况就地为散客旅游者安排旅游服务。在我国旅游业中，以上两种供应链系统是并存的。

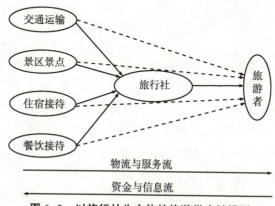

图6-3　以旅行社为主体的旅游供应链模型

6.2.5 业务管理信息系统

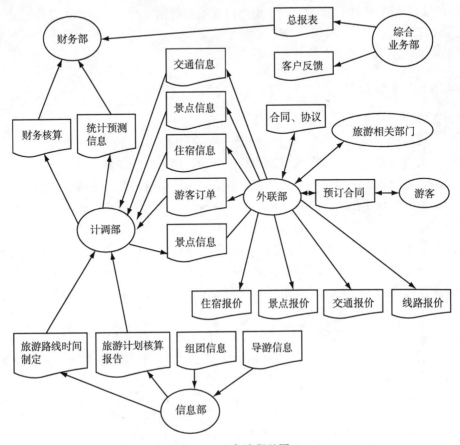

图6-4　业务流程总图

　　旅游企业的业务管理信息系统的功能是对旅游企业生产服务过程（图6-4）的管理实现信息化，从而提高旅游企业的生产效率和管理效率，同时提高旅游企业的市场竞争能力，满足现代人的个性化服务要求。简单来说，旅游企业的业务管理信息系统是利用计算机技术和通信技术，对旅游企业经营的所有信息进行综合管理和控制的以人为主体的人机综合系统。针对旅游消费市场这样一个日益呈现个性化精神消费特征的市场，旅游企业的业务管理信息系统建立在一种全新的经营理念基础之上，即依托计算机网络和数据库的支撑，有效地辅助旅行社人员开展工作，提高旅游企业的经营管理能力，并且不断更新旅游企业的市场竞争理念，应对全球化时代旅游企业所面临的新挑战。

6.2.6 旅游企业信息化的作用和影响

6.2.6.1 提高企业管理水平

在旅游企业信息化建设中，旅游企业可以通过建立内部数据库将企业内部信息汇集以便于员工随时查询，也可以在网络上存放较为机密的数据，并设定存取权限，不同级别的员工可以浏览在其权限之内的数据。这样，员工可以最大限度地获取数据，从而提高其工作效率和积极性。另外，旅游企业也可以利用内联网提高协同工作的能力。通过内联网，企业可以随时召开网络视频会议、交流各自的工作情况和出现的问题，彻底改变传统的工作流程。而且，各个部门之间员工的沟通将变得轻而易举，信息传递会更准确及时，从而有利于增强企业凝聚力。过去对于出差途中的员工来讲，很难及时准确地得到企业的最新信息，而现在发达的网络和移动通信使这样的问题很容易得到解决。

6.2.6.2 降低企业运营成本

旅游企业信息化建设是旅游企业降低运营成本的一种有效途径。这主要表现在：第一，降低交通和通信费用。信息化实现后，旅游企业业务人员和管理人员沟通非常方便，他们可以利用如电子邮件、网上电话、网上会议等方式进行沟通。根据统计，信息化实现后可以减少企业的传统交通和通信费用的 30% 左右。第二，降低人工费用。由于采用信息化技术，旅游企业的传统管理过程中许多由人员处理的业务，现在都可以通过计算机和互联网完成，以减少工作中不必要的人员和因人为因素造成的损失。第三，降低企业的财务费用。借助企业管理信息化，可以大大降低旅游企业对一般员工、固定资产投入和日常运营费用开支，可以节省大量资金和费用。第四，降低企业办公费用。通过互联网，旅游企业可以实现无店铺经营，把业务放在互联网上进行，则无须在繁华地段租用昂贵的办公场所。

6.2.6.3 树立企业良好形象

在现代旅游市场竞争中，良好的企业形象对旅游企业的生存具有至关重要的作用。在信息化环境下，可以在较短的时间内快速树立一个良好的企业形象。旅游企业通过在国际互联网上建立自己的网站，就可以把企业自身的优势充分地展示出来，将企业的管理、经营理念和策略向公众很好地宣传，及时调整企业经营战略，为顾客提供受欢迎的旅游产品和优质的服务。由于国际互联网是覆盖全球的网络，所以在网络上树立的企业形象是广泛的，具有国际性的。这种良好的形象将会给旅游企业带来大量潜在的顾客，对旅游市场的开拓发挥着重要的作用，从而增加旅游企业在市场竞争中的优势。

6.2.6.4 提高企业营销效益

旅游企业市场营销活动对于企业的生存、发展具有决定性的作用，主要包括市场营销研究、市场需求预测、旅游项目开发及定价、广告、物流、人员推销、促销、服务等。信息化对于提高旅游企业营销效益有着直接、明显的作用。旅游企业不仅可以通过网站发布本企业的旅游信息，还可以广泛地与大众交流，获取他们对产品、服务、营销策略的意见以及对新旅游项目开发的建议和定价的看法等。另外，通过网络，企业可以足不出户地了解整个旅游市场的情况，以对自己的营销策略加以调整。总之，信息化为旅游企业的市场营销提供了新的舞台，可以明显地提高营销效益。

6.2.6.5 创新的市场机会

信息化可以为旅游企业创造更多新的市场机会。第一，利用网络，旅游企业可以突破时间的限制。利用互联网可以实行"7×24"营销模式，同时不需要增加额外的营销费用，一切工作全部利用计算机自动完成。第二，利用互联网，旅游企业能够突破传统市场中地理位置的分割，可以很轻松地将市场拓展到世界上任何地方。第三，作为新的销售渠道，信息化可以吸引那些在传统营销渠道中无法吸引的顾客在网上消费，而且不受时间和地理位置的限制。第四，利用信息化技术，旅游企业可以与顾客进行交互式沟通，顾客可以对企业提出新要求，企业可以及时根据自身需要为顾客开发新的产品和服务。第五，利用信息化，旅游企业还可以为顾客提供定制服务，最大限度地细分市场，满足市场中每一个顾客的个性化需求。

6.2.6.6 提高顾客满意程度

在激烈的市场竞争中，顾客满意度和忠诚度对于旅游企业的发展非常关键。在信息化建设中，旅游企业可以利用互联网，将企业的信息都放到网上，顾客可以随时随地根据自己的需要有选择性地了解有关旅游信息。这样克服了在为顾客提供服务时的时间和空间障碍，并且能够显著地提高服务效率，同时为顾客提供满意的订单执行服务——利用国际互联网，顾客可以自行查询订单的执行情况。另外，信息化还可以很好地为顾客提供满意的售后服务。若顾客在旅游后要对不满意的地方进行投诉，这时他们可以首先从网站获取售后服务，如果再有问题可向客户部寻求帮助，从而提高了企业对客户反应速度。

6.3 旅游企业的信息化实践

6.3.1 中青旅全面引入 ERP 项目

中青旅上市 10 年来，一直秉承"发展决定一切"的价值取向，以不断创新的精神，坚持市场化改革，不断深化企业制度、管理机制和公司文化的全面创新，大力推进符合未来发展趋势的旅游主业运行模式的彻底变革。通过调整业务结构，创新经营模式，掌控相关资源，确立竞争优势，提升核心竞争能力，实现企业可持续发展。中青旅于 2000 年 6 月开通了"青旅在线"旅游电子商务网站，较好地实现了传统产业与电子商务的整合，找到了一个比较现实的电子商务模式。"青旅在线"把顺应社会变革和消费者需求的变化趋势，成为兼容并蓄、富于创新精神的国际顶级专业旅游服务供应商作为自己的目标，充分整合品牌、资本、客户以及产品等各方面的优势，立志成为中国旅行社发展旅游业电子商务的"领头羊"。

6.3.1.1 中青旅信息化的背景介绍

在公司高层正确战略的指导下，中青旅的业务量升幅巨大，业务规模的迅速扩张和销售模式的转变需要信息技术的强有力的支持。中青旅领导层高瞻远瞩，从战略上确立了信息化对中青旅未来发展的重要性。

6.3.1.2 中青旅信息化的战略合作

2000 年 11 月，信息化项目开始正式对外招标，经过筛选，最终剩下了浪潮通软和一家专门做旅游业务系统的上海金棕榈。金棕榈是一家专门为旅游行业业务系统提供信息化的厂商，其前身是上海中旅电脑部，其优势集中体现在旅游业务系统上，但是整体的技术力量较弱，这并不是中青旅想要的，他们需要的是一个整体的解决方案。经过深思熟虑和综合考察评标，中青旅最终选择了在企业信息化领域具有丰富经验的 ERP 软件供应商——山东浪潮通用软件有限公司，作为其长期的战略合作伙伴。2001 年 4 月，中青旅 ERP 一期项目正式启动，中青旅成为国内第一家全面引入 ERP 的旅行社。

6.3.1.3 中青旅信息化的系统规划

此次 ERP 项目共分三期规划，第一期项目主要实现旅游业务处理和财务处理功能，主要包括连锁销售系统、国内团操作系统、出境团操作系统、单团核算系统、财务系统等，从而实现旅游业务从开团、销售、单团核算，到财务的集成处理。另外，还要实现 ERP 系统与青旅在线网站系统、酒店和机票预订中心系统的对接。第二期项目主要实现入境游子系统、导游和车队管理以及 CRM 系统，期望把客户资源整合起来，更为主动地为客户提供专业的服务。第三期主要实现办公自动化、人力资源管理以及各子公司的财务和业务管理系统。

6.3.1.4 中青旅信息化的系统方案

中青旅信息化系统方案的物理结构如图 6-5 所示，主要包括以下几个部分：

预订中心数据库、在线网站数据库、财务数据库、中间层架构 Web 服务器组成，通过防火墙与终端客户和其他相关部门与门市对接。

从功能逻辑结构来看，后台的总部数据仓库直接管理订单后台处理、订单数据维护、财务系统、数据分析、信息发布、系统管理等功能，然后通过服务器与网络终端联系，前端的用户和子部门可以进行订单录入、订单查询等，所有的数据都通过网络通信技术联系在一起，如图 6-6 所示。

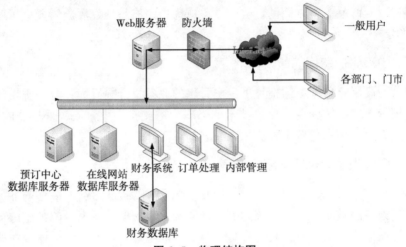

图 6-5　物理结构图

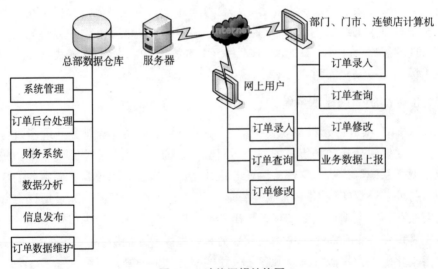

图 6-6　功能逻辑结构图

6.3.1.5 ERP 系统的功能模块介绍

国内游操作系统：实现线路产品的设计、维护；实现团队信息的录入、行程信息维护、各种类型价格维护、附加费的维护；实现导游/领队、机票、酒店、地接社、汽车、餐馆和其他资源的安排；随时跟踪连锁店的报名情况，处理部门、门市所下的国内旅游订单，并将处理结果信息反馈到有关数据库。

出境游操作系统：除了完成类似国内游操作系统的基本功能之外，还提供针对出境游操作的特殊功能，如办照办签、银行换汇、出境名单等。

连锁门市预订系统：辅助业务员受理客户咨询，预订、购买、退订旅游产品；实现对团队信息查询、客户预订、客户下单、收退款操作、退转团处理、暂存款、押金、保险、银行存款、客户信息、统计查询等功能。

联盟/同业销售系统：联盟/同业组织是各大型旅游集团或者旅行社为了应对激烈的市场竞争，以开拓旅游市场、共同发展为宗旨，联系国内旅游行业其他旅行社、销售代理商，自发组成的联盟性组织。为了支持集团化管理和业务规模扩张的需求，联盟/同业销售系统为联盟组织、同业组织提供了业务往来的支持。

单团核算系统：实现业务结算流程处理的计算机化，实现业务系统的相关业务在财务系统中生成相关的记账凭证，提供单团辅助核算的功能，实现对单团收支情况的综合查询。

普通财务系统：通用账务模块的主要功能应由凭证制作、凭证复核、自动记账、凭证汇总记总账、月底结账等数据处理功能和总账余额查询、明细账余额查询、总账查询、日记账查询、明细账查询、多栏式明细账查询、科目汇总表查询等一般的会计资料查询功能组成。

6.3.1.6 ERP 系统的应用效益

全面支持中青旅战略发展需求。从战略层面来看，ERP 系统为中青旅向集团化迈进提供了强有力的支持，使得并购、战略联盟的运作不再仅仅停留在战略层面上，而是从实际运行上为其提供了技术保证。

业务流程规范化。从业务层面上讲，中青旅 ERP 系统的实施对业务流程规范化起到了很好的促进作用。中青旅"连锁销售+网上预订+后台支持+财务监控"的业务模式，已经形成了一个规范化的业务流程。同时，ERP 系统实现了信息资源的一致性、共享性，使企业信息资源得到有效利用，也提高了业务人员的工作效率和业务操作水平以及对客户需求的反应能力。

管理上台阶。实施 ERP 系统之后，中青旅在管理、监督、决策等活动方面的能力得到了很大加强。各部门人员责权利相匹配；避免了可能的暗箱操作，财务对业务的全面监督成为可能；业务流程控制点明确，简化了决策环节；及时、快速、准确、全面的信息流为企业决策提供了有力支持，而领导决策数字化，在一定程度上也规避了企业经营风险。

6.3.2 九寨沟风景区智能化管理系统

近年来，九寨沟景区依托国家重大科研课题不断提升景区智能化管理水平，努力将智慧景区建设推向深入。一是国家"863"重大专项课题——"基于时空分流导航管理模式的 RFID 技术在自然生态保护区和地震遗址博物馆的应用"，该课题将 RFID 等垫带信息技术引入景区管理中，形成源头创新的基于时空分流导航的景区管理模式，提升了景区在旅游高峰期的管理和服务水平。二是国家科技支撑计划项目——"智能导航搜救终端及其区域应用示范系统"，该项目以"数字九寨"为基础，将空间导航与位置服务等现代智能服务技术创新应用到旅游景区管理、应急处理、救援救助、游客监控等多方面，融合卫星导航、区域定位、移动通信等高新技术，开发智能管理、搜救、环境监测等系列用户终端，研制智能管理系统，提高旅游景区游客调度、应用管理与区域应急处理能力，提升景区精细化管理和危机管理水平。

"智慧九寨"，是指九寨沟景区管理的智能化。它是建立在集成的、高速双向通信网络的基础上，通过先进的传感和测量技术、先进的控制方法以及决策支持系统的应用，有效改善九寨沟风景区商业运作和公共服务关系，实现九寨沟旅游资源的优化使用、生态环境的有序开发和保护、游客满意度的提升、产业效益最大化的目标。

"智慧九寨"的建设重点是通过信息化手段，解决旅游旺季景区景点游客拥挤、乘车站点的拥挤、车辆调度不畅等问题，实现优化的综合实时管理调度。智能化的管理系统在城市的交通、能源、城市管理等多个领域中已经得到了应用，同时该项技术也表现出了良好的发展前景。因此，智能信息技术在旅游行业中的应用，必将推动中国旅游产业信息化建设的快速发展。

现代科技的迅猛发展，特别是信息技术的发展，使旅游景区管理手段、思维和方式都发生了革命性的变化。旅游景区如何在新的机遇背景下向信息化、互通化、智能化的"智慧景区"发展，需要形成一种能使旅游景区的深度、广度和高度都有长足发展的建设模式，该模式主要表现为以下几点。

（1）进行景区信息最透彻的感知

利用任何可以随时随地感知、测量、捕获和传递信息的设备、系统或流程，如物联网，通过使用这些新技术的应用，对景区地理事物、自然灾害、游客行为、社区居民、景区工作人员行迹和景区基础设施、服务设施进行全面、透彻、及时的感知，并进行分析，便于立即采取应对措施和进行长期的规划。旅游资源和景区生态环境的可持续发展，长期受保护与发展之间的矛盾制约，但只要能及时、全面、准确获取景区旅游资源、生态环境、游客等方面的信息，旅游景区管理者就能作出准确的决策和调控，从而缓解矛盾，实现人地和谐。

（2）实现景区成员更全面的互联互通

互联互通是指通过各种形式的高速、高带宽的通信网络工具，将景区、社会和政府信息系统中收集和储存的分散信息及数据连接起来，进行交互和多方共享，对游客、社区居民、景区工作人员实现可视化管理，从而更好地对环境和游客进行实时监控，从全局的角度分析形势并实时解决问题，有效保护遗产资源的真实性和完整性，提高游客服务质量，实现景区环境、社会和经济全面、协调、可持续的发展。同时还可以将科研院校、研究机构、酒店、旅行社、航空公司、IT公司等建成战略联盟，运用众人的智慧、集结众人的力量管理景区，从而彻底改变整个景区的运作方式。

（3）构建景区管理更深入的智能化

所谓的智能化是由现代通信与信息技术、计算机网络技术、行业技术、智能控制技术汇集而成的针对智慧景区应用的智能集合，通过深入分析收集到的数据，以获取更加新颖、系统且全面的洞察来解决特定问题；同时利用最新信息技术和管理理论改变景区管理局或管理委员会的组织结构，优化和再造景区管理业务流程。随着信息技术的不断发展，其技术含量及复杂程度也越来越高，这就要求使用更为先进的技术来处理复杂的数据分析、汇总和计算，以整合、分析少量的跨地域、跨行业和职能部门的数据及信息，并将特定的知识应用于智慧景区中来，从而更好地支持决策和行动。例如，时空分流导航管理，就是景区管理局通过信息监控、决策和调度，引导一部分游客优先选择A路线；另一部分游客优先选择B路线，从时间和空间上错开客流，均衡利用各景点的接待能力。"先进的管理模式下，景区和游客会实现共赢。"任佩瑜表示，对景区而言，达到客流量分布的有序配置，扩大景区承载能力，从而扩大游客规模；在科学合理的调度下，景区（点）堵塞现象消失，减少垃圾产生，减少植被的践踏和损伤，在很大程度上能起到监控和保护生态环境的作用；对游客来说，游玩过程将更加舒畅，满意度更高。

6.4 旅游企业进入旅游电子商务的策略

6.4.1 大型旅游集团进入旅游电子商务的策略

大型企业，特别是上市公司进入旅游电子商务对准备进入电子商务领域的旅游集团企业有很大的参考意义。上市公司拥有大量的旅游资源与相关行业资源，对景点、线路、酒店和旅行社等资源的控制能力又在全面性信息和优惠价格折扣的提供方面存在较大优势。表6-1将对旅游业上市公司触网情况作出总结。

表6-1 旅游业上市公司的触网情况

类别	主要上市公司	触网情况
景点类	华侨城、张家界、京西旅游、峨眉山、黄山旅游、中视股份、泰山旅游	通常拥有景点管理权和部分景区配套设施（如酒店、索道等）的所有权，其特色为专门性和地域局限性
酒店类	新都酒店、华天酒店、东方宾馆、大东海、大连渤海、株洲庆云、寰岛实业、新锦江、百花村、新亚股份、西藏明珠、罗顿旅业	我国酒店单店经营方式较普遍，连锁规模不发达，以参与电子商务平台为主要方式
旅游服务类	中青旅、金马集团、国旅B股、中国泛旅、西安旅游	旅行社行业在旅游业中承上启下的地位为其开展专业电子商务提供了足够的旅游资源优势和客源优势，是实施电子商务的最佳选择
航空类	东方航空、海南航空	航空企业握有票务资源优势，是旅游电子商务的积极参与者和首先受益者

无论是掌握多种资源优势的优势型旅游服务类公司，还是提供各类终极旅游产品的航空公司、旅游酒店和旅游景点，参与互联网和电子商务为旅游业上市公司带来的是主营业务的延伸和拓展。它的意义不仅是二级市场上股票价值的重新评估，还有公司面对信息时代的适应性战略转型。旅游电子商务必将成为今后一段时间内上市公司资本运作的重要方向之一。

6.4.1.1 借助信息化进行集团化建设

从市场销售角度来说，IT系统是最大众化、最经济的信息传播手段；从管理角度而言，最好的管理办法就是要通过IT系统实现；要提高旅游集团竞争力，同样需要IT系统，甚至连企业文化建设都离不开IT系统。信息技术正在成为推进旅游集团化发展战略的原动力。

6.4.1.2 进行企业信息化咨询

集团化企业的业务链一般比较复杂，涵盖的业务范围比较广泛，组织机构庞大、二三级单位多、分支多、异地机构多，业务数据繁杂，市场环节众多，对资源管理配置及效率提升具有较高的要求。在进入旅游电子商务领域的时候，企业内部的物流和信息化将会受到极大的冲击，从国内的很多案例表明，如果贸然进入旅游电子商务领域，将会对传统业务模式造成一定的冲击。所以建议大型旅游集团进入旅游电子商务领域的时候，能够选择一家提供企业信息化建设服务的公司一起分析业务流程，针对自身的需要，对一些需要与电子商务衔接的模块进行改良，对企业需要信息化建设的模块进行业务的重组和设计，制定一份比较详细的企业信息化咨询建议书，并进行严密的可行性分析。

6.4.1.3 搭建基于3S模式内外网一体的大型网络平台

在信息技术与旅游信息化快速发展的今天，一个成熟的旅游集团离开了网络谈规模化、集团化发展是非常困难的。国内众多的旅游集团和上市公司都看准了旅游电子商务的发展前景，纷纷利用手中大量的线下旅游资源与相关行业资源，进入旅游电子商务领域。建议通过搭建一个外网经营服务网络与公司内部网络合一的门户平台，在发展旅游电子商务的同时，进行内部的信息化建设，建设基于3S（销售、信息、支持）的外部的在线经营和在线服务及内部管理与运营为一体的内外互联网络运营平台，真正实现企业的在线销售、在线经营、在线管理、在线服务。

6.4.2 中小型旅游企业进入旅游电子商务的策略

近年来，受到携程旅行网、艺龙旅行网经营模式的影响，一些传统旅行社和代理商也开始进入电子商务领域。但是，对于传统的中小型旅游企业来说，电子商务是一件"看上去很美，做起来很难"的事情。即使如此，投身到这个电子商务浪潮当中的企业还是日渐增多。对于这些初涉足旅游电子商务的中小型企业来说，如何与已经形成规模优势的知名在线分销商竞争，如何在众多的旅行网站中突围而出，就成了值得进入电子商务领域的传统中小型企业思考的问题。对于这些企业电子商务的发展策略，有以下几点建议。

（1）关注客户体验

基于成本考虑以及对技术的陌生，传统中小型企业通常难以建立强大的技术开发团队，技术开发往往采用"外包"加自有技术人员"小修小补"的模式，而这也导致了这些企业网站的客户体验通常会比较糟糕。此外，传统中小型企业投入的资源自然有限，从而导致网站更新缓慢、内容匮乏。建议与正规的技术公司长期合作，将技术开发全部外包给技术公司，脚踏实地把客户体验做好。

（2）延伸服务链

很多人认为，客户总是想以最低的价格买到最好的商品，所以旅游企业通常会把价格降得很低来吸引消费者。但这种思路值得商榷！一些大型的旅游公司的价格往往还不如一些名不见经传的小代理有优势，但这并无损于他们的攻城略地。所以，长远之计不是打价格战，而是完善服务链，通过不断延伸的服务链来提供更多的增值服务，从而提升客户黏度和品牌价值，通过积累高质量的客户群体才能从中获利。

（3）制订完善的战略规划

中小型企业进入电子商务领域并不能完全跟从或依赖大型旅游企业的营销策略，中小型企业需要寻找对电子商务具有足够了解，并且对这个行业具有前瞻性眼光的人来参与决策，并制订比较长远的、适合本公司的战略规划。

（4）坚定目标，调低赢利预期

携程旅行网作为电子商务行业的先行者用了将近3年的时间才开始盈利，所以电子商务并不是短期就能看到效果的项目，如果中小型企业决心进入电子商务领域就要坚定自己的目标，并降低赢利预期，按照指定的战略计划，结合实际操作不断改进完善，最终才能成功地进入电子商务领域。

7 旅游目的地的信息化道路——智慧旅游

随着我国旅游业的快速发展，旅游信息化建设已经成为各城市旅游发展的必然趋势之一。而旅游信息化建设经历了从旅游数字化到旅游智能化再到旅游智慧化的发展，三者一脉相承，不仅在技术手段的应用上一步步深入和升级，而且逐步将重点从以技术为支撑的供给方转移到以提升旅游者的体验质量为核心的需求方。如果说旅游信息化建设从数字化到智能化是第一次飞跃，那么从智能化到智慧化的过程，就成为其第二次飞跃。智慧旅游则是旅游智慧化的目标和结果。旅游智慧化的各种实践和努力的结果，就是使游客能够更加便捷、低成本、高效率地接受"智慧服务"，而在这个过程中旅游企业、旅游管理部门也通过优化原有的服务、管理流程而实现了"智慧化"，整个旅游产业也就更加"智慧"了。

智慧旅游以融合的通信与信息技术为基础，以游客互动体验为中心，以一体化的行业信息管理为保障，以激励产业创新、促进产业结构升级为特色。智慧旅游，简单地说，就是游客与网络实时互动，让行程安排进入触摸时代。从其内涵来看，智慧旅游的本质是指包括信息通信技术在内的智能技术在旅游业中的应用，是以提升旅游服务质量、改善旅游体验、创新旅游管理、优化旅游资源利用为目标，增强旅游企业竞争力，提高旅游行业管理水平，扩大行业规模的现代化工程。

智慧旅游概念的提出可以追溯到2000年12月5日，加拿大旅游业协会的戈登·菲利普斯在他的演讲中讲道："智慧旅游就是简单地采取全面的、长期的、可持续的方式来进行规划、开发、营销旅游产品和经营旅游业务，这就要求在旅游所承担的经济、环境、文化、社会等每个方面进行卓越努力。"2009年1月28日，在西班牙马德里举行的联合国世界旅游组织的旅游委员会第一次会议上，当时的联合国世界旅游组织助理秘书长杰弗里·李普曼号召会员国和旅游业部门努力实现"智慧旅游"。他的定义是把智慧旅游作为服务链的各个环节，包括清洁、绿色、道德和质量4个层面。

国内江苏省镇江市于2010年在全国率先创造性地提出"智慧旅游"概念，并开展"智慧旅游"项目建设，开辟了"感知镇江、智慧旅游"新时空。智慧旅游的核心技术之一"感动芯"技术在镇江市研发成功，并在北京奥运会、上海世博会上得到应用。2011年，王咏红提出，"智慧旅游"是旅游信息化的延伸与发展，是高智能的旅游信息化，以游客为中心，以物联网、云计算、下一代通信网络、高性能信息处理、智能数据挖掘等技术为支撑并将这些技术应用于旅游体验、产业发展、行政管理等诸多方面，使游客、企业、部门与自然、社会相互关联，提升游客在旅游活动中的自主性、互动性，为游客带来超出预期的旅游体验，让旅游管理更加高效、便捷，为旅游企业创造更大的价值。

7.1 智慧旅游城市

7.1.1 智慧城市

7.1.1.1 智慧城市的概念

智慧城市的概念最早是 IBM 提出的，IBM 将其定义为：运用信息和通信技术手段感测、分析、整合城市运行核心系统的各项关键信息，从而对包括民生、环保、公共安全、城市服务、工商业活动在内的各种需求作出智能响应。IBM 定义的实质是用先进的信息技术，实现城市智慧式管理和运行，进而为城市中的人创造更美好的生活，促进城市的和谐、可持续成长。

"智慧城市"主要表现在以下几个方面。

全面感测——遍布各处的传感器和智能设备组成的"物联网"，对城市运行的核心系统进行测量、监控和分析。

充分整合——"物联网"与互联网系统完全连接和融合，将数据融合为城市核心系统的运行全图，提供智慧的基础设施。

激励创新——鼓励政府、企业和个人在智慧的基础设施之上进行科技和业务的创新应用，为城市提供源源不断的发展动力。

协同运作——基于智慧的基础设施，城市里的各个关键系统和参与者进行和谐高效的协作，达到城市运行的最佳状态。

"智慧城市"的愿景是灵活、便捷、安全和高效。

灵活：即能够实时了解城市中发生的突发事件，并能适当即时地部署资源以作出响应。

便捷：远程访问"一站式"政府服务，可以在线或者通过手机支付账单、学习、购物、预订和进行交易。

安全：即更好地进行监控，更有效地预防犯罪和开展调查。

高效：即实现政府不同部门之间常规事务的整合以及与其他私营机构的协作，提高政府工作的透明度和效率。

"智慧城市"技术体系如图 7-1 所示：

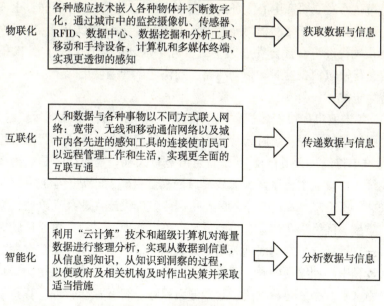

图 7-1　智慧城市技术体系

7.1.1.2 智慧城市实践案例

●智慧上海

自 2009 年开始，上海电信开始助力上海打造泛在网络基础，如率先建设"城市光网"等。2010 年 3 月 2 日，上海物联网中心在嘉定区揭牌。2010 年 8 月，上海宣布推出预计总投资 31.2 亿元的"云海计划"，将上海建成中国的云计算技术与服务中心。从物联网到云计算，上海正在将"智慧城市"从概念变成产业实践。

"智慧上海"的内涵包括三大网络：一是物质网络，以物联网为代表；二是信息网络，以"云计算"为代表；三是以"智能电网"为代表的能量网。

"智慧上海"包括三方面的内容："可持续的上海"、"高效的上海"、"安全的上海"：

"可持续的上海"：如能源能否可持续，是否可以找到新的使用能源的方法，使水电等更智慧、更持续高效地得到使用等。

"高效的上海"：包括是否有高效的交通，工作效率是否高效，是否有好的通信技术，是否能得到良好的教育等。

"安全的上海"：包括公共应急系统是否安全高效，食品、药品是否安全，环境是否安全等，如空气是否被污染。

2010 年以来，上海多次研讨"智慧城市"的发展。在其中的一次论坛上，时任上海市政府发展研究中心主任的周振华提出，"十二五"期间，上海发展的一大特色和优势就在于"智慧城市"建设。其后，上海在 2010 年 11 月 9 日通过的《上海市国民经济和社会发展第十二个五年规划的建议》中，首次提出"大力实施信息化领域领先发展和带动战略，加快建设智慧城市"。

●智慧宁波

《2012 年宁波市加快创建智慧城市行动计划》指出，宁波将斥资逾 50 亿元推进信息网络基础工程、政府云计算中心、基础信息共享工程、智慧应用工程等 30 个智慧城市建设重大项目及 19 个智慧产业重大项目建设。一是完善智慧基础设施，光纤入户覆盖主要城区，无线局域网覆盖机场、车站、学校、酒店、CBD 等重要公共场所；基本完成全市六区通信网络基础设施共建共享改造，力争成为国内通信质量、网络带宽和综合服务最具竞争力的地区之一；建成比较完备的人口、法人、自然资源与空间地理等基础数据库和信用信息等专业数据库，加快建设政府云计算中心和灾备中心，建立较为完善的信息资源共享机制。二是计划提升智慧应用水平。力争智慧物流、智慧健康保障、智慧社会管理、智慧城管、智能电网等重点项目建设水平位居全国前列；加快推进智慧交通、智慧教育、智慧公共服务、智慧文化、智慧能源应用、智慧海洋等一批试点项目。三是大力发展智慧产业。高新区软件研发推广产业基地、杭州湾新区智慧装备和产品研发与制造基地等一批产业基地（园区）建设取得新进展；引进培育一批新的智慧产业项目；"两化"融合试点示范工程建设取得明显成效；新一代电子信息产品制造业工业总产值增长 25%，软件业务收入增长 20%；培育电子商务示范企业 10 家和行业网站 30 家，力争电子商务交易额达到 1400 亿元。四是优化智慧城市发展环境，基本形成组织领导、决策咨询、市场推进等机制；智慧城市相关政策、标准法规研究制定取得进展；建立较为完善的信息安全保障体系，信息安全保障水平进一步提高；进一步完善国内外合作交流机制。

●韩国仁川市

2009 年，韩国仁川市宣布与美国思科公司合作，以网络为基础，全方位改善城市管理效率，努力打造一个绿化的、资讯化的、无缝连接便捷的生态型和智慧型城市。通过整合式的公共通信平台以及 Ubiquitous（无所不在）的网络接入，消费者不仅可以方便地实现远程教育、远程医疗、远程办理税务事宜，还可以实现智慧化地控制房间的能耗。未来市民看病不需亲赴医院，医生通过专门的医疗装置就可以了解病人的体温、脉搏等情况，通过视频会议系统就可以完成望闻问切。

●瑞典斯德哥尔摩

瑞典的智慧城市建设在交通系统上得到了最大的体现。瑞典首都斯德哥尔摩交通拥挤非常严重，于是，瑞典当局在 2006 年年初宣布征收"道路堵塞税"。在

IBM 公司的助力下，斯德哥尔摩在通往市中心的道路上设置了 18 个路边控制站，通过使用 RFID 技术以及利用激光、照相机和先进的自由车流路边系统，自动识别进入市中心的车辆，自动向在周一至周五（节假日除外）6：30 到 18：30 之间进出市中心的注册车辆收税。通过收取"道路堵塞税"减少了车流，交通拥堵降低了 25%，交通排队所占的时间下降了 50%，道路交通废气排放量减少了 8%~14%，二氧化碳等温室气体排放量下降了 40%。

7.1.2 智慧旅游城市的构建

智慧旅游城市是在智慧城市背景下，围绕旅游产业，综合利用物联网、云计算等信息技术手段，结合城市现有信息化基础，融合先进的城市运营服务理念，建立广泛覆盖和深度互联的城市信息网络，对城市的食、住、行、游、购、娱等多方面旅游要素进行全面感知，并整合构建协同共享的城市信息平台，对信息进行智能处理利用，从而为游客提供智能化旅游体验，为旅游管理和公共服务提供智能决策依据及手段，为企业和个人提供智能信息资源及开放式信息应用平台的综合性区域信息化发展过程。

随着经济发展方式的转变，旅游产业转型升级的需求也愈加强烈。旅游城市作为一类重要的旅游目的地，承载了大量的旅游者，也成为旅游产业转型升级的一个重要方面。从技术层面来说，在以云计算、物联网、通信网络为代表的信息技术不断革新的背景下，旅游业开始由信息化向智能化转型，智慧旅游已经成为旅游业发展的必然选择。而城市化过程中，人口膨胀、环境污染客观上要求城市寻求新的发展方式。智慧城市的建设在城市功能中提升带动了旅游配套设施和旅游服务方式的改善，推动了旅游产业链延伸，深化了旅游宣传推广，形成的基础和支撑平台为智慧旅游城市的建设提供了基础条件。

7.1.3 智慧旅游城市的基本内容

智慧旅游城市的创建需要为游客提供智能化旅游体验，完善导航、导游、导览和导购（简称"四导"）功能。

7.1.3.1 开始位置服务——导航

将位置服务（LBS）加入旅游信息中，可以让旅游者随时知道自己的位置。确定位置有许多种方法，如 GPS 导航、基站定位、Wi-Fi 定位、RFID 定位、地标定位等，未来还有图像识别定位。其中，GPS 导航和 RFID 定位能获得精确的位置。但 RFID 定位需要布设很多识别器，也需要在移动终端（如手机）上安装 RFID 芯片，离实际应用还有很大的距离。GPS 导航应用则要简单得多。GPS 导航模块接入计算机，可以将互联网和 GPS 导航完美地结合起来，进行移动互联网导航。传统的导航仪无法做到及时更新，更无法查找大量的最新信息；而互联网信息量大，但无法导航。高端的智能手机有导航，也可以上互联网，但两者没有结合起来，需要在导航和互联网之间不断地切换，不甚方便。智慧旅游将导航和互联网整合在一个界面上，地图来源于互联网，而不是存储在终端上，无须经常对地图进行更新。当GPS确定位置后，最新信息将通过互联网主动地弹出，如交通拥堵状况、交通管制、交通事故、限行、停车场及车位状况等，并可查找其他相关信息。与互联网相结合是导航产业未来的发展趋势。通过内置或外接的GPS设备/模块，用已经连上互联网的平板电脑，在行驶的汽车上进行导航，位置信息、地图信息和网络信息都可很好地显示在一个界面上。随着位置的变化，各种信息也及时更新，并主动显示在网页上和地图上，体现了直接、主动、及时和方便的特征。

7.1.3.2 初步了解周边信息——导游

在确定了位置的同时，在网页和地图上会主动显示周边的旅游信息，包括景点、酒店、餐馆、娱乐、车站、活动（地点）、朋友/旅游团友等的位置和大概信息，如景点的级别、主要描述等，酒店的星级、价格范围、剩余房间数等，活动（演唱会、体育运动、电影）的地点、时间、价格范围等，餐馆的口味、人均消费水平、优惠等。

智慧旅游还支持在非导航状态下查找任意位置的周边信息，拖动地图即可在地图上看到这些信息。周边的范围大小可以随地图窗口的大小自动调节，也可以根据自己的兴趣点（如景点、某个朋友的位置）规划行走路线。

7.1.3.3 深入了解周边信息——导览

点击（触摸）感兴趣的对象（景点、酒店、餐馆、娱乐、车站、活动等），可以获得关于兴趣点的位置、文字、图片、视频、使用者的评价等信息，深入了解兴趣点的详细情况，供旅游者决定是否需要它。

导览相当于一个导游员。我国许多旅游景点规定不许导游员高声讲解，而采用数字导览设备，如到故宫参观的游客需要租用这种设备。智慧旅游则像是一个自助导游员，有比导游员更多的信息来源，如文字、图片、视频和3D虚拟现实，戴上耳机就能让手机/平板电脑替代数字导览设备，即无须再租用这类设备了。

导览功能还将建设一个虚拟旅行模块，只要提交起点和终点的位置，即可获得最佳路线建议（也可以自己选择路线），提供沿途主要的景点、酒店、餐馆、娱乐、车站、活动等资料并进行推荐。如果认可某条线路，则可以将资料打印出来，或储存在系统里随时调用。

7.1.3.4 等着享受——导购

经过全面而深入的在线了解和分析，已经知道自己需要什么了，那么可以直接在线预订（客房/票务）。只需在网页上自己感兴趣的对象旁点击"预订"按钮，即可进入预订模块，预订不同档次和数量的该对象。

由于是利用移动互联网，游客可以随时随地进行预订。加上安全的网上支付平台，可以随时随地改变和制订下一步的旅游行程，且不浪费时间和精力，也不会错过一些精彩的景点与活动，甚至能够在某地邂逅特别的人，如久未谋面的老朋友。

7.1.4 智慧旅游城市的基本架构

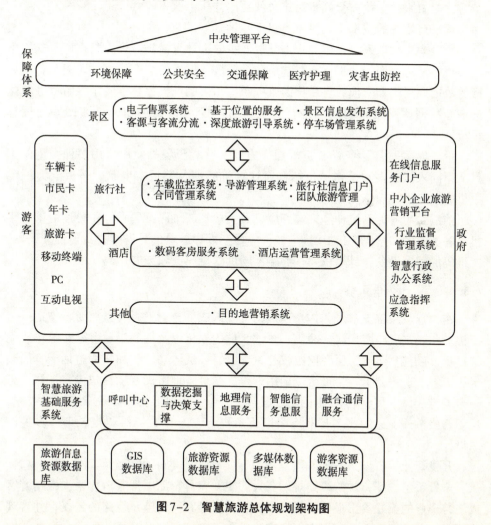

图7-2 智慧旅游总体规划架构图

智慧旅游城市的总体架构一般由一个平台、若干支撑体系以及相应的基础环境构成。一个平台是指智慧旅游物联网平台。支撑体系涉及旅游管理部门、旅游企业、游客使用的智慧旅游介质，一般包括旅游行业规范及监管、旅游产品及服务、语言服务交流及相应智能虚拟导游业务、跨平台感知及相应综合运营中心等内容。基础环境包括智能化技术、研究开发和实验测试、推广应用以及培训等。

7.1.4.1 一个平台

智慧旅游物联网平台是集先进理念、先进技术、创新管理、创新运营模式于一体的集成平台，由政府搭建，提供给游客、旅游服务企业等运营。服务均按规则和标准、运用物联网的新技术以最便捷的方式呈现，让所有享受到现代服务的游客、旅游服务企业体会到智慧旅游的便捷并从中获得收益。

该平台依托的技术工具主要有以下几种。

后台中央数据库、采用集中与分散并举的云计算措施：中央数据库是交换中心，负担汇总查询、分析，实时响应各个分散数据库的交互请求，定时与各个分散的数据库汇集和交换；各个旅游服务单位每天的数据存在于各个旅游服务单位的本地数据库，充分利用本地计算资源，减少远程交互和中央数据库的运算负担。

平台界面采用多种 Web 页的操作方式，有利于各类使用者用多种类型的工具从不同入口进入和操作，包括普通计算机终端及笔记本电脑、平板电脑、3G手机终端、手机短信操作等。

前端实用各种系统神经末端感应工具，包括二维码读码器，主要读取游客手机上各类票的二维码；RFID 读卡器，主要读取导游员的导游卡；身份证读码器，二维码的辅助设备；计算机操作终端，辅助二维码读取或专用码录入。

7.1.4.2 若干支撑体系

作为智慧旅游支撑服务体系建设的重要组成部分，发行智慧旅游一卡通——智游卡，以实现旅游景区、酒店、餐饮、休闲娱乐以及便利店超市等支付和"见卡打折"功能。同时，深度挖掘旅游一卡通的多载体功能，如作为电话卡、门票卡、读书卡、积分卡、会员卡、信用卡等，结合各地市民卡项目建设，探讨旅游一卡通与社保卡和金融 IC 卡的应用融合。结合不同地区的旅游一卡通客户需求，规划好旅游一卡通的实名与非实名以及条码卡、IC 卡、二维码电子卡等多种产品设计。

开发智能手机导游系统等重点项目，实现导游电子化和全程真人语音讲解、景区全景手绘地图、旅游线路规划三大功能，完善智能虚拟导游体系，根据游客或旅游企业的偏好给出最佳的景区景点、酒店等其他设施及线路的建议，并直观地展现在电子地图上。利用虚拟现实技术，可以模拟已经选择的线路和场景，虚拟化体验流程，经历全程完整的虚拟旅游和智慧旅游的体验。在此基础上，开发覆盖旅游六要素的综合信息平台，实现城市智能综合旅游平台同旅游管理部门与游客的链接，满足和丰富市场消费与市场监管的需求。

智慧旅游平台也需要跨平台感知，与公路、铁路、航空、海运及旅游 BUS 等交通平台，以及酒店、餐饮、购物、文化娱乐等平台进行互动和交流。有各个平台进行互动感知的支撑体系，才能够实时获取真实的信息，为智能化运营提供保障。这个支撑体系可以通过全面的物联网技术实现，包括电子地图、GPS、RFID 和 M2M 感知技术等，为智慧旅游服务平台的建立和运营提供技术保障。

7.1.4.3 相应的基础环境

一系列成熟的智能化技术是智慧旅游城市的基础保障，包括智能识别技术，如电子门票等；智能监测技术，如客流监控和资源管理等；智能定位技术，如移动位置应用及周边服务、城市环境应急处理服务等；智能感应技术，如设施及路径自动提示、自动判断行为；智能化安全技术，如数据备份、容灾恢复、系统安全等。这些研发和创新应用都需要有实验和测试环境，通过试用，不断地总结、提炼和反馈得到有价值的资料及信息，以促进系统开发和升级，尽快完善，并投入应用。因此实验测试环境必须建立在类型多样、涉及面广、可及时提供有价值的改进建议等基础环境的基础之上。

7.1.5 国内智慧旅游城市的实践

2012 年，国家旅游局确定了 18 个"国家智慧旅游试点城市"，包括北京、武汉、成都、福州、大连、厦门、黄山、温州、烟台、洛阳、武夷山、南京、苏州、无锡、常州、南通、扬州、镇江。而江苏和福建是智慧旅游实践比较成功的省份。其中江苏的南京、苏州、无锡、常州、南通、扬州、镇江 7 个市名列其中，成为国家智慧旅游试点城市最多的省份。

在建设智慧旅游过程中，江苏省规划实行了五个"一"工程。

建立一个联盟：南京、苏州、常州、无锡、镇江、扬州和南通 7 个市成立了"智慧旅游联盟"，从城市智慧旅游逐步向城市群、区域性智慧旅游发展。

编制一批规划：江苏"十二五"智慧旅游总体规划正在抓紧编制，与"智慧城市"的规划和建设相衔接。目前，南京"智慧旅游"规划通过评审，并开始实施《"智慧旅游"总体设计方案》。无锡提出"感知中国中心"理念，并制定了"智慧旅游"示范方案。《"智慧扬州"行动计划》已经完成初稿，"智慧旅游"总体规划正在抓紧编制。

建设一个中心：围绕建设"国家智慧旅游服务中心"这一目标，镇江正在搭建总投资 1.5 亿元、建筑面积 1 万多平方米的中国智慧旅游云计算平台，并于

2011 年为全国智慧旅游提供服务。全国"智慧旅游"服务门户已经注册域名，正在抓紧规划建设。

打造一批基地：南京正积极打造"智慧旅游"软件园，为"智慧旅游"发展提供软件技术支持。镇江将着力打造"智慧旅游"产业谷，积极开展智慧旅游装备、软件及相关应用模式的研发，已经吸引了 IBM、惠普、甲骨文等知名企业。

开展一批试点：南京中山陵景区、玄武湖公园、红山森林动物园三家景区的游客统计分析系统和安全监控系统已经开始发挥作用，车船管理系统、环境监测系统和游客虚拟体验系统等正在建设。无锡市物联网研究院将传感技术引入"智慧旅游"，开展试点，并列入与欧盟的物联网合作项目。镇江把金山景区、镇江国际饭店和市内主要公交线路作为试点，探索数字化在旅游产业链上的应用。

7.1.5.1 北京智慧城市建设实践

自 1999 年时任北京市市长的刘淇同志提出"数字北京"的概念和建设规划以来，历经 10 余年的发展，信息化覆盖全局、带动全局的作用非常显著：整合建设的 800M 无线通信网成为支撑城市运行的重要基础设施，电子政务覆盖全部政府业务；网民普及率突破 69.4%，基本实现了 2M 宽带全覆盖和政府核心业务信息化全覆盖。北京信息化整体水平已处于国内领先地位。在智慧发展时代即将到来的新的历史时期，围绕北京建设中国特色世界城市的战略目标，北京信息化发展也同步步入了新的阶段，即智慧北京阶段。

（1）北京智慧旅游发展现状

公共服务领域现状分析：2008 年 8 月 1 日，北京 12301 旅游服务热线正式开通，为广大游客提供旅游信息咨询、游客质量投诉等诸多服务。更是借助综合信息服务系统推动形成了集食、住、行、游、购、娱、演、展八要素于一体的旅游综合信息服务系统，包括北京市旅游局综合门户网站（11 个网站）、4 个业务系统、1 个资源数据库，全面展示了北京丰富的旅游资源，强化了北京旅游品牌的宣传和推广，为旅游者提供全方位的服务。

电子政务领域现状分析：2009 年 12 月 24 日，北京旅委综合信息服务系统（原北京市旅游局综合信息服务系统）正式竣工验收并投入使用，该系统充分地利用互联网的优势，四个应用系统、一个资源库、两个网站的建设为北京市旅游局的信息化打下了很好的基础，提升了旅游局的管理效率。本项目的建设完成是一个新的起点，在此基础上有很大的延伸、扩展空间。

旅游电子商务领域现状分析：北京旅游网于 2001 年正式开通，以崭新的面貌全面介绍北京丰富的旅游资源，多角度展示北京深厚的历史文化，力求为海内外旅游者提供最新、最权威、最准确的北京旅游信息。目前，用户只需登录北京旅游网（http：//www.visitbeijing.com.cn/）选定景区，然后在线支付、输入手机号，就可收到二维码电子门票，极为方便。

图 7-3 北京旅游网主页界面

旅游业态智慧旅游领域现状分析：截至 2009 年 10 月底，北京全市 131 个山区野外应急救援辅助定位系统初步建立，同时还设置了国际上先进的山区景区野外应急救援太阳能辅助定位灯标 131 处；在灵山等 10 多个重点 A 级景区边缘地带安装了安全防护网 65 处（9435m²）；在司马台等景区共设立警戒忠告牌、安全提示牌、导向指引牌 1354 块；为 142 家 3A 级以上旅游景区配备无线讲解器1100 套；截至 2011 年年底，75 个景区已实现电子门票，游客手机刷卡即可游览景区。目前，故宫、天坛等景点，虽然提供自助导游机，但还不够智能，今后将增强智能导游系统，计划将景区线路和游客游览路径结合起来进行导游。不过，这只是北京智慧旅游进程的开始。

2012 年 5 月 10 日，北京智慧旅游行动计划纲要发布暨工作部署大会发布了《北京"智慧旅游"行动计划纲要（2012～2015）》（以下简称《纲要》），该《纲要》从智慧城市建设及旅游企业、旅游者实际需要出发，提出了宽带泛在的基础设施、智能融合的信息技术应用和创新持续的便利旅游服务的智慧北京便利旅游发展目标。此外，智慧景区、智慧饭店、智慧旅行社和智慧旅游乡村 4 个建设规范与《纲要》一同发布，均设计了详细的评分细则，各 1000 分，从多角度、多方面对各业态的智慧旅游建设进行了详细的内容指导和量化规范。同时，全市16 个区县旅游委（局）、部分 4 星级、5 星级旅游饭店，4A 级、5A 级旅游景区，A 级旅行社和部分市级民俗旅游村，相关旅游院校、科研机构、规划设计单位、科技企业及网络媒体等各相关业态领军单位共同发起成立了全国首个智慧旅游联盟——北京智慧旅游联盟，共同承担北京智慧旅游城市建设的神圣使命，共同分享"智慧旅游"带来的无限商机。[366]

7.1.5.2 杭州智慧旅游 APP 应用

为了更好地适应旅游散客时代的到来，加快杭州旅游业态从纯观光游向观光、休闲度假、商务会展"三位一体"的转变，全面推进杭州"智慧旅游"建设，2012 年 4 月 27 日下午，杭州市旅委召开了"智慧旅游"手机 App 上线新闻发布会，正式推出了杭州"智慧旅游"手机 App 应用项目（iphone 版、Android 版）。

2008 年起，杭州市旅委着手建设的综合性信息化项目——杭州旅游在线平台项目已取得了阶段性成果，平台综合效用正在日益显现。作为杭州旅游在线平台子项目之一的杭州"智慧旅游"手机 App 应用项目以电子地图为基础，结合 GPS 定位功能和搜索功能为游客提供文字、图片、音频等形式的杭州旅游资讯，能够方便手机用户快速地在移动终端上实现对杭州旅游信息的查询，对图片、音频等多媒体信息的查看，进而满足了年轻的游客群体对杭州旅游信息和旅游服务的多渠道获取需求，从而实现杭州旅游信息服务平台的差异化、精细化。

杭州"智慧旅游"手机 App 应用功能主要包含杭州介绍、天气预报、旅游动态、景点、住宿、美食、购物、娱乐、交通、专题旅游、推荐线路、旅游咨询、实用信息、周边旅游、美图欣赏等 15 个板块内容，每个板块各有特色，整合了杭州数百个景区、旅游行业的深度信息，以图片、文字、语音、微博等多媒体的形式展示杭州活力，体现醇厚雅正的江南韵味。游客可以通过它随时查看当前所在位置，查询周边美食、娱乐等信息，也可以实时查询自驾车、公交车、步行等交通线路，收听景点语音介绍等，是游客可以随身携带的"贴身导游"。

杭州"智慧旅游"手机 App 应用作为杭州市旅委推进智慧旅游建设的一项新尝试、新突破，下一步将不断地丰富和完善信息，进一步优化功能，同时，还将陆续推出英文版和 IPAD 版，全面推进信息化、智慧化成果在杭州旅游发展中的应用，更好地服务于中外游客。

7.1.5.3 苏州市智慧旅游的三大功能建设

苏州智慧旅游工作围绕"智慧苏州"建设有机融合，重点加快智慧营销、智慧服务、智慧监管等三大功能建设，逐步形成苏州"一云多屏"的旅游公共信息平台和"一云多路"的旅游信息服务，架构起面向游客、面向从业人员、面向管理部门的智慧旅游工作体系：①完善全市智慧旅游发展工作体系，形成全市智慧旅游工作协调组织和智慧旅游专家咨询体系，完善苏州智慧旅游行动计划（2012～2014），形成工作目标体系以及各类支撑机制，并明确时间节点和任务，有序推进工作；②稳步推进智慧旅游项目建设，深化以智能手机导游系统等为重点的项目开发，实现导游电子化和全程真人语音讲解、景区全景手绘地图、旅游线路规划三大功能，在此基础上，开发覆盖旅游六要素的综合信息平台，实现城市智能综合旅游平台同旅游管理部门与游客的链接，满足和丰富市场消费与市场监管的需求；③开发建设品质旅游管理相关平台，联合推出苏州旅游一卡通等示范项目，同时加快强化感知技术应用、云数据库建设等基础性工作，积极推动要素产业融合发展；④突出苏州特色，形成体系发展，一方面突出苏州发展智慧旅游的优势与特色，另一方面以数据的互联互通、逐步消除信息孤岛现象为目标强化旅游信息接口的标准化工作，更好地服务苏州旅游整体形象与服务功能的提升，推动苏州旅游标准化示范城市工作的深入展开。

7.1.5.4 无锡：构建智慧旅游城市平台

2011年，无锡市旅游局将提升旅游服务水平、创新旅游营销手段、优化旅游管理模式、增强旅游核心竞争力作为推进智慧旅游工作的主要目标，主要抓以下五项工作。

一是拟定了关于推进智慧旅游建设的具体政策，设立"智慧旅游"建设引导资金，完成智慧旅游建设规划和实施计划。

二是组织物联网研究院、神州数码、卓易科技等组成的技术团队，深入灵山景区、龙寺生态园等景区，从智慧旅游建设规划、方案和项目实施等给予具体指导。

三是整合和拓展无锡旅游商务网、资讯网的功能，实现两网数据平台的统一和功能的拓展，开展包括"导游助手"、"计调好帮手"手机客户端以及游客DIY自主设计行程在内的个性化服务功能设计。

四是启动无锡旅游手机客户端建设项目，开发iphone和Android系统两个版本的手机客户端软件，实现旅游宣传营销、交通导引、商务预订、即时旅游信息获取、游程体验、朋友共享等功能。

五是推进景区餐厅的智慧化示范建设。无锡的餐厅物联网系统包括餐桌触摸屏点菜、互动小游、酒水条形码和食物安全识别，已在多家餐厅投入商用。

2012年，无锡智慧旅游建设工作的重点是建设一个平台，完成两个项目，实现三个示范工程。

一个平台：即旅游一站式综合信息服务平台。通过整合全市信息资源，建立开放式、高灵活性、服务全行业和游客的一站式综合信息服务平台。实现全市旅游综合信息同步对接、发布、更新，并可通过手机客户端、触摸屏等进行预订服务。

两个项目：即智慧旅游数据处理中心和智慧旅游手机客户端。2012年上半年完成智慧旅游手机客户端软件设计；下半年完成承担数据集中、交换、挖掘、分析和分发功能的智慧旅游数据处理中心。

三个示范工程：包括智慧景区、智慧酒店、智慧旅行社等示范工程，是无锡探索实践"智慧旅游"的标杆。智慧景区示范工程将高度集成最新管理理念与技术成果，通过智慧门票、电子导游、客流预警、负荷监控、如影随形等系统，实现景区资源优化使用、生态环境有序开发和保护、游客满意度提升与效益最大化；智慧酒店示范工程将现代计算机技术、融合统一的现代通信、控制技术和建筑艺术优化组合，建成投资合理、安全、节能、高效、舒适、便利、灵活的新一代酒店；智慧旅行社示范工程是将最新互联网、物联网技术和旅行社业务完美结合，通过"智慧计调"、"智慧同业分销"、"智慧导游助手"、"智慧客户管理"、"智慧旅行社内部管理系统"等平台，提高工作效率，顺利实现旅行社的转型升级。

7.1.6 国外智慧旅游城市建设

7.1.6.1 智慧首尔

2011 年 6 月，首尔发布了"Smart Seoul 2015"（"智慧首尔 2015"）计划，向世界展示了首尔政府在未来几年建设"智慧城市"的雄心。在旅游方面，首尔预计在 2015 年实现对公园、广场和其他公共场所的免费 Wi-Fi 覆盖。首尔政府建立了涵盖首尔历史、文化、景区、天气、汇率等一系列内容的官方网页，方便游客在景区内实时查询。"I Tour Seoul"（我游首尔）是首尔市政府开发的一款 App 应用。该应用里有广泛综合的旅游信息，包括数以万计的旅游景点、购物地点、酒店、饭店等信息，并为旅游者推荐旅游路线、提供翻译服务和分享其他旅游者在首尔的旅游体验。

同时，首尔将努力打造"首尔开放数据广场"，以促进信息技术和公共服务产业的进步和发展。这一公共信息网络平台已正式开放，目前共有 33 个数据库、880 个数据集，为用户提供 10 大类的公共数据信息，包括育儿服务、公共交通路线、巴士到站时间、停车位、各地区天气预报及餐厅推荐等涵盖生活方方面面的信息，并配有图表、数据、地图和网络链接等，为旅游者提供了极大便利。

此外，首尔主要的公交站点都配备有 LED 装置，这可以为游客提供到达时间和地图上逐字标注的路线。而且，新快速响应代码可被扫描到智能手机内，在用户所选的语言设置中显示实时的公交信息和其他重要交通数据。

首尔地铁行业也应用了相似的多语言系统，地铁站配备有触屏的 Google 地图系统，这样可以确保游客在有多个出口的情况下迅速作出相应的方向选择。游客可以使用公交一卡通支付各种交通费用，也可以用它在便利店以及零售店购买商品。在机场、地铁以及便利店都可对一卡通进行充值。

图 7-4　"I Tour Seoul"网页

图 7-5　"I Tour Seoul"移动客户端界面

7.1.6.2 智慧新加坡

新加坡政府 2009 年首次推出"友善绿人计划",即新加坡政府有关部门为交通信号灯安装了特制阅卡器,年长者过马路时,只要用"老年优惠易通卡"轻触阅卡器,交通信号灯的计算机系统就会自动延长"绿人"信号长达 5 秒钟。在试行使用期间,新加坡全岛每个交通信号灯的试行地点平均每天都有 25 个人使用此项设施。由于反应良好,新加坡政府近日决定把该计划扩展至另外 500 个行人过街道口,以方便年长者过马路。

除了帮助行动不便者过马路以外,新加坡政府还想方设法从各个方面着力打造"无障碍"的公共交通设施。以进出地铁站为例,目前每个地铁站至少拥有一个方便行动不便者使用的出入口,但新加坡政府仍计划再为 16 个地铁站增添17 部自动电梯,届时新加坡将有 7 成以上的地铁站至少拥有两个出入口供行动不便者选用。

与此同时,新加坡政府也与相关企业合作,继续推动更新公共交通运输车辆计划的实施,目标是到了 2020 年,新加坡所有的公共汽车都能载送坐轮椅者。目前的情况是只有大约 40% 的公共汽车可以达到这一目标。另外,新加坡政府还计划重新改建所有的公共汽车停靠站,争取将来所有的公共汽车站都能达到无障碍目标,目前只剩下 5% 的公共汽车站尚未达到无障碍目标。

7.2 智慧景区

随着我国旅游业的发展，作为旅游业四大支柱之一的旅游景区也得到了飞速的发展和提高。时任国家旅游局局长的邵琪伟在全国旅游系统创先争优活动汇报座谈会上表示，中国旅游业要从传统服务业发展转变为现代服务业，推动建设一批智慧旅游城市、智慧旅游景区、智慧旅游企业。智慧景区是智慧旅游最重要的载体之一，建设智慧景区是发展智慧旅游的必然选择，是提升景区综合素质及核心竞争力的重大举措，有利于景区在新形势下的创新发展。

7.2.1 智慧景区的概念

7.2.1.1 我国景区的发展概况

近年来，我国经济持续稳定发展，人均收入大幅增长，旅游产业也迎来了爆炸性增长时代。旅游景区也在经济发展浪潮中获得了长足发展，但是依然面临很多问题。

（1）景区可持续发展面临新挑战

热点景区面临游客超载，游客超载不仅容易对生态环境造成破坏，而且容易造成景区交通拥堵，诱发安全事故，从而降低游客游览质量。热点景区需要有效管理游客，加强生态环境监测，通过旅游高峰期游客时空分流导航管理均衡游客分布，以减轻环境压力，进而提高游客满意度。

景区需要加快低碳旅游发展。为减缓全球气候变暖趋势，应对能源危机，以"低能耗、低污染、低排放和高效能、高效率、高效益"为特征的低碳经济正日益受到重视，低碳旅游将成为景区可持续发展的新的战略制高点。我国景区需要应用各种节能、减排、碳中和技术提高管理效率和管理水平，降低旅游发展对环境的影响，增强可持续发展能力。

景区危机管理水平需要提高。当今，各种危机层出不穷，尤其是近年来发生的"5·12"汶川地震、甲型 H1N1 流感、新疆"7·5 事件"、全球金融危机等事件对旅游业造成了巨大冲击，使我国多个旅游景区遭受重大损失。景区需要提高危机管理能力，以避免或减轻危机事件所造成的损失，保持健康有序地发展。

（2）"数字景区"建设的深入面临困境

近年来，为了提高管理水平，我国各景区都在进行"数字景区"建设。但是，"数字景区"建设不容易深入，主要面临以下困境：①缺乏后续资金；②缺乏相关技术人才；③不同系统之间的集成程度不高，缺乏统一标准。

因此，智慧景区是景区新的发展方向，而以物联网、云计算、定位技术、虚拟现实技术为代表的科学技术的发展也为智慧景区的建设提供了客观的技术基础。

7.2.1.2 智慧景区的概念和内涵

智慧景区思想的提出是受 IBM "智慧地球" 概念的启发。2008 年，IBM 首次提出 "智慧地球" 概念，主要是通过新一代信息技术来改变政府、公司和人们的交互方式，提高交互的明确性、灵活性和响应速度，辅助政府、企业和市民作出更明智的决策。"智慧地球" 具有 3 个核心特征：更透彻的感知、更广泛的互联互通、更深入的智能化。

参考以上思路，智慧化管理是指根据景区特点，综合集成最新的信息技术，构建旅游资源、游客、景区管理者之间更便捷、广泛的互联互通网络，实现包括政府、景区管理者、旅游 "食、住、行、游、购、娱" 六大要素提供者、游人等在内的多个旅游相关主题对景区资源、游客分布及行为更透彻的感知，进而在互联互通和充分感知的基础上，景区管理者高效率挖掘和利用景区数据，运用创新的景区管理方法，智能化辅助管理，以精准平衡旅游发展和景区保护的压力，为游客提供更优质的旅游服务，实现景区经济、环境、社会和文化全面可持续的发展。建成的透彻感知、广泛互联互通网络智能化辅助管理决策的景区，就是智慧景区。

而李云鹏将智慧景区定义为：借助物联网、云计算等现代信息技术，通过智能网络对景区地理事物、自然灾害、旅游者行为、景区工作人员行迹、景区基础建设和服务设施进行全面、透彻、及时的感知，对游客、景区工作人员实现可视化管理，实现景区的智能化运营管理、精细化旅游营销、个性化游客体验，进而实现景区环境、社会和经济的全面、协调、低碳、可持续发展。

智慧景区的内涵丰富，包括但不限于以下方面。

通过物联网、互联网等网络基础设施对景区地理环境、自然灾害、游客分布、交通拥堵、景区基础设施和服务设施运行状况等进行全面、透彻、及时的感知。全面感知的本质是使旅游资源能被计算机识别，然后形成整体的数据网络，从而实现数据信息的即时交互。其核心是感知技术，如传感技术、RFID 技术、GPS 技术、视频识别、红外、激光、扫描灯等所有能够实现自动识别和物物通信的技术都可以成为智慧景区的信息采集技术，目前运用较多的主要是 RFID 技术。

对游客、社区居民、景区工作人员实行可视化管理。通过信息技术将景区的旅游资源、经营动态、人员管理等集成到智慧景区平台上，实现景区各种信息的及时汇聚，做到对景区的可视化管理。

对景区实行网格化管理。

利用和挖掘景区数据，分析游客行为偏好，辅助调度景区交通，优化和再造景区服务流程，调整组织结构，改进管理方式，提高决策效率。

同酒店、旅行社、航空公司、科研院校、研究机构、IT 公司等利益相关者建立战略联盟，整合旅游产业链，提供更优质的服务。

7.2.2 智慧景区的构建

7.2.2.1 智慧景区的总体框架

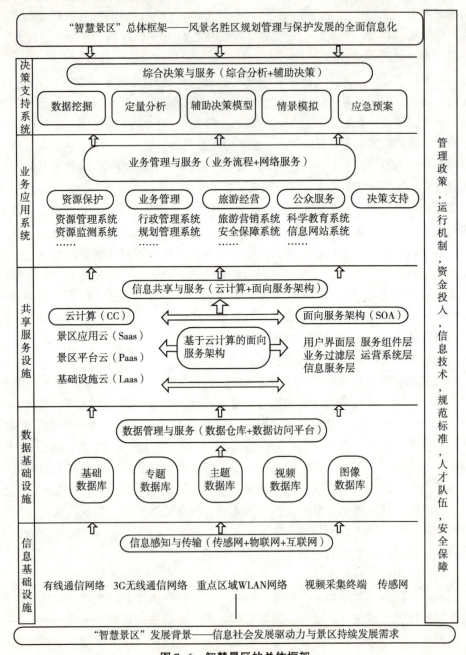

图7-6 智慧景区的总体框架

根据信息技术及信息社会发展的趋势和景区资源保护与利用的发展需求，可以拟定如图7-6所示"智慧景区"建设的总体框架。在"智慧景区"发展背景基础上，可以从5个方面开展"智慧景区"的规划与建设，包括：信息基础设施（构建网络传输与通信系统：包括传感网+物联网+互联网）、数据基础设施（构建数据仓库与数据访问平台，涵盖空间数据与属性数据）、共享服务设施（实现信息共享与应用服务）、业务应用系统（构建众多业务应用系统）以及决策支持系统（开展综合分析与辅助决策）。同时，需要注重相关的政策保障（政策、机制、资金等）、技术保障（技术、标准、人才）及安全保障，最终实现旅游景区规划、管理保护、发展、服务的全面信息化。

7.2.2.2 三个平台[336]

三个平台是指"信息感知与传输平台（信息基础设施）、数据管理与服务平台（数据基础设施）、信息共享与服务平台（共享服务设施）"。其中信息感知与传输平台包括信息自动获取与高效传输两个方面；数据管理与服务平台包括数据集成管理与计算服务；信息共享与服务平台则是借助于信息基础设施和数据基础设施，面向五大应用系统提供信息服务与流程服务。

（1）信息感知与传输平台

信息自动获取设施主要是指位于智慧景区信息化体系前端的信息采集设施与技术，如平台集成遥感技术（RS）、射频识别技术（RFID）、GPS终端、传感器（Sensor）以及摄像头视频采集终端、地感线圈或微波交通流量监测等信息采集技术与设备。信息高效传输设施是指有线及无线网络传输设施以及相关的服务器、网络终端设备等。

（2）数据管理与服务平台

数据集成管理主要是借助于数据仓库技术，分类管理组成"智慧景区"的数据库系统，包括基础数据库、专题数据库、主题数据库、视频数据库、图像数据库；在数据集成管理的基础上，借助云计算技术，通过共享服务平台为五大应用系统提供数据信息与计算服务。

（3）信息共享与服务平台

信息共享与服务平台是基于面向服务架构（SOA）和云计算的共享服务中心，平台集成遥感技术（RS）、地理信息系统（GIS）、全球定位系统（GPS）、虚拟现实技术（VR），面向"智慧景区"的五大应用系统提供技术及信息服务，可以实现整个智慧景区的信息管理、应用请求响应、应用服务提供等任务，保障整个景区信息的共享与服务。

7.2.2.3 五大系统[336]

五大系统是基于风景名胜区资源特点及应用系统功能、系统服务对象、系统

使用部门等因素考虑而划分的，包括资源保护系统、业务管理系统、旅游经营系统、公众服务系统、决策支持系统，共同构成"智慧景区"的应用服务系统。

资源保护系统。资源保护系统主要实现对景区资源全面保护与监测的信息化，所涉及的主要应用系统可以进一步划分为自然资源保护与监测系统、人文资源保护与监测系统、自然环境保护与监测系统、人文环境保护与监测系统。

业务管理系统。业务管理系统主要实现对景区业务管理工作的信息化，所涉及的应用系统按照业务类型可以划分为电子政务系统、规划管理系统、园林绿化管理系统、人力资源管理系统、资产管理系统、财务管理系统、视频会议系统等。

旅游经营系统。旅游经营系统主要实现对景区旅游管理与游客服务的信息化，景区旅游经营体系所涉及的应用系统主要有 3 种类别，即侧重于内部应用的旅游管理系统、侧重于外部服务的网络营销系统以及游客安全与应急调度系统。

公众服务系统。公众服务系统主要实现景区面向广大民众服务职能的信息化，所涉及的应用系统类型主要包括两种，一是面向景区以外广大民众的外部服务类系统和面向景区游客的内部服务类系统，两者相辅相成，共同完成景区的社会服务。

决策支持系统。决策支持系统主要是指在上述 4 大应用系统的基础上，结合专家知识系统、综合数据分析、数据挖掘与知识发现，通过虚拟现实、情景模拟等手段为景区的重大事件决策、应急预案演练等多系统综合应用，提供技术支撑和信息支持。

7.2.2.4 七项保障[336]

为保障"智慧景区"建设的有序开展，应当在政策、机制、资金、技术、标准、人才、安全 7 个方面予以保障，建立与健全"智慧景区"建设的保障体系，为智慧景区的建设、管理、运行、维护与发展全方位保驾护航。

管理政策：风景名胜区管理处必须制定关于"智慧景区"建设的专项政策，包括对于信息中心职能的定位、信息化项目的管理政策及信息基础设施、数据基础设施、共享服务基础设施的建设与管理政策等，保障信息化建设的顺利开展。

运行机制：在政策保障的前提下，风景名胜区信息中心需要进一步建立信息化项目规划立项、招标采购、设计开发、调试运行、项目验收、业务操作、日常运行、管理维护、文档管理、安全管理、信息服务的流程规范与管理制度。

资金投入："智慧景区"的建设需要大量资金，需要积极拓宽融资渠道，加大资金支持力度，在充分利用自有资金的同时，积极争取财政资金、科研立项、银行贷款、企业投资、社会融资等多方面的资金支持，为智慧景区建设提供可靠稳定的资金保障。

信息技术："智慧景区"的建设是多种信息技术的集成，必须始终把握技术发展方向，应用先进技术解决三个平台、五大系统建设中的问题。然而，信息技术的发展日新月异，风景名胜区管理业务也在不断变化，这就要求"智慧景区"

的建设必须是一个动态的过程，不是静态的规划设计就可以实现的。

规范标准："智慧景区"的建设必须遵循国家住房和城乡建设部、国家文物局、国家测绘地理信息局、工业和信息化部等制定的有关技术规范，以做到标准规范统一和信息服务共享；同时，需要根据"智慧景区"的建设特点，研制"智慧景区"行业规范与标准。

人才队伍：专业技术人才的引进与培养，是"智慧景区"建设的重要组成部分。一方面，要根据管理业务的需求，有计划地引进高层次的专业人才；另一方面，需要加大对现有技术人员的培训力度，开展信息化建设有关政策法规、技术规范、专业知识的培训与辅导，提高他们的专业技术水平，以适应"智慧景区"建设的需要。

安全保障："智慧景区"的安全问题是至关重要的，涉及信息安全、系统安全、设施安全等各个层面，需要通过安全制度、安全策略、安全技术等不同途径，确保三个平台、五大系统的安全运行，保障智慧景区的管理与服务。

7.2.3 智慧景区建设的体系结构

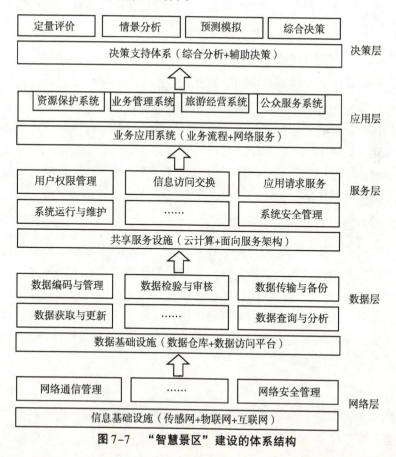

图7-7　"智慧景区"建设的体系结构

"智慧景区"建设的体系结构如图7-7所示，涉及5个层次的功能体系，分别是网络层的信息基础设施体系（网络通信管理、网络安全管理等），数据层的数据基础设施体系（数据获取与更新、数据检验与审核、数据编码与管理、数据查询与分析、数据传输与备份等），服务层的信息共享服务设施体系（系统运行与维护、用户权限管理、系统安全管理、信息访问交换、应用请求服务等），应用层的业务应用系统（资源保护、业务管理、旅游经营、公众服务等应用系统）、决策层的决策支持系统（定量评价、情景分析、预测模拟等辅助决策）。

7.2.3.1 网络层（信息基础设施体系）

信息的获取与资源接入、数据的交换与信息传递、业务系统运行的实现支撑着整个智慧景区的运行和维护，其中涉及各种设备互联、数据采集、访问操作等服务。根据景区信息化管理工作的需求，智慧景区网络将包括景区骨干网、视频监控网、环境监控网、服务终端网、电子票务网，在这些设备网的基础上提供设备消息中间件，为各种业务应用提供保障。通过设备层，实现底层设备的集成与整合，保障景区资源保护与管理服务工作的正常开展。

7.2.3.2 数据层（数据基础设施体系）

数据层构成了整个智慧景区的数据基础设施支撑环境，主要包括统一数据访问平台与数据仓库两个部分。数据仓库支持结构化数据与文档、图片、音频、视频等非结构化数据的管理与维护，涵盖基础数据库以及面向业务应用服务的各种业务数据库，同时实现底层数据资源的互联与共享。在此基础上，统一数据访问平台为各种业务应用提供统一的数据访问接口服务、屏蔽底层数据实现细节，实现数据资源的无缝集成。

7.2.3.3 服务层（信息共享服务体系）

在智慧景区框架下部署信息共享服务体系，实现应用建模、任务执行、流程管理、资源服务访问调度的工作。在信息共享服务体系中，应用开发人员通过工作流系统，实现应用流程的快速搭建；在业务应用过程中，共享服务体系，负责任务状态管理、任务执行维护以及资源访问调度等工作；在任务执行过程中，共享服务体系，采用端点引用等方式实现数据转移、汇聚与重构，降低系统负载，提高任务的可靠性与稳定性。

7.2.3.4 应用层（业务应用系统）

应用层是指面向各个业务部门提供资源保护、业务管理、旅游经营、公众服务等业务应用系统。业务部门与管理人员分别通过资源保护、业务管理及旅游经营系统展开工作，实现对自然及人文资源的保护、管理与经营。游客与公众通过公众服务系统，实现游览之前、游览过程之中、游览之后的信息获取、游览引导、虚拟体验、学术交流、呼叫救助等活动。

7.2.3.5 决策层（决策支持系统）

决策层主要是以应用层的 4 大应用系统为基础，结合专家知识系统、集成数据分析、数据挖掘与知识发现，通过虚拟现实、情景模拟等手段为景区管理机构及人员对景区的应急指挥与重大事件的综合决策，提供技术支撑和信息支持，提高决策的透明度与科学性。

7.2.4 国内智慧景区实践

7.2.4.1 全国首个智慧景区——九寨沟风景名胜区

九寨沟景区位于四川省阿坝藏族羌族自治区，是我国公布的第一批国家级重点风景名胜区之一。1990 年，九寨沟被列为"中国旅游胜地四十佳"之首；1991 年被列入联合国《世界风景名录》，1992 年 12 月又由联合国教科文组织批准，正式列入《世界自然遗产名录》。从此，九寨沟登上世界旅游胜地的宝座，成为中外游客向往的神奇"梦幻世界"。2010 年，首届九寨沟智慧景区论坛召开之时，便提出了"智慧景区"这一理念，旨在以智慧创新思路为基础，以九寨沟承担的"863"重大课题项目《基于时空分流管理模式的 RFID 技术在自然生态保护区和地震遗址的应用研究》为契机，搭建景区信息化发展、交流、合作平台，共同探讨中国景区信息化推动运营管理、生态环境监测和旅游发展面临的问题。同年 10 月，九寨沟景区成为全国首个具有自主知识产权的景区，在社会上引起了巨大反响。2010 年，九寨沟景区进行了"智慧景区"的一期建设，着力推进景区管理的精细化、低碳化、移动化，共同推动"智慧景区"的实施建设。

进入九寨沟的官方网站后，在导航条上可以很明显地看到"智慧九寨"这一项，里面包含了 3D 图库、全景展示、影像资料等与信息化相关的栏目，其中最值得一提的当属"智慧九寨"的实时在线摄像头版块。视频监控系统利用监控探头对景区内的重要景点、客流集中区域、事故多发地段等进行动态监测，将实时场景视频数据利用有线或无线网络传输至指挥调度中心，指挥中心通过电子屏幕可及时准确地了解景区内游人的数量和行动、动植物的生长情况、景区的防火等安全情况，实现游客调控、观光车辆调度、动植物保护措施、消防人员调配等，保证了决策与指挥的正确性和及时性，有效保证了游客安全，预防了突发事件的发生。同时，数据流还与九寨沟的官方网站相连，提供给游客在线的即时影像服务，游客不仅可以通过即时影像观看到同一时间自己所在位置的九寨沟景色，还能查看到景区当时的天气情况和人流状况，不仅为游客提供了方便，还可吸引更多的游客浏览九寨沟的官方网站，从而通过网络营销对九寨沟景区进行更好的宣传。

九寨沟景区还通过信息化手段，建立了自己的门禁票务系统。门禁票务系统覆盖了门票预购、领取和检验门票的各个环节，规范了运作，提高了运行效率，缩短了发票时间，提高了服务档次。九寨沟景区管理部门还可以通过门禁票务系统有效地控制景区内游客的数量，从而有助于景区的可持续发展。此系统应用软件由管理、售票、验票、财务领票缴款和领导查询5个子系统组成，能够提高九寨沟门票、车票销售与查验的安全性、防伪性，具有良好的可扩展性，支持网上预订和现金购票等多种售票方式，同时可根据旅游淡、旺季对售票子系统进行切换，该系统建成后，有效地提升了景区的管理形象。

7.2.4.2 青城山–都江堰的智慧化建设

2011年，都江堰提出了"构建全面现代化、充分国际化、城乡一体化、生态田园化，宜人、宜居、宜业、宜游的国际旅游城市"的建设目标，以互联网、云计算、物联网、无线技术、多媒体技术为代表的现代化新信息技术，为目的地营销、旅游文化传播、旅游资源保护、旅游综合服务的发展创新提供了支撑和动力。为此，青城山–都江堰景区（以下简称"青都景区"）确定了以"智慧旅游"建设为总领，以"数字化景区"建设为载体，高水准打造全国一流旅游信息化基础设施，实施景区的"智慧景区"建设，全面推进都江堰国际旅游城市建设。

青都景区规划建设了智慧旅游营销、智慧旅游管理、智慧旅游服务三大体系。智慧旅游营销体系包括DMS、境外多语种门户以及智慧旅游营销ERP管理平台；智慧旅游管理体系包括CRM客户管理平台和智慧旅游ERP管理平台；智慧旅游服务体系包括旅游一卡通、LED信息联播、自动语音导游、智能交通引导、游客自助服务终端、手机随身游以及电子E都市。此外，青都景区的公共服务平台涵盖了客源地信息采集系统、游客信息感知系统、智能交通诱导系统、智慧景区综合信息展示系统、DMS电子商务平台以及手机随身游服务平台等。

青都景区的客源地信息采集系统：通过与中国移动合作，对游客手机归属地信息进行实时抓取、采集、整理、分析，为实现精准营销、科学管理创造了条件。

游客信息感知系统：通过景区物联网进行科学管理、防范旅游安全风险并提供优质的导游讲解服务。

智能交通诱导系统：目前景区已在成灌高速出口建立了一级交通诱导屏，分别在都江堰、青城前山、青城后山三个景区主入口设置二级交通诱导屏，在景区各停车场入口设置三级交通诱导屏。通过 LED、手机短信、呼叫中心等媒介引导游客停车、均衡景区交通负载，实现进入景区车辆进出安全、畅通，方便景区统一管理，提高通行效率并保证泊车安全，给游客提供全方位的优质服务。

智慧景区综合信息展示系统：该系统能够即时发布游客关心的景区实时信息，同时实现游客和景区的直接互动，是一套针对景区的综合便民服务系统，大大提高了景区的信息化水平，改善了游客的旅游感受，提升了景区形象。

DMS 电子商务平台：都江堰从 2006 年就搭建了旅游电子商务平台，围绕"食、住、行、游、购、娱"开展网上预订、在线销售业务。2011 年，推出了"门票+酒店"、"门票+酒店+旅游特产"、"酒店+实景演出+虹口漂流"等组合产品，深受广大游客欢迎。但旅游电子商务平台的功能相对单一，正在开发的 DMS 平台能提供更好的游客体验和互动。

手机随身游服务平台：该平台是基于位置的电子导游，游客可以在手机等客户端查询景区周边信息，如美食、客栈、景区的最新活动，还可随时更新旅游日志。

7.2.5 国外智慧景区实践

美国 2006 年在宾夕法尼亚州 Pocono 山脉的度假区引入 RFID 手腕带系统，开始智慧旅游的尝试。游客佩戴 RFID 手腕带后不用携带任何现金和钥匙就可以在活动区内打开自己的房间门、购买食物和纪念品、支付游戏及活动的费用等，同时这个手腕带也是顾客的身份证明。

7.3 智慧旅游公共服务体系

随着我国旅游业的快速发展，旅游活动日益呈现大众化、常态化、散客化的趋势，游客对旅游目的地公共信息服务的需求也日益强烈。为适应旅游发展的新形势，加强和完善旅游公共服务已经成为各级旅游管理部门一项迫切而重要的任务。而近年来，旅游行业智慧化的发展趋势愈加明朗，如何建设智慧旅游公共服务体系，提高旅游者的旅游体验，实现旅游城市和景区的可持续发展，成为旅游目的地政府面临的艰巨任务。下面将从旅游目的地政府的角度，阐述智慧旅游公共服务体系的概念、构建和实践。

7.3.1 智慧旅游公共服务体系的概念和内涵

7.3.1.1 旅游公共服务休系

所谓旅游公共服务，是指通过政府或其他组织提供的，不以营利为目的，具有明显公共性的，以满足旅游者共同需要的公共产品和公共服务的总称。[322]旅游公共服务主要包含以下要素：一是供给主体方面，政府、市场、社会组织相结合的多样化供给方式；二是区域范围方面，包含旅游目的地范围及周边区域，对于特定的专项旅游活动，其范围更加明确；三是供给对象方面，有广义和狭义之分，狭义的供给对象即为旅游者，广义的旅游公共服务供给对象包含旅游者、旅游企业等。本书将依照广义的旅游公共服务对象阐述旅游公共服务体系建设内容。

体系是指"若干事物互相联系、互相制约而构成的一个整体"。[315]旅游公共服务体系，是指在一定的旅游公共服务供给模式与政策规范下，依据一定的旅游公共服务的供给方式而形成的旅游公共服务系统。[322]如果说，旅游公共服务研究的核心问题是旅游公共服务的类型和结构，解决"是什么"的问题；那么，旅游公共服务体系则是侧重研究如何有效地整合旅游公共服务资源，从而为旅游公共服务的运行提供保障，是研究"怎么做"的问题，它侧重研究旅游公共服务的主体如何提供旅游服务的问题。[322]本书将以旅游目的地政府作为旅游公共服务主体进行研究。

综合相关研究以及国内外有关旅游公共服务实践，旅游公共服务体系的内容（即旅游公共服务的供给客体）主要由旅游基础设施类服务、旅游公共信息类服务、旅游行业指导类服务以及旅游公共安全监测类服务4个子系统构成（如表7-1）。对旅游公共服务体系内容构成的细致划分，是旅游公共服务供给主体、供给模式选择的基础。随着经济社会发展水平的提高和公众对旅游公共服务需求的多样化，这一内容体系的建设也将愈加全面和深入。此外，旅游发展的阶段不同，不同区域所能提供的旅游公共服务内容也会有所侧重。

表7-1　旅游公共服务体系的内容构成及表现形式

内容构成			表现形式
旅游基础设施类服务	旅游交通服务设施	旅游通道服务设施	旅游绿色通道，旅游专线，旅游专列，特殊群体设施（无障碍通道等）
		交通节点服务设施	旅游集散中心，旅游停车场，旅游站点，旅游码头等
	旅游游憩服务设施	目的地游憩设施	休闲绿地，公共景观设施，各种游乐设施等
		目的地一般便利设施	金融服务设施，卫生设施（如垃圾桶、环保厕所等）
		景区游憩设施	景区内的观光亭，休憩椅

内容构成			表现形式
旅游公共信息类服务	旅游网络信息服务	旅游财务信息	旅游财务网/电子政务等
		旅游电子商务	旅游企业门户网站等
	旅游信息咨询服务	旅游咨询设施	旅游咨询服务中心/游客中心；旅游信息亭（临时性、移动性）；旅游信息触摸查询一体机等
		旅游资讯平台	旅游服务电话（如旅游热线，旅游服务电话等），问询电话（114、天气预报等），12315旅游权益保护热线，急救报警，新闻热线等
	旅游解说系统服务	目的地解说服务	交通引导，旅游接待设施标识，环境解说，公共图形符号系统等
		目的地景区解说服务	景区交通引导，景区接待标识，景区电子信息显示屏，导游服务等
旅游行业指导类服务	旅游政策与法规	规范和标准	旅游行业规范（如《中国旅游饭店行业规范》），行业服务标准（如《旅游饭店星级评定标准》、《旅行社出境旅游服务质量》等），地方旅游管理体系等
		旅游法规	旅游有关法规
	旅游公益福利服务	旅游教育培训	旅游行政管理干部专项培训，旅游企业高中层经营管理者职业培训，高技能人才与紧缺人才专项培训，一线服务人员的培训，国民旅游素质教育等
		旅游社会功能	促进旅游就业，旅游扶贫，旅游志愿者服务等
		旅游消费促进	休假制度以及旅游优惠券，旅游一卡通等
	旅游规划开发与管理	旅游生态建设与保护	生态植被保护与恢复，旅游城镇环保基础设施建设，重点遗产环境保护等
		旅游公共资源（景观）开发建设与管理	公共景区和环境建设，区域性旅游开发规划编制，对国家自然和文化遗产的开发与管理等
		旅游交流，合作，宣传	旅游目的地宣传与促销，各种旅游节庆活动、旅游展销会等大型公益活动

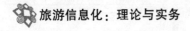

续表

内容构成			表现形式
旅游公共安全监测类服务	旅游公共安全服务	旅游公共安全机制建设	旅游应急预案机制，旅游紧急救援机制，旅游保险体系建设，旅游医疗服务合作制度等
		旅游公共安全服务设施	交通安全设施，游乐安全设施，消防安全设施，旅游安全救助，旅游安全标识，旅游医疗设施等
	旅游检测保障服务	旅游消费环境监测	旅游交通，酒店，旅行社及景区的卫生、安全、质量、环境监测服务等
		旅游者权益保护	旅游投诉处理等

7.3.1.2 智慧旅游公共服务体系

智慧旅游公共服务体系是面对散客时代对于旅游信息资源的巨大需求，将智慧的思想和手段植入城市旅游公共服务的运营与管理过程中，以实现旅游城市整体方式转变的一种新型的旅游宣传营销与接待服务体系。[178]智慧旅游公共服务体系具有全面物联、充分整合、协同运作和激励创新的特点，为游客、旅游供应商提供个性化、自助化、便捷化、一站式的旅游服务。

与智慧旅游公共服务体系相比，传统旅游公共服务体系存在诸多弊端，突出表现在应对散客旅游时代发展的准备不足、重视有形的产品、忽视无形的服务、科技运用能力不高、运行机制不完善等方面。在此情况下，依托先进科学技术而实现的、以旅游者需求为核心的智慧旅游公共服务体系提供了一条全新的发展思路，打开了一条符合旅游业发展规律的更加科学、更加合理的实践路径。

2007 年，国家旅游局先后就加强旅游公共服务体系建设出台了相关文件。2011 年年底，我国正式发布了旅游公共服务第一个五年规划——《中国旅游公共服务"十二五"专项规划》，旅游公共服务的建设成为一个重点课题。旅游政府作为旅游公共服务的提供主体，具有以下职能。

服务职能：政府通过兴办各类旅游事业，为公民创造良好的旅游休闲环境和条件，主要包括供应旅游公共产品（如安全保障、交通指引等）；建设旅游资讯传播平台（如专栏、专刊、专题片、网站等）；开放旅游公共服务设施（如公园、博物馆、景区等）；提供旅游休闲娱乐（如体育、娱乐、游艺等）和兴办旅游教育培训等，这些都属于政府旅游公共服务的范畴。

扶持职能：旅游公共服务这种非营利性的"弱者"的本质决定了政府必须要加强其公共服务的扶持功能。一方面，政府通过产业、税收、信贷等政策的制定和政策的倾斜，对旅游公共服务事业发展进行扶持；另一方面，政府通过加大对旅游公共服务资金投入，直接推动和促进那些社会效益十分显著但本身没有盈利，或虽有少许盈利的社会组织和企业发展。

监督职能：政府旅游公共服务职能在行使的过程中要监督各旅游部门和单位在生产和经营旅游产品、提供旅游服务时遵守国家相关法律法规，依照相关的法律法规制止市场竞争中出现的违法违规现象，切实维护生产者、经营者和消费者的自身利益，保障旅游发展环境的公平、公正。

发展职能：随着全民旅游时代的到来，政府推动旅游公共服务发展的功能显得越来越重要。这就要求政府通过提出积极有效的旅游公共服务政策对旅游发展进行引导，并确定目标，制定规划为旅游公共服务体系建设指明前进的方向，推动旅游业科学发展。

目前，智慧旅游公共服务体系在国内的应用基本上处于规划和起步阶段，其应用的效果还没有完全显现，但是在部分旅游公共服务内容中有所展示。例如，北京在众多旅游点和商业街建设免费无线 Wi-Fi 上网、温州建设基于智能手机等智能移动终端的旅游信息和引导服务、三维场景虚拟导游教学软件已经在我国众多旅游高校的旅游教学中得到应用等，这些建设都为旅游者、市民和旅游企业提供了便利。

相比之下，国外智慧旅游公共服务体系发展的成效更为显著。一方面，国外智慧旅游公共服务体系的基础设施建设相对完善。国际上著名的旅游城市非常重视城市网络建设，并制订专门的建设规划，从而形成无处不在的网络服务。2009 年年底，新加坡全国共有 32000 户家庭及 500 栋非住宅大楼位于光纤网络附近范围内；到 2012 年，已有 95% 的住宅及非住宅建筑物完成光纤宽带网络的建设。另一方面，旅游公共服务的网站建设状况良好。国外旅游网站建设历史久远，而且非常重视网站服务质量的提高。例如，韩国首尔通过网站（www. visitseoul. net）和移动手机网站（m. visitseoul. net）来进行旅游咨询服务。在首尔旅游时，通过这两个首尔观光的官方网站，便可获得所需要的信息。并且，以所处位置为基点，还可免费下载周边景区的信息应用程序。

7.3.2 智慧旅游公共服务体系的构建

7.3.2.1 交通服务体系

根据我国旅游交通的特点和现有的智能运输相关技术条件，将我国智能旅游交通服务体系的构建划分为一个中心：旅游交通指挥中心；四大系统：旅游交通信息监测系统、旅游交通通信服务系统、旅游交通信息服务系统、旅游交通安全支持系统。

（1）一个中心

旅游交通指挥中心具有现代化的决策、指挥、调度能力，是各子系统的汇合点，是整个智能旅游交通的中心枢纽，是旅游交通指挥控制决策系统。该系统主要是对收集到的相关信息进行分析，适时掌握旅游交通动态，快速感知旅游交通现状，结合当地旅游景点的具体情况，向各子系统发出相应的指令，为管理者提供辅助决策的参考。

（2）四大系统

1）旅游交通信息监测系统

本系统利用基于计算机视觉和图像处理技术的交通信息监测技术，根据监测路段的位置不同可以分为市区旅游重点路段监测系统和周边地区旅游重点路段监测系统。在发生突发事件时能在第一时间内作出反应。将经数据融合处理分析后的路况信息传回到旅游交通指挥中心，帮助管理人员对旅游车辆进行合理的引导。

2）旅游交通通信服务系统

采用先进的通信网络信息技术、多媒体技术，把监测系统提供的流量、路况、拥塞、事故、安全等各种交通信息和旅客需要知道的各种服务信息迅速传递到指挥中心和相关部门，使指挥中心、旅客、驾驶员和旅游公司之间做到紧密合作，人、车、路之间实现充分协调。这就保证了指挥中心可以从多种途径获取多元旅游交通信息，从而为指挥中心准确地对旅游交通进行协调提供有力的通信支持保障。

3）旅游交通信息服务系统

地理信息子系统：旅游交通地理信息子系统是收集、存储、管理、综合分析和处理空间信息、交通信息的计算机软硬件系统，是 GIS 与多种交通信息分析和处理技术的集成。结合 GPS 技术，能够为旅游者提供实时的动态交通信息服务，改善出行方式，也能够为道路管理者提供控制信息，大大提高现有道路的通行能力和安全性。

气象服务子系统：旅游交通指挥中心通过气象服务子系统获取各旅游景点及旅游道路的实时气象信息，从而较为准确地预测旅游交通的流量和流向以及道路交通条件，提高旅游交通管理水平，让游客第一时间掌握景区天气变化信息，享受到准确、及时、温馨的气象服务。

旅游交通信息实时查询子系统：可以通过互联网、手机短信息、声讯查询电话、户外交通信息情报板（VMS）、车载交通信息发布系统（GPS）等多种途径及时掌握各种旅游交通实时情况（包括路况、天气等），保证游客可以在任何时间、任何地点获取自己所需要的全面的旅游交通信息。

4）旅游交通安全支持系统

旅游车辆子系统：旅游车辆子系统集成了现代移动通信技术、GPS 技术及计算机技术等，通过交通操作中心（TOC）、移动终端及选择的移动通信网络来检测周围行驶环境的变化情况，准确地判断车与障碍物之间的距离，从而进行部分或完全的自动驾驶控制，以达到行车安全和提高旅游运输效率的目的。该系统包括车辆导行与追踪系统、车辆安全状况检测系统、车辆自动报警系统。

旅游交通事故救援子系统：和旅游交通事故应急报警受理系统、突发事件信息采集系统共同协助交通指挥中心在接收到应急报警受理功能子系统发来的信号后，交通指挥中心通过信息采集子系统与气象服务系统，适时采集事发地点的交通信息，包括气象状态、能见距离、风速风向等信息，统一调度救援车辆，第一时间到达现场。同时合理地进行交通流诱导，及时、有效地处理交通紧急事件，将大幅度缓解交通堵塞的发生，减少经济损失和人员伤亡，降低二次事故发生的概率。

7.3.2.2 安全保障体系

旅游公共安全服务体系，以完善旅游安全保障和应急管理为基础，以社会公共安全保障体系为依托，以科技应用和手段创新为突破，以旅游安全风险防范为重点，将安全理念贯彻到旅游活动的各个环节。智慧旅游公共安全服务体系，充分借助先进的科技手段，以"防"为主，主要包括三大体系——智慧旅游公共安全监测服务体系、智慧旅游公共安全应急救援服务体系和智慧旅游公共网络安全服务体系。具体建设旅游安全事故预警系统、旅游公共安全事故案例库、旅游公共安全提醒与引导服务牌、旅游气象服务台、旅游公共安全应急指挥系统、旅游客车卫星定位系统，以旅游保险体系和旅游应急救援体系为保障，进一步健全旅游安全保障服务体系，为游客营造安全、放心的旅游环境。

智慧旅游公共安全监测服务体系：主要由政府承担旅游公共安全信息的监测、搜集、分析和发布职能，对涉及旅游公共安全的信息及时进行披露。智慧旅游公共安全监测服务是在建设统一、开放的旅游公共安全法律条文和标准体系数据库的基础上，实现将城市公共安全应急视频网以及城市各重要旅游景点、重要交通枢纽的监控图像与旅游局信息监控中心联网，通过观看相关地点的视频监控图像实时监控景区点、交通枢纽等游客集中区域。当智能观测的现象数据不符合预设的程序时，系统会自动预告报警，经过人工审核后，利用现代智能化的信息传输技术，将各种信息沟通渠道（网站、数字电视、广播、手机、平板电脑、引导与提醒电子显示屏等）整合起来实现同步多语种和文字的旅游公共安全信息发布。

智慧旅游公共安全应急救援服务体系：首先是在旅游安全监测服务体系的支

撑下实现的，当发生旅游事故或突发事件时，借助安全监测设施设备，确保第一时间将现场视频信息清晰可靠地传送至监控中心查看并录像，为快速处置相关事件提供详尽的视频图像信息。旅游智慧调度信息平台以地理信息系统（GIS）平台为基础，利用视频监控旅游景点、交通口岸等实时状况，利用现代通信和呼叫系统，实现旅游咨询、投诉的 24 小时受理；根据旅游公共突发事件处理预案，调度和协调旅游相关部门进行执法和处置并进行处理督办，确保旅游安全救援的时效性。

智慧旅游公共网络安全服务体系：第一，配合国家在制定在线旅游交易行为方面的相关法律法规的举措和进程，建设在线旅游安全的动态数据库，将网络安全与旅游安全的相关规定以及其他限制性条件录入数据库中，形成对旅游在线交易活动是否符合规定的自动判断机制；第二，在各旅游政府门户网站中建设诚信网并逐步普及，将在线旅游企业纳入政府诚信网的监管范畴，并实现各网站信息的互联互通，也就是说，如果某一个在线旅游企业存在不诚实或其他违法行为，不仅当地的政府旅游门户网站会有通报，而且其他政府旅游门户网站上也会有显示和提醒。

7.3.2.3 旅游志愿者服务体系

志愿者系统的完善程度体现着一个社会的公民的道德水平。借鉴国外的经验，旅游志愿者较多见于旅游咨询服务和大型节庆活动的秩序维持等。智慧旅游公共服务体系中的志愿者服务体系从志愿者指挥调度系统、志愿者智能服务手段、志愿者培训体系几方面加强智能化、流程化的建设与管理。

（1）志愿者指挥调度系统

志愿者指挥调度系统包括底层的志愿者资料库、中间层交互筛选平台和顶层的决策推荐系统。利用信息化工具，将传统管理模式与信息化系统融合起来，围绕志愿者信息存储、交换、匹配与提取，实现指挥调度的数字化、应用网络化、管理服务智能化。

开发建立数据库、服务器、客户端三层体系结构。运行网络化的海量信息资源库作为志愿者服务的信息基础，以宽带无线网络技术为基础搭建服务媒介，开发志愿者服务智能移动手持终端。在实现基于服务站点的旅游志愿者数据的有效组织和管理的同时，将志愿者指挥调度系统纳入旅游应急指挥体系，建立志愿者指挥系统与智慧旅游公共安全应急救援服务体系之间的无缝链接，最大限度地实现就近调度和资源互补。

（2）志愿者的智能服务手段

志愿者提供的主要是面对面的服务，包括信息服务和接待服务。志愿者提供服务的手段智慧化也主要表现在这两方面服务的媒介与手段上。

　　信息服务手段的智慧化提升，主要是加大信息沟通，充分利用信息化提供的即时通信手段，加强志愿者短信平台、论坛、QQ群等网络管理，加大志愿者之间的日常沟通和联系，强化志愿者与服务对象之间沟通的及时性，进一步完善志愿者注册管理和志愿服务信息平台，逐步实现互联互通、信息共享。

　　接待服务手段的智慧化提升，主要是志愿者在实际的服务过程中所凭借的媒介和所遵循的服务流程的智慧化。志愿者在接待服务过程中可以借鉴智慧酒店的服务模式，通过手持终端，实现一条龙便捷服务，并将相关信息同步上传至信息库。

　　（3）志愿者培训体系

　　为了保障并不断提高旅游志愿者服务的水平和质量，不仅要制定服务章程，更重要的是建立合理的培训体系。

　　首先，规定和标准是对志愿者行为的最低要求，制定旅游志愿者服务章程，以章程来规范对旅游志愿者的招募、培训、奖励等活动，做到有章可依，使旅游志愿者活动的开展走向制度化、规范化，形成良好的运行机制。其次，建立合理的培训体系，提高培训的质量。旅游志愿者为游客提供的活动主要以服务的形式体现，某些服务内容要求志愿者有一定的专业知识和专业技能，因此，志愿者组织要加强对志愿者的服务礼仪、服务能力、服务责任意识等方面的培训，提高志愿者服务的质量，从而提高游客、景区服务满意度。

　　培训的手段可以采用软件化，利用虚拟现实技术实现对场景范围进行整体仿真，并通过多通道弧幕系统投影出来。例如，可通过键盘和鼠标在场景范围内的三维模型中身临其境般地进行鸟瞰、步行、飞行等任意交互漫游，同时，配以解说词和背景音乐，使志愿者在高度仿真的模拟场景中进行技能培训、授课、考核等。

7.3.3 国内智慧旅游公共服务体系的实践

7.3.3.1 南京智慧旅游公共服务体系

　　南京智慧旅游公共服务体系是一个庞大的系统工程，围绕为游客服务、为管理服务两条主线，一期建设了以下几个项目：一是建设智慧旅游公共数据服务中心。在全市范围内建立有效的旅游公共服务数据资源共享和分级管理机制，确保各项公共服务数据来源统一、系统架构规范合理，为更有效地开发利用旅游信息服务系统打好基础。二是推出了"南京游客助手"。"南京游客助手"实际上是一个手机客户端，利用智能手机的最新功能，整合集成了南京的食、住、行、游、购、娱等诸多方面的旅游资讯，为广大民众提供全方位的"贴身旅游服务"。通过这个项目，游客可以把导游"揣在兜里"，把导航"拿在手上"，把导览、导购"放在身边"，能最大限度地满足广大游客海量的个性化需求。三是开发了新型游客体验终端。利用网络与多媒体技术，研发了一批新型游客体验终端，该终端可与南京市旅游局官方网站和官方微博实现实时互动，第一时间播报旅游相关资讯、查询相关信息，为那些暂时还没有智能手机的游客提供全面、快捷的信息服务。四是搭建了乡村旅游营销平台。通过这个平台，广大市民朋友可以便捷地了解南京市郊区县景点和特色农家乐权威资讯，更可以一键导航，直达目的地，解决了市民朋友不知去哪里、如何去的难题。五是开发了旅游执法 e 通。通过在智能手机上安装该程序，旅游执法人员可以现场查询信息并采集数据，大大提高了执法和管理效率。六是试点了"智慧景区"建设。选择玄武湖公园、红山森林动物园进行"智慧景区"试点建设，游客进入景区就可通过智能手机、景区体验触摸屏及 PDA 等各类体验终端，结合定位功能，实现智能化自助导览、导游、导航等信息服务及餐饮、娱乐等各种商务服务。同时，对景区管理者也提供了客流统计、车船调度、环境监测等方面的智能管理服务。力争通过三年的努力，实现"一部手机、一张卡"畅游南京，"一个平台、一张网"服务游客的目标。

7.3.3.2 温州实践

2011 年 10 月，温州推出旅游目的地资讯网，联合中国电信、中国移动开发旅游信息查询触摸屏；借助手机终端，和中国联通开发了"乐游游"温州智慧导游软件，和中国电信开发了"温旅通"移动旅游信息服务平台。[42]

奉化制作了溪口-滕头景区三维可视化虚拟导游系统，用手机扫描一下宣传手册上的二维码，就可以看到景点的视频介绍。此外，自 2012 年春节起，奉化又以大佛景区为试点，开通了视频导游。不仅如此，未来几年内，奉化将开发 5 个旅游公共信息服务系统，包括自主导游讲解系统、城市自助导览系统、网络虚拟旅游系统、游客招徕系统、旅游投诉和评价系统。

7.3.3.3 桂林实践

桂林不断创新旅游公共服务体系内容，在旅游领域开创了多个全国第一。例如，免费向旅游者和景区发放旅游宣传资料，是国内首个开通旅游免费咨询服务热线的城市，在全国范围内率先推出旅游咨询服务标准等。桂林市力求打造符合国际标准的旅游公共信息服务平台，在市中心建立旅游服务中心、旅游集散中心，大力推进自驾车旅游服务、汽车露营地等，建立并完善桂林旅游服务业技术支撑体系、旅游电子政务系统，建设桂林旅游网络集群，启动《桂林旅游现代服务业产业化发展示范工程》项目等。

7.3.3.4 其他地区实践

2011 年，象山县旅游部门提出了"一部手机带你玩转象山"的口号，"I Travels 象山"手机导航目前已正式上线运行，该导航软件可在游客的智能手机上通过多媒体方式展示旅游目的地的一切信息，为游客提供导览、导游、导航等服务，并实时更新象山旅游的动态新闻和旅游信息。[42]

7.3.4 国外智慧旅游公共服务体系实践

7.3.4.1 新加坡

新加坡旅游公共信息服务体系相当完善，其官方旅游网站（www.yoursingapore.com）是新加坡旅游局 2010 年推出的新交互式智能平台，是配合"Your Singapore 我行由我新加坡"品牌发行的重磅产品，游客可以在网上下载此品牌手机应用程序，方便随时获得信息。该网站支持英语、日语、中文、印尼语、越南语等 6 种语言界面，支持旅游者进行个性化行程定制，具有博客和社交网站链接功能，同时具有预订酒店、机票、景点等在线服务。

Wi-Fi 网络现已经在新加坡全岛部署了 7500 多个热点，相当于每平方公里有 10 个公共热点，在金融商圈和一些户外热点，甚至在很多餐厅、咖啡厅、麦当劳、酒店、机场等，都提供了 Wi-Fi 无线上网服务。2006 年 6 月，新加坡政府推出了"智慧国家 2015"计划，是一个由新加坡资讯通信发展管理局（IDA）带头，其他部门合作参与的十年蓝图，目标是到 2015 年，将新加坡建设成为一个资讯驱动的智能化国度和全球化城市，内容涉及通信技术、基础设施、企业和人力等各方面。2006 年 12 月，"无线@新加坡"项目启动，人流量密集地区将提供免费无线网络服务。2009 年 6 月，无线网络访问速度提高 1 倍至 1 兆，并将免费服务时间延长至 2013 年 3 月 31 日。2010 年 2 月 10 日，启动了无缝安全接入技术，用户接入免费网络无须每次登录时重复输入密码（如同手机开机即可自动联网）。

新加坡的交通十分发达。300 多条公交线路，夜间巴士一般都配备空调设备，并提供干线、支线、快速和优质巴士等巴士服务。地铁 MRT 是东南亚第二个兴建的地铁系统，目前共 4 条地铁线路，覆盖了新加坡大部分地区。轻轨 LRT 是辅助主干道地铁线路，现已开通 3 条。乘坐观光车 SIA Hop-On 可以游览新加坡 23 个有名的景点，并且还可以在新加坡购物中心、餐饮中心、文化中心和娱乐中心地区停车。

新加坡的交通票务也非常便利。新加坡旅游卡可以使游客无限次地搭乘新加坡的公共巴士和地铁列车，并在景点和购物休闲场所享受优惠，涉及 100 多个品牌，400 多家商户。易通卡采用非触式智能卡系统，模式类似香港八达通，车资比单独买便宜，并可在一些商店和政府服务店、教育机构消费，是新加坡居民通常都会拥有的交通卡。弯捷通卡可在地铁轻轨和公交使用，并可在新加坡 9500 家零售店消费和支付停车费。

新加坡在建设智慧旅游公共服务体系时，通讯信息基础设施的改善提高是急先锋，这项工程的成功建设，不仅惠及新加坡全国人民，而且每一位到新加坡的游客都能随时随地查询所需旅游信息或享受其网络服务。

7.3.4.2 布鲁塞尔

比利时布鲁塞尔于 2012 年 6 月推出了基于智能手机的微电子旅游大全"标识都市"（TAGTAGCITY）项目，使布鲁塞尔成为世界上第一个数码移动旅游城市。

该微电子旅游全名叫"标识都市（www. tagtagcity. com）"。它采用近距高频无线通信芯片，制成带条码的不干胶，粘贴在遍及布鲁塞尔大街小巷的博物馆、名胜古迹、商铺及餐馆。"驴友"只需用智能手机在 i−nigma 网站下载条码扫描器，即可在布鲁塞尔随时随地扫描"标识都市"不干胶，方便地获取相关历史文化介绍、购物优惠以及线路导航。

该项目开发历时两年，目前已经收集了布鲁塞尔 600 多个旅游点，而且继续保持每周增加 50 个旅游点的速度。数码移动旅游为布鲁塞尔的"欧洲之都"和"国际会议之都"增添了光彩。

布鲁塞尔的"标识都市"现在有英文版、法文版和荷兰文版 3 种，鉴于中国"驴友"的快速增长，还将推出中文版。

参考文献

［1］ 国家网络信息中心. 2011 中国互联网发展统计报告［R］. 2012.

［2］ 陈志辉，陈小春. 旅游信息学［G］. 北京：中国旅游出版社，2003.

［3］ 吴思. 旅游产业信息化创新的理论与实践研究［M］. 武汉：武汉大学出版社，2010.

［4］ FIOR A G. The Informatization of Agriculture［J］. The Asian Journal of Communication, 1993, 3（2）：94-103.

［5］ ROGERS E M. Informatization, Globalization and Privatization in the New Millenium［J］. The Asian Journal of Communication, 2000, 10（2）：71-92.

［6］ 林毅夫，董先安. 信息化、经济增长与社会转型［J］. 北京：北大中国经济研究中心，2003.

［7］ KLUVER R. Globalization, Informatization and Intercultural Communication［EB/OL］.［2008-07-25］. http：//acjoural. org/holdings/vo13/Iss3/specl/kluver. htm.

［8］ WANG G. Treading Different Paths：Informatization in Asian Nations［M］. Norweed, Nj：Ablex, 1994：31-51.

［9］ 胡云. 我国旅游业的信息化建设与发展［J］. 城市问题，2004，24（2）：51-52.

［10］ 傅细三. 旅游信息化研究文献综述［J］. 商业时代，2009（2）：95-96.

［11］ 黎嵷. 旅游信息化作为旅游产业融合方式的历史背景与发展进程［J］. 旅游学刊，2012（7）：7-8.

［12］ BUHALIS D, LAW R. Progress in Information Technology and Tourism Management：20 Years on and 10 Years after the Internet—The State of E-Tourism Research［J］. Tourism Management, 2008, 29（4）：609-623.

［13］ 李云鹏，沈华玉，晃夕. 智慧旅游——从旅游信息化到旅游智慧化［G］. 北京：中国旅游出版社，2013.

［14］ POON A. Competitive Strategies for a New Tourism［J］. Classic Reviews in Tourism, 2003：130-142.

［15］ 杨路明，巫宁. 旅游产业与电子商务的天然适应性讨论［J］. 重庆工商大学学报：社会科学版，2003（6）：97-100.

［16］ 于锦华. 中国旅游电子商务研究评述和展望［J］. 电子商务，2009，112（4）：38-40.

［17］ 文丁. 电子商务将为旅游交通行业带来新机遇［J］. 铁路计算机应用，1999（5）：45.

［18］ 张声才，郑达生. 谈信息工作在旅游业中的作用［J］. 热带地理，1995（2）：168-174.

［19］ 郭浩. 走信息产业与旅游产业相结合的道路［J］. 邮电商情，1997（13）：32.

［20］ 柴振荣. 旅游市场与信息技术［J］. 管理科学文摘，1998（10）：55.

［21］ 唐明. 旅游，电子商务伴你同行［J］. 中国计算机用户，1998（29）：57.

[22] 王玉章. 信息技术的发展与旅游行业的机遇 [J]. 信息与电脑, 1998 (7)：24-25.

[23] 陈卫民. 旅游行业信息系统：必要性及其实现方法 [J]. 旅游研究与实践, 1995 (4)：8-11.

[24] 郭玉芳, 马融. 城市旅游信息系统产业化的构思 [J]. 地图, 1997 (4)：1-2.

[25] 郭玉芳, 马融. 关于建立城市旅游信息系统的探讨 [J]. 测绘标准化, 1997 (4)：21-23.

[26] 李天顺. 商用旅游信息系统的总体构想 [J]. 陕西师大学报：自然科学版, 1995 (2)：89-92.

[27] 武彬. 旅游目的地信息系统 [J]. 旅游学刊, 1995 (4)：92-94.

[28] 余重文, 余青. 贵州东部旅游区旅游信息系统GZS的开发研究 [J]. 贵州民族学院学报：社会科学版, 1995 (1)：84-87.

[29] 邹慧萍. 建立中国旅游业的管理信息网络 [J]. 管理信息系统, 1996 (4)：4-12.

[30] 姚素英. 试论旅游高校建立计算机化管理信息系统的必要性与对策 [J]. 北京第二外国语学院学报, 1995 (5).

[31] 宁华. 适应信息时代的发展促进旅游高等教育的现代化 [J]. 中国电化教育, 1999 (12)：19-21.

[32] 王松交. 快捷订房——旅游电子商务的一道新景 [J]. 信息与电脑, 1999 (1)：31.

[33] 范业正. 中国旅游业信息化发展研究 [D]. 上海：华东师范大学, 2000.

[34] 赵黎明, 王刚, 王迈. 电子商务下的我国旅游市场探讨 [J]. 北京第二外国语学院学报, 2001 (5)：90-93.

[35] 覃建雄. 旅游电子商务研究进展与前瞻 [J]. 成都理工大学学报：社会科学版, 2004 (1)：66-70.

[36] 詹俊川, 邓桂枝, 赵新元. 信息技术和旅游营销所面临的挑战 [J]. 旅游科学, 2000 (4)：19-21.

[37] 罗桂霞. 我国旅游电子商务发展中的问题初探 [J]. 旅游科学, 2001 (2)：33-35.

[38] 郭晋杰. 信息化技术在旅游业的应用研究 [J]. 旅游科学, 2002 (4)：42-46.

[39] 杨丽. 中国旅游电子商务发展中的一些问题与对策研究 [J]. 旅游学刊, 2001 (6)：40-42.

[40] 杨丽. 美国旅游电子商务研究 [J]. 社会科学家, 2001 (6)：47-51.

[41] 吕和发, 张宝敏. 澳大利亚的旅游信息服务 [J]. 桂林旅游高等专科学校学报, 2002 (2)：80-82.

[42] 张国丽. 智慧旅游背景下旅游公共信息服务的建设：以浙江为例 [J]. 科技经济市场, 2012 (3).

[43] 张捷, 温明华, 刘泽华, 等. 信息通信技术与旅行旅游业研究发展趋势——国际信息技术与旅游业联盟 (IFITT) 11届大会综述 [J]. 旅游学刊, 2004 (3)：93-94.

[44] 邓仲春, 鲁耀斌, 于建红. 中美旅游电子商务的比较研究 [J]. 工业技术经济, 2005 (9)：131-134.

[45] 林涛. 美国旅游地游客信息中心免费信息研究 [J]. 旅游科学, 2005 (1)：67-74.

[46] 夏东晓, 何忠诚. 中美旅游网站比较研究 [J]. 桂林旅游高等专科学校学报, 2005 (6)：107-110.

［47］张琳，邵鹏. 旅游电子商务中的信息交流与组织：中美比较的启示［J］. 情报杂志，2005（1）：125-127.

［48］张俊霞. 旅游网站有效性的定量评价方法［J］. 中国地质大学学报：社会科学版，2001（4）：30-33.

［49］路紫，郭来喜，白翠玲. 河北省旅游网站使用评估分析［J］. 地球信息科学，2004（1）：67-71.

［50］武红，路紫，刘宁. 我国旅游网站功能评估及对策研究［J］. 情报杂志，2004（2）：72-74.

［51］张捷，刘泽华，解杼，等. 中文旅游网站的空间类型及发展战略研究［J］. 地理科学，2004（4）：493-499.

［52］周忠宝，陈国洪. 面向社区服务的旅游地理信息系统［J］. 计算机工程，2001（1）：114-116.

［53］崔越. 旅游资源信息系统开发架构研究［J］. 计算机工程与应用，2002（15）：211-213.

［54］何素芳，罗平，徐颂，等. 旅游信息系统建设模式探讨——以佛山市为例［J］. 地域研究与开发，2002（4）：65-68.

［55］周昕薇，宫辉力，赵文吉，等. 北京旅游信息系统的设计与实现［J］. 测绘通报，2006（5）：53-56.

［56］李永锋，盛步云. 基于 SOA 的旅游资源信息服务模型研究［J］. 计算机应用与软件，2009（1）：39-40.

［57］张瑾，唐杰，李银胜. 旅游协同电子商务平台的多级权限管理研究［J］. 计算机应用与软件，2009，26（6）：155-157.

［58］许曦. 移动旅游信息服务渐成业态［J］. 经济论坛，2003（24）：21-23.

［59］杨雪海. 旅行社与移动运营商的合作产物——移动旅游信息服务［J］. 华东经济管理，2003（4）：139-141.

［60］曹武，郭零兵. 短信在旅游移动电子商务中的应用［J］. 中国电子商务，2004（6）：55-56.

［61］许曦. 旅行社与移动运营商的合作产物——移动旅游信息服务［J］. 社会科学家，2004（5）：103-105.

［62］刘四青. 旅游移动电子商务发展对策研究［J］. 企业经济，2005（7）：114-115.

［63］王莹，卫海燕. 基于 VRML 的西安市旅游信息系统虚拟旅游模块设计的初步实现［J］. 安徽师范大学学报：自然科学版，2005（3）：364-367.

［64］李君轶，马耀峰. 基于 GIS 的区域旅游规划与管理信息系统设计［J］. 陕西师范大学学报：自然科学版，2002（2）：115-120.

［65］刘琴，沙润，孙斐. 旅游规划信息系统的研建［J］. 地理学与国土研究，2002（3）：30-33.

［66］王继兴，赖慧武，刘达成. 八达岭森林旅游规划与管理信息系统［J］. 北京林业大学学报，2003（S1）：19-23.

［67］徐增让. 旅游规划信息系统构建的理论探讨及其应用研究［D］. 西安：西北大学，2004.

［68］郑进军. 旅游资源普查与管理信息系统的研究［D］. 武汉：武汉大学，2004.

［69］王彩红. 基于 MapObjects 的旅游资源调查与评价信息系统研究［D］. 西安：陕西师范大学，2005.

［70］罗平，黄耀丽，何素芳. 基于 GIS 和多媒体集成的旅游信息系统开发与实践［J］. 测绘通

报, 2001 (12): 25-27.

[71] 丁龙远. 基于 MapX 和 Authorware 的多媒体旅游信息系统开发应用研究 [J]. 测绘通报, 2002 (S1): 50-52.

[72] 孙英明, 李刚, 徐龙玺. 多媒体技术在旅游信息系统中的应用 [J]. 山东省农业管理干部学院学报, 2002 (5): 99-100.

[73] 杨晞, 徐兵. 旅游信息多媒体视频点播系统研究 [J]. 中国有线电视, 2004 (24): 63-65.

[74] 别红霞, 宫辉力, 赵文吉. 旅游多媒体信息与空间数据一体化发布 [J]. 系统仿真学报, 2005 (7): 1739-1741.

[75] 杨栿, 刘湘南. 科普旅游电子地图的开发 [J]. 地球信息科学, 2002 (4): 109-114.

[76] 王京伟, 田茂义, 赵军, 等. 泰山旅游多媒体电子地图的设计与实现 [J]. 测绘工程, 2003 (4): 55-57.

[77] 杨栿, 许振文. 东北地区科普旅游电子地图的设计与实现 [J]. 长春师范学院学报, 2003 (2): 52-56.

[78] 刘家福, 梁雨华. 东北地区科普旅游规划电子地图的设计研究 [J]. 吉林师范大学学报: 自然科学版, 2004 (4): 57-58.

[79] 邓一星, 蒋泰. 数据挖掘技术在旅游电子地图中的应用研究 [J]. 计算机与现代化, 2005 (11): 5-7.

[80] 蒋泰, 邓一星. 基于 SVG 的旅游电子地图的设计与实现 [J]. 广西科学院学报, 2005 (2): 106-109.

[81] 宁莹, 潘正风. 用旅游图制作导航电子地图中的地图纠正 [J]. 测绘信息与工程, 2005 (6): 20-21.

[82] 伍兆强. 基于 ArcIMS 的佛山旅游网上电子地图系统开发 [J]. 佛山科学技术学院学报: 自然科学版, 2005 (2): 63-66.

[83] 杨志, 郭福生. 龙虎山旅游电子地图的设计与实现 [J]. 水利科技与经济, 2005 (3): 188-190.

[84] 张传才. PDA旅游电子地图系统总体设计方案研究 [J]. 安阳工学院学报, 2005 (6): 36-39.

[85] 路紫, 李彦丽. 北京旅游在线服务满意度的供需差研究 [J]. 经济地理, 2005 (5): 732-735.

[86] 任科社, 张周堂. 散客旅游服务电子商务解决方案 [J]. 长安大学学报: 社会科学版, 2005 (4): 28-30.

[87] 白晓娟. 旅游信息搜索行为的模型建构及其检验研究 [J]. 桂林旅游高等专科学校学报, 2001 (2): 61-65.

[88] 陈德科. 消费者对旅游产品的信息搜寻行为研究 [J]. 社会科学家, 2005 (S1): 428-429.

[89] 武友新, 王小刚. 旅游电子商务平台架构的研究 [J]. 计算机工程, 2006 (17): 277-279.

[90] 白晨星. 我国旅游企业电子商务模式及商业模式的研究 [J]. 商场现代化, 2007, 519 (30): 154-155.

[91] 蔡瑜, 孙爱萍. 基于电子商务的旅游产业价值链构建 [J]. 科技创业月刊, 2007 (12): 75-76.

［92］陈海鹏，穆慧玲. 旅游在线预订市场与 BtoC 电子商务模式研究［J］. 科技信息：学术研究，2007，219（7）：88-89.

［93］邓健，张同健. 我国旅游企业电子商务成长性测度体系研究［J］. 技术经济与管理研究，2010，168（1）：6-8.

［94］巫宁. 信息传播：旅游目的地营销与服务的关键环节［J］. 旅游学刊，2007（10）：67-70.

［95］詹兆宗. 北京奥运：中国在线旅游拓展国际市场的天赐良机［J］. 旅游学刊，2007，131（7）：5-6.

［96］程绍文，张捷，梁玥琳. 基于我国旅游网站空间分析的旅游产品网络营销国际化对策研究［C］. 中国江苏南京，2008.

［97］付蓉，王曼娜，杨鹏. 湖南省旅行社网站营销功能现状分析［J］. 中国市场，2008，474（15）：144-145.

［98］李捷. 目的地营销网站问题诊断——以武夷山世界遗产网为例［J］. 新西部：下半月，2008（5）：69-93.

［99］王丽丽，吕巍，余娜，等. 关于内容分析方法对中国旅行社网站营销效果的研究——以国内 44 家旅行社网站为例［J］. 上海管理科学，2008，170（5）：40-47.

［100］郑琳. 基于信息服务的旅游目的地网络营销系统构建［D］. 北京：北京第二外国语学院，2008.

［101］张佳妮. 旅游资源推介的信息可视化方法研究［J］. 科技资讯，2009（25）：211.

［102］彭征，廖和平，黄易禄，等. 旅行社旅游信息系统研究［J］. 西南师范大学学报：自然科学版，2006（3）：130-133.

［103］任欣颖. 基于客户关系管理的旅游企业如何获取客户信息［J］. 重庆工商大学学报：西部论坛，2006（S2）：72-73.

［104］陈志坤. 广西钦州旅游管理信息系统的构建［J］. 钦州学院学报，2007（6）：46-50.

［105］高文玲. 设计院管理信息系统的设计方案探析——以陕西省旅游设计院为例［J］. 新西部：下半月，2008（12）：163-164.

［106］潘岚君. 旅游年卡管理信息系统的设计与实现［D］. 济南：山东大学，2008.

［107］张晋雯. 组件式长春市市区旅游信息系统的研究与实现［D］. 吉林：东北师范大学，2008.

［108］李洋. 基于 X3D 的虚拟地质公园旅游信息系统研究与开发［D］. 辽宁：辽宁师范大学，2009.

［109］唐书转. 基于 WebGIS 的旅游信息系统设计与实现［J］. 科技信息，2009，286（2）：183.

［110］詹少林，覃玉荣，苏静. 广西巴马长寿旅游信息系统的开发研究［J］. 微计算机信息，2009（15）：189-190.

［111］张静，贾建华，吴家付. 基于 MapObjects 的西安市旅游信息系统设计与开发［J］. 测绘与空间地理信息，2009（6）：156-158.

［112］朱恩利，张丹. 基于 MapInfo 的开封市旅游服务信息系统实现方法［J］. 内江科技，2009（4）：115-143.

[113] 郑朝洪. 基于 WebGIS 的泉州市旅游信息系统设计研究 [J]. 计算机与数字工程, 2010, 244 (2)：82-85.

[114] 陈平平, 吴水田.《旅游管理信息系统》实验课的重新设计与实施 [J]. 软件导刊, 2007 (17)：56-57.

[115] 胡苗. 高职《旅游电子商务》以就业为导向的教学方法探讨 [J]. 湖南环境生物职业技术学院学报, 2007, 49 (3)：73-75.

[116] 齐琳. 高校《旅游管理信息系统》课程教学中存在的问题及对策 [J]. 无锡商业职业技术学院学报, 2007 (1)：78-79.

[117] 应莉, 叶继阳. 高职院校《旅游管理信息系统》课程教学方法探讨 [J]. 今日科苑, 2008 (16)：264.

[118] 杨香花. 高职《旅游信息管理》课程设计及教学模式探讨 [J]. 襄樊职业技术学院学报, 2010 (2)：104-106.

[119] 张伟. 信息技术与旅游职业学校《甘肃导游》课程整合的模式初探——微型训练的教学模式 [J]. 现代交际, 2010 (2)：78.

[120] 陈月华. 旅游院校图书馆旅游信息服务优势分析 [J]. 河北旅游职业学院学报, 2008 (2)：12-15.

[121] 朱晓华. 信息技术与旅游英语课程教学整合研究初探 [J]. 湖北广播电视大学学报, 2008 (12)：119-120.

[122] 刘华, 曾九江. 信息技术在高职旅游管理专业教学中的运用 [J]. 电脑知识与技术, 2009 (2)：501-503.

[123] 谢冬梅. 导游英语专题学习网站的建设及其教学应用 [J]. 广西科学院学报, 2009, 25 (3)：219-222.

[124] 刘勇贤, 张鹤. 浅论如何设计旅游电子商务的实践教学 [J]. 硅谷, 2010 (1)：191.

[125] 罗建华. 旅游电子商务教材建设的实践探究 [J]. 电子商务, 2010, 123 (3)：67-69.

[126] 王维佳. 高校旅游管理教学信息系统的构建 [J]. 经济研究导刊, 2010 (10)：233-234.

[127] 熊世轩, 陈德人. 基于 OWL 的 ebXML 在旅游电子商务中的实现 [J]. 江南大学学报：自然科学版, 2007, 29 (1)：17-21.

[128] 甘丹, 谭春亮, 王军. 基于语义 Web 的旅游信息服务的研究与应用 [J]. 计算机与信息技术, 2007 (10)：6-8.

[129] 成晓. 基于本体的旅游网站站内检索研究 [D]. 南京：南京理工大学, 2008.

[130] 申理哲, 徐险峰, 卢云. Ontology 在旅游信息资源网站中的应用研究 [J]. 图书情报工作, 2008, 370 (9)：110-112.

[131] 肖宝, 施雅贤, 蒋运承. 基于语义的旅游信息搜索引擎 [J]. 广西师范大学学报：自然科学版, 2009 (3)：138-141.

[132] 陈立娜. 基于本体的旅游领域 Web 信息抽取 [D]. 桂林：广西师范大学, 2009.

[133] 李茹, 王文晶, 梁吉业, 等. 基于汉语框架网的旅游信息问答系统设计 [J]. 中文信息学报, 2009 (2)：34-40.

[134] 陈立娜, 张红, 马莉, 等. 基于本体的旅游信息抽取 [J]. 计算机应用与软件, 2010

(4)：146–148.

[135] 孔德镛. 基于本体技术的旅游信息语义查询系统研究［D］. 西安：西北大学，2010.

[136] 杜小慧，周玲强，靳健平. 移动电子商务在旅游中的应用模式与营销创新［J］. 商业经济与管理，2006（7）：49–52.

[137] 乔玮. 手机旅游信息服务初探［J］. 旅游科学，2006（3）：67–71.

[138] 姚继兰. 移动 GIS 信息化技术研究［D］. 泰安：山东农业大学，2006.

[139] 梁永霖，李欣. 基于 KJAVA 平台手机旅游信息系统的开发［J］. 科技情报开发与经济，2007（10）：181–182.

[140] 马勇，吴娟子. 移动电子商务在旅游目的地中的应用模型构建——以三峡旅游目的地为例［J］. 桂林旅游高等专科学校学报，2007，79（3）：426–429.

[141] 赵蕴智，车文刚，张志坤，等. 基于 SMS 的旅游咨询信息系统的设计与实现［J］. 计算机与数字工程，2007（3）：137–140.

[142] 黄远林. 旅游目的地电子商务应用模式扩展与营销创新［J］. 江苏商论，2007，272（6）：47–49.

[143] 顾忠伟，李於红，杨光明. 移动旅游信息系统 M–TIS 的设计［J］. 商场现代化，2008（31）：31.

[144] 李萍. 手机在旅游信息传播中的应用［J］. 现代企业，2008（1）：68–69.

[145] 金涛，朱小立，蔡题. 基于 3G 的旅游商品信息平台［J］. 电子商务，2008（10）：73–74.

[146] 柴海燕. 旅游电子商务 Web 2.0 营销探析［J］. 江苏商论，2007，277（11）：56–58.

[147] 王东伟. Web 2.0 时代旅游网站的发展［J］. 福建电脑，2007（9）：49–50.

[148] 应丽君. Web 2.0 冲击下我国旅游电子商务的新机会［J］. 旅游学刊，2007，129（5）：7–8.

[149] 赵彤. Web 2.0 时代的旅游网站营销模式创新［J］. 传媒观察，2007（12）：48–49.

[150] 王国钦，曹胜雄，葛丽芳，等. 两岸十家 SNS 网站内容与产品置入分析——以旅游营销为视点［J］. 旅游学刊，2010（7）：40–46.

[151] 王晓璐，乌恩. SNS 社交网站在目的地营销中的应用及案例研究［J］. 现代商业，2010（17）：64–65.

[152] 刘恩波. 中国虚拟旅游网站现状分析［J］. 惠州学院学报：社会科学版，2006（4）：37–39.

[153] 杨檫，王彦广，李京伟. 虚拟现实技术在电子旅游中的应用［J］. 电子商务，2006（11）：63–67.

[154] 赵丽央. 网络虚拟现实技术在旅游信息服务中的应用前景探析［J］. 福建电脑，2007（2）：54–56.

[155] 郑鹏. 基于虚拟旅游的营销网站信息传播系统的设计与实现［D］. 西安：陕西师范大学，2008.

[156] 喻海燕，郑焱. 国内旅游网站虚拟旅游技术应用状况探析［J］. 长沙大学学报，2009，92（6）：18–20.

[157] 郑鹏，马耀峰，李天顺，等. 基于虚拟旅游的网站实现与镜像体验研究［J］. 华东经济管理，2009，146（2）：107–111.

[158] 郑鹏, 马耀峰, 孟颖, 等. 以虚拟旅游为核心的综合性旅游信息传播网站之实现研究——以大唐芙蓉园景区为例 [J]. 北京第二外国语学院学报, 2010 (7): 69-74.

[159] 杨劲松. 旅游目的地市场营销的网络游戏化 [J]. 桂林旅游高等专科学校学报, 2006 (1): 7-13.

[160] 梁留科, 余汝艺, 李华辰. 网络游戏与旅游互动的初步研究 [J]. 旅游学刊, 2007, 131 (7): 58-63.

[161] 冯海霞. 网络游戏情景旅游产品开发策划 [J]. 企业活力, 2010, 300 (2): 35-38.

[162] 陈娟, 路紫. 旅游电子商务使用者满意度的评估研究 [J]. 情报杂志, 2005 (2): 61-62.

[163] 王晶. 我国商业旅游中介网站功能分析与评估 [J]. 当代经理人, 2006 (15): 219.

[164] 郭露. 基于"目标—价值"体系的旅游目的地网站绩效研究 [D]. 南昌: 江西财经大学, 2006.

[165] 任伊铭, 路紫, 张哲. 石家庄市旅游网站智能化评估分析 [J]. 商业研究, 2007 (3): 18-21.

[166] 左伍衡, 孙优萍, 袁鹤. 影响旅游网站可用性的主要因素 [J]. 浙江统计, 2008 (6): 31.

[167] 王韵. 旅游网站本地化质量评估探讨 [J]. 中原工学院学报, 2008 (1): 59-62.

[168] 汪会玲, 梁明珠. 我国高档商务型饭店网站绩效评估 [J]. 经济地理, 2009, 136 (6): 960-964.

[169] 王峰, 史烽. 旅行社网站的模糊综合评价研究 [J]. 商场现代化, 2006 (23): 46-47.

[170] 邓中春. 基于层次分析法的旅游电子商务评价研究 [J]. 企业技术开发, 2007, 262 (6): 63-65.

[171] 万绪才. 基于旅游服务功能的饭店网站评价初步研究——以南京市星级饭店为例 [J]. 旅游学刊, 2007, 131 (7): 64-67.

[172] 左伍衡, 孙优萍, 袁鹤. 旅游电子商务网站可用性综合评价研究 [J]. 商场现代化, 2007, 513 (24): 148.

[173] 孙晓琳, 郝俊卿. 西安旅游网站建设的对比评价研究 [J]. 统计与信息论坛, 2008, 95 (8): 48-52.

[174] 曹青. 中国旅游企业电子商务网站评价研究——基于网络链接与网络影响因子测度的分析 [J]. 广东广播电视大学学报, 2009, 74 (2): 108-112.

[175] 李祗辉. 地方政府官方旅游网站信息服务评价研究——以 30 个地方政府官方旅游网站为例 [J]. 江苏商论, 2010, 305 (3): 73-75.

[176] 包金龙, 朱剑刚. 基于长三角地区的苏州旅游网站评价研究 [J]. 产业与科技论坛, 2010 (4): 87-89.

[177] 胡海胜, 周运瑜, 郑艳萍. 基于网站平台的旅游投资功能评价研究——以 31 省 (市) 的官方旅游政务网站为例 [J]. 资源开发与市场, 2010 (8): 752-754.

[178] 金卫东. 智慧旅游与旅游公共服务体系建设 [J]. 旅游学刊, 2012 (2).

[179] 郝选文. 基于 WebGIS 的西安市旅游资源信息系统设计与实现 [D]. 西安: 陕西师范大学, 2006.

[180] 袁浩涛. 组件式城市旅游地理信息系统的应用 [D]. 昆明：昆明理工大学, 2006.

[181] 韩增军. 基于 GIS 的数字济南旅游信息服务系统的设计与实现 [D]. 济南：山东大学, 2008.

[182] 宋庆辉. 基于 GIS 的旅游信息系统的研究与设计 [D]. 邯郸：河北工程大学, 2008.

[183] 吴新红. 基于 WebGIS 的淄博市旅游信息系统的研究与设计 [D]. 成都：电子科技大学, 2008.

[184] 李晓静. 基于 WebGIS 的乡村旅游地理信息系统开发研究 [D]. 石家庄：河北师范大学, 2009.

[185] 侯立春, 周沿海, 肖宝玉, 等. 基于浏览器/服务器模式的赣东北网络旅游信息系统研究 [J]. 地域研究与开发, 2009, 125 (1)：106-110.

[186] 窦长娥, 刘仁义, 刘南. 基于 ArcIMS 的旅游地理信息系统设计与实现 [J]. 计算机应用研究, 2006 (9)：160-162.

[187] 李保杰, 马明栋, 于法展. 基于 WebGIS 的徐州市旅游信息系统设计与实现 [J]. 计算机与数字工程, 2007 (9)：143-145.

[188] 李云鹏, 胡运权, 吴必虎. 基于 EUCS 模型和 ISS 模型的旅游网站使用者满意度量的比较研究 [C]. 中国江苏南京, 2006.

[189] 李云鹏, 吴必虎. 基于结构方程模型的旅游网站使用者满意度量的比较研究 [J]. 数理统计与管理, 2007 (4)：589-594.

[190] 张清, 石柳. 基于网络调查的旅游电子商务使用者满意度分析 [J]. 企业家天地, 2009, 380 (11)：23-24.

[191] 李小斌, 陈炜. 长株潭地区旅游网站用户满意度实证分析 [J]. 湖南财经高等专科学校学报, 2010 (4)：130-132.

[192] 王玉洁, 颜琪, 刘承良. 旅游电子商务网站服务质量的感知实证分析：基于大学生视角——以携程旅行网 (www.ctrip.com) 为例 [J]. 旅游论坛, 2010, 10 (1)：28-33.

[193] 关华. 旅游网站信息资源用户价值感知及满意度研究 [D]. 北京：北京第二外国语学院, 2007.

[194] 文谨, 宫辉力. 自助旅游者对网络旅游信息的需求研究 [J]. 北京社会科学, 2009 (4)：61-66.

[195] 张学梅. 自驾车旅游对旅游信息服务的要求及措施 [J]. 商场现代化, 2009 (4)：240.

[196] 李佳. 基于散客旅游信息需求的旅游供应链管理研究 [D]. 成都：四川大学, 2007.

[197] 蒋晟. 中国背包旅游网络论坛资讯服务研究 [D]. 湘潭：湘潭大学, 2008.

[198] 季娜娜. 旅游网站"结伴同游"专栏下出行人流距离衰减研究 [D]. 石家庄：河北师范大学, 2010.

[199] 陈德科. 旅游者信息搜寻努力及影响因素研究 [D]. 成都：西南交通大学, 2006.

[200] 杨静. 旅游者信息搜寻行为及影响因素研究 [D]. 青岛：青岛大学, 2008.

[201] 郭晓琳. 旅游者出游的信息搜寻行为研究 [D]. 厦门：厦门大学, 2008.

[202] 梁明英. 旅游信息传递方式对游客行为模式影响的调查分析——以泰山为例 [J]. 泰山学院学报, 2007 (1)：101-105.

[203] 路紫，刘娜，Z ZUI. 澳大利亚旅游网站信息流对旅游人流的导引：过程、强度和机理问题 [J]. 人文地理，2007 (5)：88-93.

[204] 路紫，赵亚红，吴士锋，等. 旅游网站访问者行为的时间分布及导引分析 [J]. 地理学报，2007 (6)：621-630.

[205] 李莉，王静. 从"观望者"到"购买者"——中国旅游电子商务消费者购买决策行为探析 [J]. 旅游学刊，2008，141 (5)：49-56.

[206] 梁明英，王丽娜. 网络旅游信息对游客行为模式影响的调查分析——以泰山游客为例 [J]. 泰山学院学报，2008，143 (1)：83-87.

[207] 孙春华，刘业政. Web 2.0下的网络旅游消费行为模式及旅游网站应用 [J]. 华东经济管理，2008 (6)：122-125.

[208] 王亚峰. 信息技术对旅游者消费行为影响的研究 [J]. 内蒙古大学学报：哲学社会科学版，2010 (2)：102-106.

[209] 王维祝，于伟. 旅游景区网站功能对信息受众行为意向影响机制分析——一项基于学生旅游者的实证研究 [J]. 旅游学刊，2009，158 (10)：52-56.

[210] 赵亚红. 旅游网站使用行为的时间形态 [D]. 石家庄：河北师范大学，2006.

[211] 邱扶东. 旅游信息特征对旅游决策影响的实验研究 [J]. 心理科学，2007 (3)：716-718.

[212] 喻海燕. 网络旅游信息态度对旅游决策的影响研究 [D]. 长沙：湖南师范大学，2010.

[213] 杨振之，胡海霞，黄学军，等. 中国旅游电子商务市场分析 [J]. 四川师范大学学报：社会科学版，2002 (2)：50-55.

[214] 白翠玲，路紫，董志良. 旅游电子商务的发展态势、问题及对策 [J]. 河北师范大学学报，2003 (1)：99-102.

[215] 王九位. 数字时代旅游目的地信息共享研究 [D]. 武汉：武汉大学，2010.

[216] 张跃文，郭瑞涛. 价值链角度的旅游电子商务发展过程浅析 [J]. 电子商务，2010，124 (4)：30-32.

[217] 陈雪钧. 电子商务环境中的旅游企业虚拟价值链研究 [J]. 价格月刊，2009，385 (6)：71-73.

[218] 黄敏，简王华，范璐. 电子商务环境下旅游产业价值链构析 [J]. 经济与社会发展，2008，67 (7)：50-53.

[219] 陈向华，唐荣华. 基于企业信息门户的区域旅游产业链优化研究 [J]. 沿海企业与科技，2008 (7)：110-112.

[220] 铁力. 路径无比清晰——旅游电子商务将与传统旅行社平分秋色 [J]. 中国电子商务，2003 (5)：36-37.

[221] 袁琦. 旅行社发展旅游电子商务的现状和分析 [J]. 中国科技信息，2005 (6)：51.

[222] 罗燕. 从旅游电子商务看传统旅行社的发展趋势 [J]. 齐齐哈尔师范高等专科学校学报，2007，99 (5)：91-92.

[223] 诸丹. 旅游电子商务对传统旅行社业的影响及对策 [J]. 成都大学学报：社会科学版，2001 (3)：26-27.

[224] 谢雨萍. 旅游电子商务冲击下旅行社的发展策略 [J]. 社会科学家，2002 (1)：23-28.

［225］田磊. 电子商务背景下旅行社发展的对策研究 ［J］. 金陵科技学院学报：社会科学版，2008，74（2）：45-47.

［226］陈玉杰. 传统旅行社与旅游电子商务整合策略 ［J］. 职业技术，2009，103（3）：6-7.

［227］巫江. 我国旅游景区电子商务发展探析——以敦煌为例 ［J］. 生产力研究，2006（1）：152-154.

［228］石林风景名胜区管理局信息办公室. 以核心景区为依托发展区域旅游电子商务的可行性研究 ［J］. 经济问题探索，2009，318（1）：189-190.

［229］郭剑英. 旅游饭店业应积极发展电子商务 ［J］. 财金贸易，2000（11）：39-40.

［230］胡亚会，苏虹，张同健. 我国星级酒店业旅游电子商务实施绩效测度体系实证研究 ［J］. 兰州石化职业技术学院学报，2009，48（3）：41-44.

［231］江辉仙. 中国旅游酒店电子商务发展现状、问题及其对策 ［J］. 福建地理，2003（3）：37-39.

［232］孙钥. 引领航空旅游行业电子支付起飞的先行者——访 BilltoBill CEO 雷扬 ［J］. 中国科技产业，2008，234（11）：106-107.

［233］王洁. 中国旅游电子商务运营模式的实证分析 ［J］. 湖南广播电视大学学报，2007，32（4）：77-79.

［234］李晶. 旅游电子商务网站业务种类及盈利模式分析 ［J］. 江西科技师范学院学报，2008，122（4）：39-42.

［235］王树银. 旅游电子商务：旅游网站的两种盈利模式 ［J］. 经营管理者，2008，286（13）：121-199.

［236］阳晓萍. B2C 旅游电子商务网站个性化服务研究 ［D］. 上海：东华大学，2007.

［237］刘芳，林拉. 旅游电子商务系统中个性化信息服务功能的设计研究 ［J］. 电脑知识与技术，2009，5（22）：6206-6207.

［238］郭炜，高琳琦. 电子旅游中间商的个性化信息服务模式研究 ［J］. 兰州商学院学报，2006（1）：67-70.

［239］雷霖. 论基于个性化定制的旅游电子商务网站设计 ［J］. 中国西部科技：学术，2007，105（6）：51-52.

［240］王娟. 个性化旅游信息系统中用户建模技术的研究 ［D］. 北京：北京邮电大学，2007.

［241］杜杰慧，辛江. 电子支付在旅游电子商务中的应用研究 ［J］. 经济研究导刊，2009，40（2）：176-177.

［242］范智军. 旅游电子商务网上支付的应用与发展探讨 ［J］. 商业时代，2009，442（3）：86-88.

［243］冯茂娥. 网上支付在旅游电子商务中的应用研究 ［J］. 办公自动化，2009，166（20）：32-34.

［244］吴胜，瞿惠琴. 基于支付宝的旅游电子商务网站的开发 ［J］. 无锡职业技术学院学报，2009，32（3）：49-50.

［245］吴佛懂. 支付企业重构旅游电子商务流程 ［J］. 电子商务，2008，106（10）：54-57.

［246］金立韫. 桂林旅游电子商务网络营销分析及解决方案 ［J］. 时代经贸：下旬刊，2008，

109（7）：199-200.

[247] 肖亮，赵黎明. 互联网传播的台湾旅游目的地形象——基于两岸相关网站的内容分析 [J]. 旅游学刊，2009，151（3）：75-81.

[248] 马勇，周娟. 旅游目的地电子商务网络的构建与营销创新 [J]. 旅游学刊，2003（5）：78-80.

[249] 武红. 省级旅游目的地营销系统的区域集成创新研究——以活力广东网为例 [D]. 石家庄：河北师范大学，2004.

[250] 田磊. 基于信息通讯技术的旅游目的地营销系统研究 [D]. 济南：山东大学，2005.

[251] 彭环宇. 许可营销——在线旅游企业网络营销的新方法 [J]. 湖南大学学报：社会科学版，2001（S1）：131-133.

[252] 马景峰. 旅游电子商务中的渠道冲突现象 [J]. 科技经济市场，2007（3）：20.

[253] 郑鹏，马耀峰，李天顺，等. 信息技术变革中旅游信息传播概念模式研究 [J]. 地域研究与开发，2009，130（6）：131-135.

[254] 张美英，夏斌，王英杰，等. 内蒙古旅游资源管理信息系统设计方案 [J]. 社会科学家，2004（5）：88-92.

[255] 王宝山，李正海，罗建元. 基于GIS的旅游资源单体管理信息系统研究 [J]. 河南理工大学学报：自然科学版，2006（1）：33-36.

[256] 卢春莉，范婷，曲雅楠. "旅游信息卡"产品的开发设想及使用系统模拟 [J]. 机械管理开发，2009（5）：154-155.

[257] 尚志海，王兴水. 利用数据库对观光农业游客信息的分析——以广州市为例 [J]. 安徽农业科学，2006（9）：2023-2024.

[258] 蒋鸿崑. 旅游企业管理信息系统分布式数据库设计的研究 [J]. 旅游科学，2001（3）：30-32.

[259] 赵洁. 基于C/S和B/S混合型结构的旅游企业管理信息系统的设计与实现 [D]. 合肥：合肥工业大学，2003.

[260] 余开朝，张刚，陈婷. 旅游行业管理信息集成平台研究 [J]. 昆明理工大学学报：理工版，2004（1）：118-120.

[261] 杜力. 基于电子商务的海外旅游总公司管理信息系统 [D]. 西安：西安理工大学，2002.

[262] 湛建辉. 旅行社业务管理系统的分析与设计 [J]. 华南理工大学学报：自然科学版，1998（5）.

[263] 林梅英，王铜牛. 信息时代的旅游饭店管理 [J]. 河南科技，2001（10）：34-35.

[264] 邹黎，杜军平. 基于Web的旅游财务信息管理系统报表的设计与实现 [J]. 北京工商大学学报：自然科学版，2004（3）：26-28.

[265] 陈沛. 资讯科技时代旅游业的人力资源管理 [D]. 泉州：华侨大学，2001.

[266] 谢兰云. 基于客户关系管理的旅游电子商务 [J]. 东北财经大学学报，2004（2）：35-36.

[267] 李斌宁. 客户关系管理（CRM）在旅游电子商务的应用 [J]. 商场现代化，2005（9）：17-18.

[268] 冯艳，陈娟. 旅游电子商务呼唤 CRM [J]. 商场现代化，2006 (19)：111-112.

[269] 翁林华. 信息技术与中等职业学校旅游专业课程整合教学模式的研究 [D]. 兰州：西北师范大学，2007.

[270] 张丽娜. 信息技术环境下中职专业英语课堂教学模式研究 [D]. 兰州：西北师范大学，2007.

[271] 陈露. 论信息技术在西藏旅游职业教育中的作用 [J]. 西藏科技，2009 (7)：77-78.

[272] 张雅敏. 信息技术在旅游教学课堂上的运用 [J]. 合作经济与科技，2009 (9)：70-71.

[273] 王玫. 建立"中国旅游科研信息系统"的若干问题研究 [J]. 旅游研究与实践，1994 (2)：2-5.

[274] 李傲霜. 加强旅游电子商务教育的探索 [J]. 北方经贸，2005 (11)：128-129.

[275] 刘鸣，肖江南.《旅游信息管理》实验教学研究 [J]. 科技信息：学术研究，2006 (8)：60-61.

[276] 申文果. 旅行社网站服务公平性对顾客行为意向的影响研究 [J]. 旅游学刊，2008，138 (2)：17-22.

[277] 黄露易. 与消费者相关的信任因素对旅游电子商务购买的影响及对策 [J]. 中外企业家，2009，323 (8)：90-92.

[278] 路紫，樊莉莉. 中小型旅游网站服务功能与商业模式的区位问题——以乐游户外运动俱乐部旅游网站为例 [J]. 人文地理，2005 (1)：103-106.

[279] 于海珍."自我依托"旅游网站信息流对人流的导引研究 [D]. 石家庄：河北师范大学，2006.

[280] 柳礼奎. 旅游网站对潜在人流的导引率研究 [D]. 石家庄：河北师范大学，2007.

[281] 吴士锋，陈兴鹏，路紫，等. 网站信息流对旅游人流增强作用研究 [J]. 现代情报，2009，221 (11)：215-217.

[282] 元媛. 网站信息流的模糊距离衰减证明及其空间结构研究 [D]. 石家庄：河北师范大学，2009.

[283] 张秋娈，韩瑞玲，元媛，等. 论旅游网站访问者距离衰减特征之复杂性 [J]. 河北师范大学学报：自然科学版，2010，129 (1)：108-114.

[284] 聂学东. 旅游网站信息流距离衰减曲线拟合及其特征研究 [D]. 石家庄：河北师范大学，2010.

[285] 岑成德，欧阳文剑. 旅游电子商务网站用户消费价值的实证研究 [C]//中国信息经济学会. 信息经济与国民经济增长方式的转变，2006.

[286] 李云鹏. 旅游网站使用者满意研究 [D]. 哈尔滨：哈尔滨工业大学管理学院，2007.

[287] 关华，殷敏. 旅游网站信息资源用户满意度实证研究——以携程旅行网为例 [J]. 北京第二外国语学院学报，2007 (11)：64-68.

[288] 方长秀. 旅游电子商务个性化在线定制发展探析 [J]. 现代商业，2010，199 (6)：162-163.

[289] 李华，杨晓彤. 旅游电子商务的相关立法建议——保护在线旅游消费者合法权益 [C]，2008.

[290] 叶莉莉. 实现网上有效投诉的保障机制研究——以中外旅游网站为例 [J]. 电子商务，

2010（8）：17-18.

[291] 路紫，白翠玲. 旅游网站的性能及其发展态势［J］. 地球信息科学，2001（1）：63-66.

[292] 谢彦君，鲍燕敏. 旅游网站的符号及其功能分析［J］. 旅游科学，2007（5）：46-51.

[293] 李雪梅. 旅游网站的运营模式研究［D］. 北京：北京邮电大学，2007.

[294] 马梅. 中国旅游网站电子商务产品与服务分析［J］. 旅游学刊，2003（6）：77-83.

[295] 刘雅静，王丹. 浅议旅游网站经营模式创新——基于第三方支付平台［J］. 时代金融，2007（7）：64-65.

[296] 刘绍华，路紫. 我国酒店网站服务功能探讨［J］. 情报杂志，2004（3）：7-9.

[297] 孔旭红，王瑞志. 浅议我国旅游景点网站的建设［J］. 商业研究，2004（20）：127-130.

[298] 练红宇. 中国旅游目的地资讯网站构建要素评测分析［J］. 成都大学学报：自然科学版，2005（3）：202-205.

[299] 练红宇. 中国旅游网站构建要素的测定分析和未来设想［D］. 成都：四川大学，2005.

[300] 乔红艳. 旅游目的地门户网站的组构研究［J］. 中国商界：下半月，2010（1）：209-211.

[301] 高爽. 上海邮轮旅游网站建设［J］. 企业导报，2009，155（10）：83.

[302] 邱俊. 旅游网站建设探讨［J］. 重庆工学院学报，2000（3）：88-90.

[303] 朱小军，胡玮，欧阳旭. 基于PHP+MYSQL的旅游网站建设［J］. 科技情报开发与经济，2006（23）：252-253.

[304] 罗小安，胡玮，张皇庭. 旅游网站建设方法的探讨［J］. 内蒙古科技与经济，2006（22）：11-52.

[305] 卢文芳. 旅游电子商务网站的构建［J］. 商场现代化，2007（1）：98-99.

[306] 吴增红，陈毓芬. 旅游地图网站设计研究［J］. 地球信息科学，2007（5）：24-30.

[307] 吴增红，陈毓芬. 河南省旅游地图网站的设计与实现［J］. 测绘科学，2008（1）：232-234.

[308] 唐林海. 基于AJAX的贵州旅游网站的研究与实现［D］. 贵阳：贵州师范大学，2008.

[309] 魏楠. 基于ASP旅游网站的设计与实现［J］. 中国新技术新产品，2009，150（8）：25.

[310] 张立新. 新疆旅游专题学习网站的设计与实现［J］. 中国教育信息化，2009，212（17）：23-26.

[311] 王青. 旅游网站的优化设计研究［D］. 北京：北京印刷学院，2009.

[312] 蒋方敏. 旅游知名网站面临的网络攻击与防御——以桂林旅游网为例［J］. 社会科学家，2004（2）：88-89.

[313] 胡涛，CHEUNG CATHERINE，LAW ROB. 我国内地旅游网站的可用性研究——基于对海口市网民的调查［J］. 旅游科学，2008，107（4）：47-52.

[314] 高静，肖江南. 我国旅游网站建设评价初探——以携程旅行网为例［J］. 情报杂志，2005（4）：38-40.

[315] 喻江平. 旅游目的地旅游公共服务体系建设研究［D］. 秦皇岛：燕山大学，2012.

[316] 李素娟，张伟强. 基于互动功能视角的国家5A级景区网站比较研究［J］. 企业导报，2010，165（3）：126-128.

[317] 胡亚会，苏虹，张同健. 我国旅游电子商务网站设计质量测度系统的经验分析［J］. 皖西学院学报，2009，25（4）：54-57.

[318] 高静, 齐天峰, 章勇刚. 地方政府官方旅游网站营销功能实证分析 [J]. 地理与地理信息科学, 2007 (2)：104-108.

[319] 钟栎娜, 吴必虎. 中外国际旅游城市网络旅游信息国际友好度比较研究 [J]. 旅游学刊, 2007, 133 (9)：12-17.

[320] 熊伟, 黄思芹, 吴必虎. 基于顾客需求的星级酒店网站功能评价——以广州市 60 家星级酒店为例 [J]. 旅游学刊, 2009, 24 (9)：61-66.

[321] 余志远, 王兆成. 中国高星级酒店网站设计元素测评分析 [J]. 哈尔滨商业大学学报：社会科学版, 2008, 100 (3)：104-108.

[322] 刘望保, 李爽, 甘巧林. 旅游公共服务体系：一个理论框架的构建 [J]. 北京第二外国语学院学报, 2010 (5).

[323] 付蓉, 王曼娜, 杨鹏. 湖南省旅行社网站友好度比较研究 [J]. 职业时空, 2008, 76 (9)：234-235.

[324] HO J. Evaluating the World Wide Web：A Global Study of Commercial Sites [J]. Journal of Computer-Mediated Communication, 1997, 3 (1)：304-317.

[325] 刘丽. 基于 VB 和 MapX 的旅游信息系统的研究与实现 [D]. 沈阳：沈阳工业大学, 2007.

[326] 王建华, 胡文亮, 张义文. 南大港湿地旅游信息系统的功能模块与应用 [J]. 地球信息科学, 2003 (4)：43-46.

[327] 卫海燕, 杨小鹏, 郝选文. 基于 Map Xtreme 2004 的西安旅游信息系统设计开发 [J]. 陕西师范大学学报：自然科学版, 2007 (2)：108-111.

[328] 许碧霞, 李兆江, 荆平. 基于 Map Objects 的旅游规划管理信息系统的设计与开发 [J]. 计算机工程与设计, 2008 (2)：500-503.

[329] 李海峰. 基于 MapX 的旅游规划与管理信息系统设计 [J]. 电脑知识与技术, 2009 (27)：7666-7667.

[330] 杨硕. 地理信息系统在旅游资源评价与旅游规划中的应用 [J]. 农业科技与装备, 2009 (4)：34-36.

[331] 苏晋荣, 王晓凯, 王建珍. 基于 MapX 的山西省智能旅游信息系统设计与实现 [J]. 山西大学学报：自然科学版, 2008 (1)：43-46.

[332] 杨伟, 聂爱秀, 张立亭. 基于 MapX 的庐山旅游信息系统的设计与开发 [J]. 水利科技与经济, 2005 (6)：374-376.

[333] 张晓平, 车建仁. 在 MapX 下旅游信息系统的功能设计与实现 [J]. 水利科技与经济, 2007 (3)：206-208.

[334] 卢媛. 基于 MapOjects 的大学校园旅游信息系统的设计与实现 [D]. 西安：陕西师范大学, 2006.

[335] 赵莉. 珠江源南盘江流域旅游环境信息系统拟建研究 [D]. 昆明：昆明理工大学, 2008.

[336] 陈杨, 党安荣, 张丹阳. 智慧景区的内涵与总体框架研究 [J]. 中国园林, 2011 (9).

[337] 蔡安宁, 尚正永, 马明栋. 杭州旅游地理信息系统的开发 [J]. 计算机系统应用, 2007 (8)：59-62.

[338] 李文实, 黄民生. 基于 ComGIS 的泉州文化旅游资源信息系统设计 [J]. 泉州师范学院学报, 2006 (6)：72-76.

[339] 李文实. 750VB+MO 的县域旅游信息系统开发设计 [J]. 中国科技信息, 2006 (24)：202-203.

[340] 陈伟君. 组件对象技术在旅游信息系统开发中的应用研究 [D]. 广州：广东工业大学, 2004.

[341] 赵俊兰, 赵洪岩. 基于 GIS 的旅游信息管理系统关键技术研究 [J]. 测绘科学, 2009 (S1)：208-211.

[342] 沈学才, 唐义阳. 基于 SO 的衡山旅游信息系统的设计与实现 [J]. 地矿测绘, 2007 (1)：33-37.

[343] 李永锋, 盛步云. 面向服务的旅游资源信息服务平台的研究与应用 [J]. 计算机工程与设计, 2008 (21)：5644-5647.

[344] 郑治伟, 孟卫东, 刘振岩. 面向服务架构在旅游信息服务中的应用 [J]. 商业时代, 2008, 424 (21)：98-99.

[345] 周可华, 罗明春, 蒋玲俐. 旅游景区电子解说系统发展初探 [J]. 企业技术开发, 2006 (6)：120-122.

[346] 齐琳. 电子导游在我国旅游景点的应用前景分析 [J]. 商场现代化, 2006 (33)：130-131.

[347] 李伟, 李文方. 电子导游讲解器的设计 [J]. 工业控制计算机, 2010, 23 (3)：99-100.

[348] 彭仲, 史烽. 旅游景区地理信息系统与多媒体触摸屏电子解说系统设计研发探讨 [J]. 桂林航天工业高等专科学校学报, 2008, 50 (2)：28-30.

[349] 张琴英. 乐山大佛风景区触摸屏导游信息系统的设计与实现 [D]. 西安：陕西师范大学, 2007.

[350] 田雷, 郭同强, 冀寿存, 等. 基于位置相关的旅游信息主动推送服务系统 [J]. 计算机应用, 2009, 232 (12)：3453-3457.

[351] 安文魁, 王昌明. 智能电子导游系统中游客管理的方案与实现 [J]. 电子科技, 2005 (10)：2-5.

[352] 李吉英. 三维地理信息系统软件在景区展示中的应用——以滨州中海风景区为例 [J]. 城市勘测, 2010 (2)：55-57.

[353] 潘国荣, 车建仁. 基于 GIS 的旅游信息服务——旅游信息短信查询 [J]. 江西科学, 2007 (5)：626-628.

[354] 毛磊. 现代消费文化下家具卖场展示空间设计的研究 [D]. 哈尔滨：东北林业大学, 2009.

[355] 廖胜刚. 当代中国意识形态关键词：合法性、现代性与话语权 [J]. 吉首大学学报：社会科学版, 2010 (5).

[356] 李琦. "女性文化"的另类建构：女性媒介广告文本话语逻辑解析 [J]. 南京农业大学学报：社会科学版, 2009 (2).

[357] 王岳川, 尚水. 后现代主义文化与美学 [G]. 北京：北京大学出版社, 1992.

[358] 冯俊. 从现代主义向后现代主义的哲学转向 [J]. 中国人民大学学报, 1997 (5).

[359] 王晓乐. 数字化聚居下的消费决策行为研究 [C] //媒介产业全球化·多样性·认同——第七届世界传媒经济学术会议论文集, 2006.

[360] 周洪涛. 网络科技传播功能与传播场研究 [D]. 长沙: 湖南大学, 2007.

[361] 黎克双. 生态旅游目的地研究 [G]. 长沙: 中南大学出版社, 2009.

[362] 张蕾. 近三十年中国流行语的文化阐释 [J]. 文艺研究, 2011 (12).

[363] D SNEPENGER KMMS. Information Search Strategies by Destination-Naive Tourists [J]. Journal of Travel Research, 1990, 29: 13-16.

[364] JE MILLS H J. Virtual Travel Communities: Self-Reported Experiences and Satisfaction [J]. Ljubljana, Slovenia, 2007, 11: 24-26.

[365] M JEONG HOMG. The Role of Website Quality in Online Hotel Reservations [J]. 2005.

[366] 巩传荣. 中国智慧旅游领先城市发展分析 [EB/OL]. [2012-12-07]. http://wenku.baidu.com/link? url = 4gy6ZN1MKMEgdMzwSeLM_ B9FkoilwN - F8YwG8cqAsoaYkQ240N3CxWEDzL_ sG4uO3QHK7CTz8q-lMxWBEtTOaEZwKPDoiDxyiWTvofDthlS.

[367] 习万球. 论网络环境下旅游产业的信息服务 [J]. 图书馆论坛, 2004 (5): 13-16.

[368] 巫宁. 旅游电子商务与饭店分销渠道形成互动 [J]. 中国旅游报, 2006.

[369] 宋洁琼. 我国预定类旅游网站现状及发展趋势——以携程网为例 [D]. 台州: 台州学院, 2007.

[370] 佚名. 国内现有主流旅游网站盈利模式分析 [EB/OL]. [2013-04-01]. http://www.docin.com/p-492788572.html.

[371] 巫宁. 2005 年旅游网络前瞻 [EB/OL]. [2006-01-23]. http://blog.sina.com.cnls/blog-9dd8062fol012zxq.html.

[372] 黄钰刚. 电子支付系统对中国旅游电子商务发展的影响 [D]. 上海: 复旦大学, 2006.

[373] 易观国际. 创新企业-艺龙旅行网 [Z]. 2008.

[374] 佚名. 艺龙旅行网战略分析 [EB/OL]. [2012-05-13]. http://www.docin.com/p-289430645.html.

[375] 江文兵. 中青旅独资支撑遨游网 美国胜腾失去耐心离去 [N]. 北京商报, 2007-04-18.

[376] 中青旅靠信息化拓展经营渠道 [EB/OL]. [2004-12-24]. http://www.hnta.cn/NewsHtmls/News_ 898/.

[377] 梁淑芬. 遨游天下 路在何方? [EB/OL]. [2014-04-13]. http://www.traveldaily.cn/article/49815.html.

[378] 凤凰网旅游. 拒打价格战 遨游网走第三条道路 [EB/OL]. [2012-08-15]. http://fashion.ifeng.com/travel/roll/detail_ 2012_ 08/15/16825376_ 0.shtml.

[379] 沈华玉. 电子商务环境下饭店选择网络分销渠道的关键因素研究 [D]. 杭州: 浙江大学旅游管理学院, 2006.

[380] 佚名. 面向饭店集团的 CRS 功能要素分析与功能模型构建 [D]. 杭州: 浙江大学, 2009.

[381] 刘砺, 沈雪敛. 我国酒店网络营销发展问题研究 [J]. 宁波大红鹰职业技术学院学报, 2005.

[382] 王国杨. 中航信的不确定性未来 [EB/OL]. [2014-02-19]. http://blog.qq.com/qzone/

9567022/1337007953. htm.

[383] 中国电子商务研究中心. 旅行产品中酒店团购比例占到五成 [EB/OL]. [2013-01-24]. http：//www. 100ec. cn/detail-6080668. html.

[384] 刘亮. 挣脱中航信 [J]. 财经国家周刊, 2011.

[385] Xiakez. 浅谈旅游电子商务 B2B 平台在旅游业中扮演的角色 [EB/OL]. [2012-09-20]. http：//www. doc88. com/p-604859037868. html.

[386] 侯燕俐. 戴福瑞：掌舵"去哪儿"的美国青年 [J]. 中国企业家, 2008.

[387] 刘小航. 旅游目的地信息系统及其结合 GIS 的应用 [D]. 广州：中山大学旅游发展与规划研究中心.

[388] 张宇. 旅游目的地营销系统的应用及在贵州的构建研究 [D]. 贵阳：贵州大学, 2008.

[389] 刘翔. 中国旅游电子商务发展现状浅析 [EB/OL]. [2012-04-08]. http：//wenku. baidu. com/link? url=CdQJCR2PwO_ GzyXawNgCGCd_ i67oeE2GDDzWHibURAedl_ jYAnfT8VNzOjJz9Rlidbqpjv1klom6aA5iYh1MvHFT60X9KZQUOqm7R6x0A0W.

[390] 佚名. 月租型 CRM 服务于旅游业 [J]. 中国计算机用户, 2008.

[391] 李国柱. 艺龙网 CEO 崔广福：旅游产业的幕后推手 [J]. 当代经理人, 2010 (8).

[392] 田杰, 吴力合, 吕建新. 地理信息系统中算法的研究 [J]. 微计算机信息, 2003 (7).

[393] 李锦宏, 金彦平, 张果果. 基于 GIS 的贵州省旅游信息系统 [J]. 中国市场, 2008 (22).

[394] 解德祥. Arc GIS Engine 的旅游信息系统 [J]. 科技信息, 2008 (27).

[395] 郭磊. 西安文化景点交通导航系统设计研究 [D]. 西安：西北工业大学, 2006.

[396] 陈义文. 黄山景点信息查询系统建立 [J]. 民营科技, 2009.

[397] 李江风. 旅游信息系统概论 [M]. 武汉：武汉大学出版社, 2003.

[398] 郝宇峰, 吉赞刚, 等. 大明宫遗址公园园林植物信息化管理系统结题报告 [EB/OL]. [2011-06-15]. http：//wenku. baidu. com/link? url=yxgCWePPV1kFaIUciEspYgm34wNAnMLDoduBlfsEEo-mW0JFRVEOkixomUjPatqwv_ -g8g4S6rGHpjhSiFSaLx0wJ9FUhh3QFY9uIZSU8tq.

[399] 王丽佳. 小型地理信息系统平台的研制与开发 [D]. 大连：大连理工大学, 2002.

[400] 侯春良, 郭得峰, 张义文. 基于 GIS 的秦皇岛市旅游信息系统 (QTIS) 设计研究 [J]. 商场现代化, 2007 (10).

[401] 李乃伟. 基于 VB 和 MapObjects 集成的多媒体旅游信息查询系统的开发与实践 [D]. 西安：陕西师范大学, 2006.

[402] 王娟, 查良松. 基于 WebGIS 的湿地生态旅游信息系统的构建——以江苏盐城为例 [J]. 测绘与空间地理信息, 2008, 5：44-46.

[403] 佚名. 与 google Earth 相比 ARC GIS 的优势分析 [EB/OL]. [2010-06-06]. http：//www. docin. com/p-58295. 639. html. 2014.

[404] 张晓峰. 基于 GIS 的自主旅游信息系统研究与设计 [D]. 太原：太原理工大学, 2008.